本书获教育部哲学社会科学研究重大专项（2024-JZDZ064、2024JZDZ063）、教育部人文社会科学研究青年基金（23YJC790203）、浙江省哲学社会科学规划领军人才培育专项课题（24YJRC01ZD-1YB）、浙江省教育厅一般科研项目（Y202351967）、浙江大学中国农村发展研究院和浙江大学求是智库的支持。

Protection of Land Property Rights Promoting
Farmers' Land Protection
Evidence from China's New Round of Land Certification Reform

农地产权保护驱动
农户耕地保护的中国实践

——以新一轮农地确权改革为例

郑淋议 著

浙江大学出版社

图书在版编目（CIP）数据

农地产权保护驱动农户耕地保护的中国实践：以新一轮农地确权改革为例 / 郑淋议著. -- 杭州：浙江大学出版社，2024.10. -- （中国农业农村新发展格局研究丛书 / 钱文荣主编）. -- ISBN 978-7-308-25474-8

Ⅰ．F323.211

中国国家版本馆 CIP 数据核字第 20245R9Y74 号

农地产权保护驱动农户耕地保护的中国实践
——以新一轮农地确权改革为例

郑淋议　著

策划编辑	陈佩钰
责任编辑	金　璐（l220113@zju.edu.cn）
责任校对	葛　超
封面设计	雷建军
出版发行	浙江大学出版社
	（杭州市天目山路148号　邮政编码310007）
	（网址：http://www.zjupress.com）
排　　版	浙江大千时代文化传媒有限公司
印　　刷	杭州宏雅印刷有限公司
开　　本	710mm×1000mm　1/16
印　　张	14.5
字　　数	253 千
版 印 次	2024年10月第1版　2024年10月第1次印刷
书　　号	ISBN 978-7-308-25474-8
定　　价	88.00 元

版权所有　侵权必究　　印装差错　负责调换

浙江大学出版社市场运营中心联系方式　（0571）88925591；http://zjdxcbs.tmall.com

前　言

国以民为本,民以食为天,农以地为根。耕地是人类生存、生产和生活的物质载体和禀赋基础,一切食物都直接或间接地来源于耕地。对于中国这样一个人多地少的农业大国而言,耕地保护具有特殊重要性。尤其是在百年变局背景下,耕地保护之于粮食安全的价值更是不言而喻。实际上,早在1986年,中国就已经将耕地保护正式确立为一项必须长期坚持的基本国策。而且,伴随着生态文明建设的深入推进,中国耕地保护的目标也先后经历了基于数量的红线保护、基于数量和质量的平衡保护以及基于数量、质量和生态的产能保护三个阶段,并逐渐形成了耕地数量、质量和生态"三位一体"的综合保护格局。然而,不容忽视的是,尽管中央多次强调耕地保护并为此做出了持续性的努力,取得了阶段性成效,但是耕地数量不断减少、耕地质量总体不高、耕地生态破坏严重等突出性问题仍然亟待解决。

耕地保护的基础在于耕地的产权保护。农地产权制度是农村经济社会当中的基础性制度安排,它在维护微观经济主体合法权益、盘活土地资源的利用价值、促进土地资源优化配置,以及激发人们保护和利用耕地资源的主动性、积极性和创造性等方面,发挥着不可替代的作用。不同的农地产权制度内含不同的激励与约束机制,并对微观经济主体的耕地保护行为产生差异化影响。现阶段,中国实行的是以集体所有、家庭承包为核心的农地产权制度。现行农地产权制度在一定程度上是新中国成立初期土地私有制以及集体化时期人民公社制的路径依赖的产物,它不仅重新确立了农户家庭作为农业生产经营的基本单位,也保留了"三级所有、队为基础"的集体所有制框架。从本质来看,现行农地产权制度是集体通过分期承包、均田授权的合约方式将部分土地产权平等地赋予承包农户,承包农户享有集体范围内动态平均意义上的一定权利期限、一定权利范围的农地承包经营权的制度安排。因此,伴随着人地关系的变化,现行农地产权制度也依然面临着不同程度的产权不明晰、产权不稳定和产权不完整的问题，导致农户对耕地缺乏稳定的预期和足够的激励，进而对耕地利用采取懈怠性经营和短期性行为，这是农户耕地保护不力、耕地资源利用不合理的制度根源。

产权的清晰界定和有效保护是经济社会可持续发展的前提和基础，农地确权作为农地产权保护的生动实践和农地产权制度的基础内容，对农户微观经济行为和农业农村经济发展有着深刻的影响。中国政府于2013年启动的新一轮农地确权改革，通过清晰界定农地的物理边界和农地权利行使的产权边界，并向农户颁发具有法律效力和多种用途的土地产权证书，在一定程度上有利于解决产权不明晰、产权不稳定和产权不完整的问题，提高农地产权明晰性、稳定性和完整性，进而对农户耕地保护行为产生激励，理论上有助于协同推进耕地的数量、质量和生态"三位一体"保护。

然而，目前关于农地确权的研究主要探讨其经济效应，具体集中在农地流转、农业投资和农户信贷等领域，而且国内农地确权的相关研究又主要集中在对农地流转的影响上面。相形之下，农地确权的生态效应研究付之阙如，农业生产经营过程中的耕地保护缺乏足够的关注，有关农地确权与耕地保护关系的少量文献也多停留在定性层面的讨论，缺乏实证意义上的检验。鉴于此，本书以新一轮农地确权为研究对象，遵循"问题现状—政策冲击—行为响应—制度绩效"的逻辑主线，在界定和辨析相关概念以及对已有相关文献进行回顾的基础上，利用具有全国代表性的中国农村家庭追踪调查（CRHPS）数据，借鉴现代产权理论、农业可持续发展理论、农户行为理论和制度变迁理论，运用多期DID模型、PSM-DID模型、面板固定效应模型、面板随机效应模型、代理变量法和工具变量法，分别以农户耕地抛荒、有机肥使用、化肥与农药使用为例，实证检验了新一轮农地确权对农户耕地数量保护、耕地质量保护和耕地生态保护的影响，系统揭示了农地产权制度改革与农户耕地保护的定量关系。本书的主要研究结论有以下三方面。

第一，农地确权会显著地强化农户耕地数量保护，有助于遏制耕地抛荒的发生。农地确权使得农户的耕地抛荒面积下降0.2亩左右。该结论在进行系列稳健性检验和克服内生性偏误之后依然成立。机制检验表明，农地确权主要通过改善土壤肥力、促进农地转出、提高农业补贴可得性和提升农业收入水平等渠道抑制耕地抛荒面积的扩张。进一步分析发现，农地确权对耕地抛荒的影响在不同社区和不同农户间具有异质性，农地确权会显著抑制处于平原、没有村民公约、经济落后社区的耕地抛荒，而对处于丘陵山区、有村民公约、经济发达社区没有显著的影响。与此同时,农地确权会显著减少非转入户、非转出户以及未经历过农地调整农户的耕地抛荒面积,而对经历过农地流入、农地转出和农地调整的农户没有显著的影响。

第二,农地确权会显著地强化农户耕地质量保护,有助于提升耕地的土壤肥力。农地确权使得农户每亩有机肥的使用概率显著提升约15%,每亩有机肥投入增加约35元,每亩有机肥施用量增加约23千克。机制分析表明,农地确权主要通过稳定农户产权预期和提高农业补贴可得性等渠道提升农户有机肥使用的概率。进一步地,异质性分析发现,从经营特征来看,农地确权主要对较小经营规模的农户和种植粮食作物的农户在有机肥使用方面有显著的正向作用,而对于较大经营规模的农户和种植经济作物的农户没有显著的影响;从产权状态来看,农地确权主要对承包农户和没有农地调整经历的农户有显著的正向作用,而对于转入户和有农地调整经历的农户没有显著的影响。

第三,农地确权会显著地强化农户耕地生态保护,有助于化肥、农药的减量使用。农地确权通过提升地权稳定性、地权安全性和地权完整性,强化了农户层面的耕地生态保护,它不仅使得农户每亩化肥投入减少了17%,也使得农户每亩农药投入减少了12%。不过,农地确权对耕地生态保护的影响也存在一定的异质性。农地确权主要对以农业为主的小规模兼业农户(简称小兼业户)有显著影响,对以非农就业为主的大规模兼业农户(简称大兼业户)则没有影响;农地确权主要对老一代农民有显著影响,对新生代农民则没有影响。进一步分析发现,农地确权对化肥、农药的影响不仅体现在投入上,也表现在使用上,它使得农户每亩化肥施用量减少了9.41千克,每亩农药施用量减少了143.14毫升。

基于上述主要结论,本书认为,在新一轮农地确权改革完成之际,要积极推进新一轮农地确权成果的多元化应用,充分发挥农地确权在耕地数量、质量和生态保护中的积极作用。特别地,政府要注重农地确权与耕地保护的内在联结,利用好新一轮农地确权成果,引导农户遏制耕地抛荒,增加有机肥投资和减少化肥、农药使用,有序开展环境友好型农业实践。进一步地,政府也要以新一轮农地确权改革为新的契机,努力推动农地产权改革从产权界定向产权实施转变,不断提高农地产权的明晰性、稳定性和完整性,扎实推进以农业可持续发展为导向的农地产权制度建设。

目 录

1 绪 论 ……………………………………………………………… 1
　1.1 研究背景 ……………………………………………………… 1
　1.2 研究目标、内容与意义 ……………………………………… 4
　1.3 核心概念界定 ………………………………………………… 7
　1.4 数据、方法、技术路线与关键问题 ………………………… 14
　1.5 结构安排 ……………………………………………………… 21
　1.6 可能的创新与不足 …………………………………………… 24

2 文献回顾与理论框架 …………………………………………… 27
　2.1 文献综述 ……………………………………………………… 27
　2.2 理论基础 ……………………………………………………… 54
　2.3 分析框架 ……………………………………………………… 64

3 农地确权、耕地保护及其相关关系 …………………………… 70
　3.1 农地确权的历史演进与最新进展 …………………………… 70
　3.2 耕地保护的主要内容与基本现状 …………………………… 75
　3.3 农地确权与耕地保护关系的描述统计 ……………………… 93

4 新一轮农地确权对农户耕地数量保护的影响 ………………… 109
　4.1 问题的提出 …………………………………………………… 109
　4.2 文献回顾与理论分析 ………………………………………… 112
　4.3 数据来源、变量选取与研究设计 …………………………… 115
　4.4 实证结果 ……………………………………………………… 118
　4.5 异质性分析 …………………………………………………… 128
　4.6 本章小结 ……………………………………………………… 130

5 新一轮农地确权对农户耕地质量保护的影响 …… 132
- 5.1 问题的提出 …… 132
- 5.2 文献回顾与理论分析 …… 135
- 5.3 数据来源、变量选取与研究设计 …… 137
- 5.4 实证结果 …… 140
- 5.5 异质性分析 …… 151
- 5.6 本章小结 …… 153

6 新一轮农地确权对农户耕地生态保护的影响 …… 155
- 6.1 问题的提出 …… 155
- 6.2 文献回顾与理论分析 …… 158
- 6.3 数据来源、变量选取与研究设计 …… 159
- 6.4 实证结果 …… 164
- 6.5 异质性分析 …… 172
- 6.6 进一步讨论 …… 174
- 6.7 本章小结 …… 177

7 结论与启示 …… 179
- 7.1 研究结论 …… 179
- 7.2 政策启示 …… 183
- 7.3 进一步讨论 …… 186

参考文献 …… 190

1 绪 论

1.1 研究背景

伴随着经济社会的快速发展,良好的生态环境变得日益重要,如何实现经济社会的可持续发展也逐渐受到世界各国的普遍关注。可持续发展是20世纪80年代提出的发展概念,由时任联合国世界环境与发展委员会主席、挪威首相布伦特兰夫人于1987年在《我们共同的未来》(*Our Common Future*)中最先提出。她将可持续发展定义为"既满足当代人的需要,又不对后代人满足其需要的能力构成危害的发展"。这一定义在当时受到与会者的普遍赞同,并在1992年的联合国环境与发展大会上取得广泛共识(金书秦,2020)。农业是国民经济的基础,经济社会的可持续发展首先要实现农业的可持续发展,农业可持续发展是国民经济可持续发展的根本前提(陈利根,2001)。一个国家或地区的农业及其可持续发展,不仅关系着农业本身的发展状况,而且还直接影响到其他相关产业乃至整个国民经济的发展(黄国勤,2019)。因此,世界各国,不管是发展中国家,还是发达国家,都非常重视农业及其可持续发展问题。

农业可持续发展强调的是农业发展的永续和持久发展。农业的可持续性发展主要包括生态可持续性、经济可持续性和社会可持续性(Brown et al.,1987)。农业可持续发展要求在提高农业经济和社会发展指标的同时,也要注重保持资源、环境和生态的稳定(高鹏、刘燕妮,2012)。对于农业的可持续发展而言,土、种、肥、药、水是重要的影响因素(Rigby et al.,2001;罗锡文等,2016)。在上述影响因素中,又以耕地最为重要,耕地处于中枢地位,种、肥、药、水的投入也直接或间接地受耕地影响(陶然等,2004)。耕地资源之于农业可持续发展的重要性不言而喻(陈百明、张凤荣,2001)。一方面,对于农业生态系统而言,维持人类生存发展所需的一切食物直接或间接地来源于耕地,自然界的物质和能量循环也都以耕地为中介和基础,耕地提供了人类生命活动75%以上的蛋白质和80%以上的热量,人类88%的食物出自耕地(陈英旭,2007)。另一方面,对于农业生产经营活动而言,耕地不仅是劳动力和其他生产生活资料的物质载体,同时也是不可缺少的生产资料和劳动对象(陈利根,2001)。诚如2021年6月罗马—联合国粮食及农业组织与联合国环境规划署联合出版的《全球土壤污染评估》(*Global Assessment of Soil Pollution Report*)报告所指出的,全球需即刻行动起来保护耕地,因为"土壤污染和破坏不受任何国境线的限制,它会威胁到我们吃的食物、饮用的水和呼吸的空气"。

农业的可持续发展最根本的就是要加强耕地数量、质量和生态的"三位一体"保护(祖健等,2018),实现耕地资源的可持续利用(王冰,1998)。只有保持一定数量和质量的耕地资源,防止耕地退化和土壤污染,并实现耕地资源的可持续利用,才能确保农业的可持续发展,保障农业生产力,保证农业生态系统持续为人类服务的能力(王小彬等,2006)。然而,不容忽视的是,中国的耕地资源目前正受到剧烈冲击(田春、李世平,2010),中国的耕地保护也面临着严峻的挑战。问题突出表现在以下三个方面:一是耕地数量不断减少(聂英,2015)。根据第二次全国土地调查结果,2009年底中国耕地总面积为1.35亿公顷(1公顷=15亩),全国人均耕地0.1公顷,仅占世界人均水平(0.225公顷)的45%(李娜,2016)。与此同时,全国耕地后备资源也严重不足,仅约为533.33万公顷,耕地数量安全日益受到挑战(刘丹等,2018)。而且,在自然灾害、城镇化以及人口增长等外部力量的冲击下,耕地资源将变得更为稀缺。当前,至少有三分之一的国土正遭受到风沙威胁,每年有数十万公顷的耕地因城镇化建设而被占用,守住18亿亩耕地红线的压力不断增大(尹昌斌等,2015)。考虑到人口增长惯性,预计到2030年中国人口将增长到16亿人时,人均耕地还将比目前减少四分之一(白蕴芳、陈安存,2010)。二是耕地质量总体偏低(陈印军等,2011)。《2016中国国土资源公报》统计数据显示,2015年中国耕地平均质量等级为9.96等,其中,优等地仅占耕地总量的3%,而低等地占比达18%,中国耕地普遍存在等级低、质量不高等问题(刘丹等,2018)。2019年《全国耕地质量等级情况公报》也显示,全国优等耕地面积仅有6.32亿亩,只占全部耕地构成的30%左右,大量耕地仍处于中低等水平,肥沃土地相对稀缺,耕地质量堪忧。三是耕地生态遭到破坏(唐华俊,2010)。据统计,中国耕地面积虽然不到全世界的十分之一,但是却使用了全世界将近40%的化肥(祖健等,2018),全国每年使用化肥量接近6000万吨(巨晓棠,2014),已经超过世界平均水平的4倍。与此同时,目前农药污染土地面积超过933万公顷,单位面积农药使用量是世界平均水平的2.5倍,若不加以控制,到2030年农药用量将达221万吨,农药污染土地面积将增加1倍(赵其国,2007)。化肥、农药的大量不科学使用,导致我国耕地中存留了大量有害物质(辛岭、胡志全,2015),这不仅造成了严重的生态破坏和环境污染,而且也对食品安全造成了源头性的危害(罗锡文等,2016),严重威胁农业可持续发展和人类身体健康(李娜,2016)。

耕地保护是农业可持续发展的关键,而建立有效的农地产权制度则是推动耕地保护、实现耕地可持续利用的基础性制度安排(石晓平,2001;洪名勇、施国庆,2006)。世界范围内的实践已然表明,农地产权制度对于耕地的利用与保护有着十分重要的影响(钱文荣,2000)。产权制度是一项基础性的经济制度,既对资源配置及其效率产生影响(黄祖辉等,2009),又是构成其他制度的基础(North,1990),产权制度以其强度、长度和广度对资源配置产生影响(Needham et al.,2018;田传浩,2018)。然而,在我国现行农地产权制度下,产权不明晰、产权不稳定、产权不完整以及产权缺乏有效保护等问题日益成为制约农业农村经济可持续发展的重要因素(姚洋,2000a;赵峰,2001;Jacoby et al.,2002;俞海等,2003;刘守英,2018a;罗必良,2019)。产权界定是资源配置的前提和基础(Coase,1960),产权制度决定了生产要素的优化配置程度(North,1990),产权制度安排影响资源的利用方式与效率(刘晓宇、张林秀,2008;刘守英,2018b),由农地产权问题引发的土地细碎化、耕地数量下降、土壤肥力下滑以及农地低效率、不合理利用等问题愈加明显(Li et al.,1998;罗锡文等,2016;刘丹等,2018),已严重制约农业的可持续发展(刘辉煌,1999;胡亦琴,2011;Mullan et al.,2011;黄季焜、冀县卿,2012)。鉴于此,如何通过建立一套有利于耕地保护的农地产权制度来有效遏止耕地流失和防止地力下降的趋势(赵峰,2001),进一步改善农地利用状况(孙国峰,2007),提高农地利用效率(胡亦琴,2008),日渐成为政学两界普遍关注的核心议题。

应实践和理论推动使然,中央政府为农地产权制度改革做出了持续性的努力,比如禁止土地调整、延长承包期限和推动经营权抵押贷款等。当然,最重要也是最基础的是开展农地确权工作(陈江龙等,2003)。现阶段,作为农地产权制度改革的基础性内容,新一轮农地确权工作得到中央政府的高度重视。2008年"中央一号文件"提出要向农户发放农村土地承包经营权证书并建立相应的土地承包经营权登记制度。2009年7月农业部出台《农村土地承包经营权登记试点工作方案》,该文件指出,要清晰界定承包地的面积、位置和权属,将农村土地承包经营权证书落实到户,并选择了包括山东、重庆、四川等在内的八个省(市)的部分乡镇,进行小规模的前期探索,其中,成都市以"还权赋能"为核心的农地确权改革较为出色,取得了显著进展并积累了较多经验(周其仁,2010)。在此基础上,2011年初以农业部发布的《关于开展农村土地承包经营权登记试点工作的意见》为标志,正式揭开了全国范围内土地确权登记试点的序幕。为进一步贯彻落实中央文件的精神要求,2011年3月,农业部等六部门正式启动了全国范围内的农地确权登记试点,首批试点地区包括50个试点县(市、区),涉及28个省份的710个乡镇、12150个村。与此同时,还有一些地区如安徽、四川、甘肃、云南等按照中央要求自行开始登记工作。2013年"中央一号文件"更明确提出要全面开展新一轮农地确权工作,并要求用五年时间基本完成农地确权改革,妥善解决承包地块面积不准、四至不清以及权属不明等问题。同年,中央确定了105个县(市、区)为第二批全国确权登记颁证试点地区,由此农地确权工作在中国全面开展。2017年"中央一号文件"提出,要深化农地"三权分置"改革和扩大农村承包地确权登记颁证整省改革试点,开展试点的省级单位增加到28个,新一轮农地确权渐为普遍之势。农业农村部的数据显示,截至2018年底,全国30个省份已基本完成农村土地确权工作,承包地确权登记面积达14.8亿亩,占整个承包地实测面积的89.2%(高云才、郁静娴,2019)。

1.2 研究目标、内容与意义

1.2.1 研究目标

新一轮农地确权目前已经基本完成,作为一项耗资巨大、耗时长久、影响深远的基础性工程,它是否强化了农户的耕地保护行为呢?本书将立足于农户,以新一轮农地确权为研究对象,遵循"问题现状—政策冲击—行为响应—

制度绩效"的逻辑主线,在界定和辨析相关概念以及对已有相关文献进行回顾的基础上,借鉴现代产权理论、农业可持续发展理论、农户行为理论和制度变迁理论,运用面板固定效应模型、面板随机效应模型、多期 DID 模型、PSM-DID 模型和工具变量法,通过构建农地确权改革对耕地保护的"数量—质量—生态"分析框架,同时基于有限目标和突出重点的原则,分别检验新一轮农地确权对农户耕地数量保护行为、农户耕地质量保护行为和农户耕地生态保护行为的影响,试图实现以下研究目标。

第一,提供理论支撑。在梳理和回顾已有研究的基础上,尝试探索农地产权制度改革与农业可持续发展的内在关联,把握农地产权制度改革的核心以及找准农业可持续发展的关键,并以此构建农地确权改革对农户耕地保护的"数量—质量—生态"分析框架。

第二,发掘经验证据。重点关注农业生产过程中农户层面的耕地保护,而不是耕地非农化过程中的耕地保护。具体地,从耕地的数量保护、质量保护和生态保护出发,分别以耕地抛荒、有机肥以及化肥与农药的使用为例,依序探究新一轮农地确权对农户耕地保护行为的影响效应和作用机理,并尝试从农民分化、代际差异、产权状态和经营特征等视角比较新一轮农地确权对不同群体的影响差异。

第三,贡献政策启示。在农地确权改革基本完成之际,为政府继续推动农地产权改革从农地产权界定向农地产权实施转变,促进农地确权成果的多元化应用,深化以农业可持续发展为导向的农地产权制度改革提供参考依据和政策建议。

1.2.2 研究内容

围绕上述研究目标,本书将采取"总分总"的结构,重点研究以下五个方面的内容。

第一,借鉴现代产权理论、农业可持续发展理论和制度变迁理论,梳理改革开放以来农地确权改革的历史变迁与最新进展,分析现阶段耕地保护的核心内容与基本现状,探讨农地确权改革之于耕地保护的重要意义,进而构建农地确权改革对耕地保护的"数量—质量—生态"分析框架。

第二,探索新一轮农地确权对农户耕地数量保护行为的影响,具体以耕地抛荒为例,重点回答:农地确权是否可以降低农户耕地抛荒的概率?农地确权能够抑制多少面积的耕地抛荒？农地确权能抑制农户耕地抛荒的作用渠道有哪些？农地确权对农户耕地抛荒的影响在不同社区与不同家庭之间是否存在显著性差异？

第三，探索新一轮农地确权对农户耕地质量保护行为的影响，具体以有机肥为例，重点回答：农地确权是否可以增加农户有机肥使用的概率？农地确权会增加农户多少的有机肥投入成本？农地确权能增加农户多少的有机肥施用量？农地确权增加有机肥使用的影响机理有哪些？农地确权对有机肥使用的影响在不同农业经营特征和不同农地产权状态之间是否存在显著性差异？

第四，探索新一轮农地确权对农户耕地生态保护行为的影响，具体以化肥、农药为例，重点回答：农地确权是否可以减少化肥的投入成本？农地确权是否可以减少农药的投入成本？农地确权减少化肥、农药投入的影响机理有哪些？进一步地，农地确权是否可以同时减少化肥和农药的施用量？农地确权对农户化肥、农药使用的影响在不同农民分化程度和不同代际差异水平之间是否存在显著性差异？

第五，综合上述研究结果，提炼和推广农地确权在农户耕地数量保护、耕地质量保护和耕地生态保护中的积极价值，促进农地确权成果的多元化利用，为深化以农业可持续发展为旨归的农地产权制度改革提供参考性建议。

1.2.3 研究意义

农地产权制度是农业可持续发展的关键，耕地保护是农业可持续发展的基础，通过农地确权改革实现耕地资源的清晰界定与有效保护是农业可持续发展的必经之路，具有十分重要的价值。

从理论意义来看，本书将借助产权经济学理论、制度变迁理论、可持续发展理论和农户行为理论，在 Besley(1995)、Feder 和 Nishio(1998)等早期确立的地权稳定性对投资、流转、信贷这三方面影响的基础框架之上，构建基于中国制度背景的农地产权改革对耕地保护影响的分析框架，从"数量—质量—生态"三重维度检视新一轮农地确权与农户耕地保护行为间的内在联系，这将有助于进一步拓展和丰富相关产权理论。

从现实意义来看，本书试图采用规范的计量经济学方法检验新一轮农地确权对农户层面耕地保护的政策效应，系统考察农地确权对农户耕地数量保护(耕地抛荒)、耕地质量保护(有机肥使用)和耕地生态保护(化肥、农药使用)等方面的影响,并结合估计结果,评价现阶段农地确权改革的利弊,这可能为进一步明晰土地产权、强化产权保护和推进确权成果的多元化应用等提供参考依据。

1.3 核心概念界定

概念界定是开展学术研究的基础,也是进行学术对话的前提。就本书而言,最关键的学术术语包括农地产权、农地确权和耕地保护。

1.3.1 农地产权

产权是社会强制实施的、对经济物品的多种用途进行选择的权利(Alchian,1987),是经济主体对财产拥有的各种权利的总称。农地产权无非就是将财产具体落实到一块农地,是一个社会所强制实施的如何使用土地的权利安排(Needham et al.,2018),是经济主体对拥有农地这一财产的各种权利的称谓。不过,特别要注意的是,农地是一个并不精确的惯用词汇,当前,对于农地一词主要有三种理解。

第一种理解,将农地看作农业用地和农村用地的简称。前者从用途入手,其对应类型为非农用地,主要有建设用地和非利用地;后者从地域入手,其对应类型为城镇用地。第二种理解,将农地视为耕地、林地、草地以及其他依法用于农业生产的土地。这是中国法律对于农地的定义,如表1.1所示,《中华人民共和国农村土地承包法》规定:"本法所称农村土地,是指农民集体所有和国家所有依法由农民集体使用的耕地、林地、草地,以及其他依法用于农业的土地。"鉴于上述规定,中国情境下,农地也通常被认为是承包地。与此同时,需要说明的是,《中华人民共和国土地管理法》对农地的定义与上述规定略有出入,它将农地定义为"直接用于农业生产的土地,包括耕地、林地、草地、农田水利用地、养殖水面等"。第三种理解,将农地直接视为耕地,不包括林地、草地等类型。就本书而言,农地主要是指承包农户从集体那里以合约形式无偿获得的耕地,即通常所说的承包地。

表 1.1　我国土地法律对农地的概念界定

年份	文件	核心指代	法律表述
2018	《中华人民共和国农村土地承包法》	农村土地	本法所称农村土地，是指农民集体所有和国家所有依法由农民集体使用的耕地、林地、草地，以及其他依法用于农业的土地（第一章 第二条）
2019	《中华人民共和国土地管理法》	农用地	农用地是指直接用于农业生产的土地，包括耕地、林地、草地、农田水利用地、养殖水面等（第一章 第四条）

当然，需要指出的是，在学术研究当中，耕地和农地也有特定的适用语境。其中，当涉及权利相关的词汇搭配时，农地使用比较常见，比如农地产权、农地确权、农地调整和农地征收等；当涉及资源相关的词汇时，耕地使用更为普遍，比如耕地资源、耕地数量、耕地质量和耕地生态。因此，为表达方便，农地和耕地也将在本书的不同情景之中交替使用。

对于农地产权而言，在中国农地集体所有制框架下，以农地是否发生流转为依据，现阶段的农地产权主要分为两种状态：发生流转状态下的所有权、承包权和经营权"三权分置"；未发生流转状态下的所有权和承包经营权"两权分离"。进一步地，在中国农地产权制度下，所有权主体为农民集体。《中华人民共和国土地管理法》规定："农民集体所有的土地依法属于村农民集体所有的，由村集体经济组织或者村民委员会经营、管理；已经分别属于村内两个以上农村集体经济组织的农民集体所有的，由村内各该农村集体经济组织或者村民小组经营、管理；已经属于乡（镇）农民集体所有的，由乡（镇）农村集体经济组织经营、管理。"承包权或承包经营权主体为农地转出方或承包农户。承包农户依法享有承包地使用、收益和转让等权利。经营权属于农地转入方。《中华人民共和国农村土地承包法》规定："土地经营权人有权在合同约定的期限内占有农村土地，自主开展农业生产经营并取得收益。"

需要强调的是，对于中国农地集体所有制下的农地产权，仍有三点需要特别说明：一是所有权不等于产权。所有权强调物的归属，是指所有可能的权利，而不是有限列举的权利（刘守英，2017）；产权重视物的利用，它是一组权利束，其核心的权利束主要包括使用权、收益权和转让权（张五常，2002）。不过，对于通常意义的产权而言，它更像一个范畴、概念，而不是一个变量、指标，相较于所有权，产权更难以精确地去描述它到底包括哪些权利。二是承包权、经营权以及承包经营权都不是一项特定的权利束，而是使用权、收益权和转让权等权利束在某种意义上的集合体(郑淋议等,2019)。三是产权的界定、配置和保护是任何社会都必须解决的最复杂和最困难的问题之一,必须加以解决(Alchian,1965),而农地确权通常被国际国内广泛采用,一度被认为是农地产权制度改革最为基础、也是非常重要的手段(Heath,1990;程令国等,2016)。

1.3.2 农地确权

农地确权是产权界定在农地产权制度改革领域的生动实践,它不仅构成产权交易的制度基础,也成为产权保护的法律保障。农地确权即对农地权利的法律确认,是通过土地登记注册,给产权主体发放与不动产登记簿内容一致的正式资格证明文件(比如土地契约或凭证),对其所拥有地块面积、空间、期限以及权属的合法权利给予证明、登记和确认(丰雷等,2020)。无论是土地公有制,还是土地私有制,权利的群己界定都是至关重要的(周其仁,2017)。作为农地产权制度改革的基础性内容,农地确权不仅是凭证发放、注册登记的过程,更为关键的是它为经济主体提供了一种围绕农地的占有、使用、收益和交换达成共识的程序和规则,是对农地产权的交易形成一致意见的法律表述(De Soto,2000)。按照相关法律规定,农地的权属只有经过登记申请、地籍调查、权属审核、注册登记、颁发证书等程序,才能够获得正式确认(付江涛,2016)。在国外研究当中,农地确权的近似表述通常为土地确权(land titling/land titles)、土地证书(land certificate/land certification)和土地登记(land registration)。当前,中国的农地确权主要有三类,分别为农村土地承包经营权确权、农村宅基地的使用权确权和农村建设用地的使用权确权。本书所涉及的农地确权主要是指以土地证书为表征的农村土地承包经营权确权。

改革开放以来,中国名义上的农地确权工作大致开展了三轮(见图1.1)。第一轮发生在1998年以后,当时二轮承包已经开始,1998年出台的《中华人民共和国土地管理法》规定各级政府向承包方颁发农村土地承包经营权证书,但是该轮农地确权的完成度并不是很好,超过60%的村庄没有发放农村土地承包经营权证书或合同(叶剑平等,2000)。第二轮是在2003年以后,当时的《中华人民共和国农村土地承包法》明确要求向承包农户发放农地产权证书,该轮农地确权在试点地区得到较好的实施,根据于建嵘和石凤友

(2012)的推算,2007年浙江、安徽、湖南、湖北、黑龙江、辽宁、四川、重庆等试点省份拥有《农村土地承包经营权证》的农户比例已经超过94.6%。伴随着2007年《中华人民共和国物权法》的出台,新一轮农地确权逐步拉开,2008年的"中央一号文件"强调要"确保农村土地承包经营权证到户",2013年农地确权在中国全面展开,并于2018年基本完成。相较于前两轮,新一轮农地确权主要特征有三方面:一是归属更加清晰,清晰界定农地的物理边界和产权边界;二是权能更加完整,农村土地承包经营权可以进行贷款融资;三是保护更加严格,要求同时建立统一完备的注册登记管理制度和全面颁发具有法律效力的土地产权证书(郑淋议等,2020)。

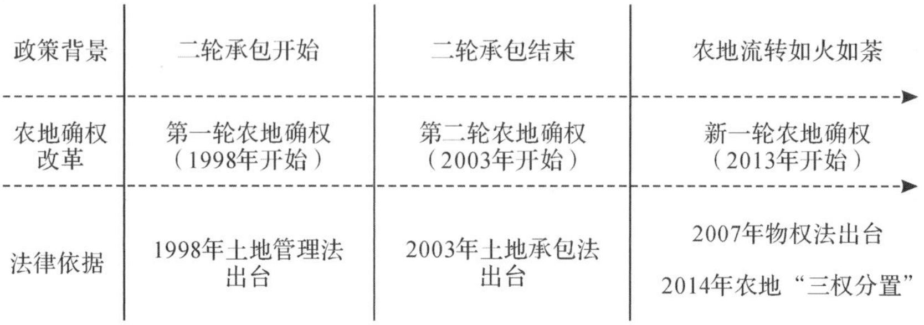

政策背景	二轮承包开始	二轮承包结束	农地流转如火如荼
农地确权改革	第一轮农地确权(1998年开始)	第二轮农地确权(2003年开始)	新一轮农地确权(2013年开始)
法律依据	1998年土地管理法出台	2003年土地承包法出台	2007年物权法出台 2014年农地"三权分置"

图1.1 改革开放以来农地确权的历史变迁

在有关农地确权的实证研究中,首先面临的就是农地确权的衡量问题。从已有研究来看,如表1.2所示,目前国内农地确权的衡量主要涉及三类指标:①农户层面的土地合同与证书;②社区层面的农地确权工作;③不区分合同、证书以及确权工作的农地确权。尽管不同的衡量指标各有利弊,适用于不同的应用场景,但是上述三种度量方式仍有值得商榷的地方:一是第三种度量方式较为模糊,如果不加以注释,很难知道农地确权的实际所指,而前两种度量方式相对更为精确,无论是对于访谈者还是对于读者,都能够清楚农地确权的具体含义;二是虽然社区层面的确权工作和农户层面的合同与证书所表达的含义较为明确,但是它们之间的区别和联系却未曾提及;三是大部分研究都没有明确界定农地确权的实施时间,实际上不同时期的农地确权改革有着明显的区别,而少数涉及确权改革时间的衡量方式却又存在不同的时间节点,新一轮农地确权到底"新"在何处仍缺乏充分的讨论。

表 1.2 文献当中有关农地确权的主要衡量方式

作者	衡量层面	确权度量	数据来源
农户层面	农户是否同时持有农村土地承包合同和土地承包经营权证书	中国六省抽样调查	黄季焜、冀县卿(2012)
	农户是否已经领到《农村土地承包经营权证》	中国劳动力动态调查(CLDS)	林文声等(2018);张莉等(2018);孙琳琳等(2020)
	2013年以来农户是否拿到农地确权证	中国三省抽样调查	周力、王镱如(2019);郑淋议等(2021)
	2009年以来是否签订土地承包合同或获得土地经营权证书	中国农村家庭追踪调查(CRHPS)	何欣等(2016);朱建军、杨兴龙(2019)
	2014年以来农户是否持有证书	中国人民大学"千人百村"调查	丰雷等(2020)
社区层面	农户所在村当期是否完成农地确权工作	农业部农村固定观察点搭载数据	应瑞瑶等(2018)
	村是否进行了土地承包经营权的确权登记颁证	中国健康与养老追踪调查(CHARLS)	程令国等(2016)
	二轮承包以来,村庄进行了农地确权,并且农户已经领到土地承包经营权证书	中国健康与养老追踪调查(CHARLS)	林文声等(2017);李哲、李梦娜(2018)
其他	农地是否确权	中国九省抽样调查	罗必良(2016);米运生等(2018)
	农地确权是否有颁发证书	中国两省抽样调查	朱红根等(2019)
	是否获得新一轮确权证书	中国广西调查数据	钱龙等(2020)

总体来说,农地确权的衡量要综合考虑确权的性质、内涵、形式、层次以及时间。从性质来看,需要明确农地确权具体确认的是什么样的权利,到底是所有权、承包权还是经营权,到底是债权还是物权,等等。从内涵来看,需要明确农地确权的基本内容,农地确权是否真的做到了土地的物理边界和权属边界的清晰界定。从形式来看,需要明确农地确权到底指的是农户获得土地承包合同还是获得土地承包经营权证书。就新一轮的农地确权而言,由于2007年实施的《中华人民共和国物权法》正式将土地承包经营权定义为物权而非债权,因此,使用土地产权证书更能接近农地确权的真实表达。从层次来看,需要明确农地确权到底指的是农户层次还是社区层次。一般而言,社区层面的农地确权工作往往早于农户层面的确权颁证,使用社区层面的农地确权工作通常存在滞后性,需要使用其滞后期而不能直接使用。同时,由于边界不清等历史遗漏问题,社区开展农地确权工作并不意味着每位农户都能

及时领到土地产权证书,因此,农户层面的确权颁证可能更为准确。从时间来看,需要明确农地确权的实施时间到底是哪一年,2008年、2009年、2011年、2013年都是新一轮农地确权的关键时间节点。其中,2008年"中央一号文件"提出要把土地产权证书落实到户,2009年《农村土地承包经营权登记试点工作方案》出台,2011年《关于开展农村土地承包经营权登记试点工作的意见》出台,2013年"中央一号文件"强调在全国范围内全面推开农地确权改革,并要求用五年时间基本完成新一轮农地确权改革工作。此外,需要说明的是,实践中农地确权方式的选择也是一个值得注意的因素,不过受限于数据,本书不做过多区分。

综上,考虑到2013年以来新一轮农地确权在全国范围内的推行在一定程度上可以消除可能存在的选择性偏误和双向因果问题,进而有助于降低农地确权变量的内生性。因此,在本书中,新一轮农地确权主要通过"2013年以来农户是否获得农村土地承包经营权证"以及"2013年以来社区是否开展耕地的确权登记颁证"这两个问题来衡量。与此同时,本书也会使用农地承包经营合同等代理变量来进行稳健性检验。

1.3.3 耕地保护

耕地保护是中国的一项基本国策。早在1986年,中央在《关于加强土地管理、制止乱占耕地的通知》中便首次提出,要"十分珍惜和合理利用每一寸土地,切实保护耕地"。耕地是粮食安全的基础,耕地保护是农业可持续发展的关键。耕地保护通过采取有力的行动和措施,稳定和扩大耕地面积、维持和提高耕地生产能力、预防和治理耕地环境污染(朱德举,1997),它的实质是恢复和发展耕地的生产力(姚柳杨等,2016),保证耕地资源的生产潜力和防止土地退化,实现土地生产力的持续增长和稳定性,促进耕地资源的可持续利用(洪名勇、施国庆,2006)。20世纪80年代以来,随着生态文明建设的深入推进,中国耕地保护的目标先后经历了基于数量的红线保护,基于数量和质量的平衡保护,基于数量、质量和生态的产能保护三个阶段(郭文华,2012),并逐渐形成了耕地数量、质量和生态"三位一体"综合保护(漆信贤等,2018)。因此,总体而言,耕地保护主要包含三个方面的保护,即耕地数量保护、耕地质量保护和耕地生态保护。

事实上,由于人多地少的资源禀赋和粮食安全的客观要求,长期以来中国尤为重视耕地数量管控(郭文华,2012),耕地数量保护也几乎成为耕地保护的指代名词。耕地数量保护顾名思义就是对耕地面积的保障,确保耕地数量可以持续满足区域人口健康生存的需要(刘娟、张峻峰,2015)。耕地数量保护是耕地保护的前提和基础,维持耕地面积的稳定是耕地保护工作的刚性指标(秦静,2020)。当前的耕地数量保护实际上侧重于非农化过程中的耕地保护,主要通过国家耕地占补平衡、增减挂钩制度和《中华人民共和国土地管理法》等制度约束来达到耕地保护的目的(祖健等,2018)。耕地质量保护是耕地保护的核心手段。耕地质量既包括用地主体保持和维护的耕地私人物品质量,又包括依赖公共投资提升的公共物品质量,它反映了在一定的管理水平下,在耕地上进行农作物生产的总体能力(王军等,2019)。耕地质量保护主要强调培肥地力和提升耕地质量(刘娟、张峻峰,2015),要求借助经济、行政和法律等手段保证耕地的总体质量和生产能力不下降(祖健等,2018)。耕地生态保护是耕地保护的根本目标。耕地具有多功能性,它在提供食物供给的同时,也在净化空气、涵养水源、气候调节、废物处理、固土保肥和生物多样性等方面发挥重要作用(秦静,2020)。因此,耕地生态保护就是要维持生态平衡(张超等,2017),使耕地生态环境保持一个良好的状态,以保证耕地的可持续利用(祖健等,2018),包括防止化肥、农药在内的耕地污染以及耕地沙漠化、盐碱化、水土流失等耕地退化现象的发生(刘娟、张峻峰,2015)。严格来说,使耕地能够生产出绿色农产品的土壤环境保护措施,比如防止耕地污染和耕地生态退化,对污染的耕地或生态退化的耕地进行修复,都属于耕地生态保护的重要内容(张凤荣,2021)。

在已有研究的基础上,本书进一步指出:第一,耕地数量保护实际上主要集中在两大领域,即非农化过程中的耕地数量保护和农业生产经营过程中的耕地数量保护。不过,就现有研究来看,学界主要关注前者,探讨遏制耕地的征用和占用,守住耕地红线,而后者却未引起普遍重视,耕地的闲置与浪费并没有纳入耕地数量保护的范畴,尽管农户耕地抛荒的现象也日益严峻(郑沃林、罗必良,2019)。事实上,由于工业化、城镇化在很大程度上不可逆转,相较于非农化过程中的耕地征用和占用,农业生产经营过程中的闲置与浪费更应引起关注,遏制农户耕地抛荒势在必行。第二,耕地质量保护的措施主要包括政府主导的灌溉、打井以及修渠、挖沟、土地整治等农业基础设施的完善,以及农户自发的有机肥使用行为,这些措施都有助于耕地质量的保持和提升。尤其是有机肥的使用,它使得土壤肥力持续四五年之久(Jacoby et al.,

2002),一度成为中华农耕文明经久不衰的重要密码。然而,近年来,农户有机肥使用越来越少,成为耕地质量下降、土壤肥力衰退的重要原因(黄季焜、冀县卿,2012)。第三,耕地生态保护主要在于防止化肥污染、农药污染、重金属污染、土壤沙化、土壤盐碱化和水土流失。对于农户行为而言,耕地生态保护最为直接的是减少化肥、农药带来的土壤污染和耕地退化。然而,中国不仅是世界上最大的化肥、农药生产国和消费国,同时也是化肥、农药的使用强度均处于世界前列的国家(郑淋议等,2021)。化肥和农药的过度使用已经成为导致土壤污染、耕地退化的主要因素(张北赢等,2010),因此,耕地生态保护的重要抓手就是减少化肥、农药的使用(秦静,2020)。

有鉴于此,本书将基于农户层面的耕地保护行为,分别使用耕地抛荒作为耕地数量保护的代理指标,使用有机肥作为耕地质量保护的代理指标(黄季焜、冀县卿,2012;周力、王镱如,2019;钱龙等,2020),使用化肥和农药作为耕地生态保护的代理指标(田云等,2015;赵建英,2019),以此反映农业生产经营过程中的耕地数量、质量和生态的"三位一体"保护。

1.4 数据、方法、技术路线与关键问题

1.4.1 数据来源

本书使用的数据来自浙江大学"中国家庭大数据库"(Chinese Family Database,CFD)和西南财经大学中国家庭金融调查与研究中心的"中国家庭金融调查"(China Household Finance Survey,CHFS)合成的中国农村家庭追踪调查(China Rural Household Panel Survey,CRHPS)数据库。这些数据自2011年开始收集,每两年开展一次追踪调查,截至目前,已积累了2011年、2013年、2015年、2017年和2019年五期面板追踪数据。调查采用分层抽样、三阶段抽样与规模度量成比例重点抽样相结合的抽样方法,保证了样本选择的随机性。自2013年起,数据样本由最初的全国25个省份拓展到29个省份,新疆、西藏以及港澳台地区除外,具有全国、省份、城镇以及农村社区等多个层面的代表性。上述调查涵盖中国农村家庭经济生活的方方面面,是研究中国农业农村经济不可多得的第一手资料(Qian,2020)。它不仅涉及农村家庭的基本结构、就业情况、收入与支出、农业生产经营、土地利用与流转、人口

迁移与城镇化等各个方面,而且还涉及中国农村社区的基本情况,包括社区经济、社区治理、公共服务以及环境特征等方面的信息。

本书的数据处理过程大致如下:首先,横向合并各年度的个体、家庭和社区信息,使之构成完整的横截面数据;其次,纵向合并各年度的截面信息,使之构成完整的面板追踪数据;再次,根据每项研究的研究设计,保留各部分需要的研究变量,检查变量的可信度和异常值,并对其进行数据清洗;最后,以户主为筛选依据,保留家庭层面的面板数据,并针对特定的研究划分不同的研究群体。由于本书主要考察农地确权对耕地保护的影响,因此,本书将样本锁定在农村,剔除城镇样本。从各年度的样本分布来看,2011 年的样本包含全国 25 个省份、80 个区县、320 个村庄的 5120 个农户家庭,2013 年的样本包含全国 29 个省份、262 个区县、1048 个村庄的 16511 个农户家庭,2015 年的样本包含全国 29 个省份、363 个区县、1439 个村庄的 22535 个农户家庭,2017 年的样本包含全国 29 个省份、355 个区县、1428 个村庄的 12732 个农户家庭,2019 年的样本包含全国 29 个省份、345 个区县、1365 个村庄的 12336 个农户家庭。相较于其他数据库,中国农村家庭追踪调查数据库的覆盖范围更广泛,数据信息更丰富,样本容量更庞大,因而更具有全国代表性。与此同时,本书的核心解释变量"农地确权"不仅有确切的时间信息,而且也有村户两级的数据,这是其他国内大型微观数据库所不具备的优势。

1.4.2 研究方法

研究方法的选取应当坚持问题导向和目标导向,选择那些适合研究主题、有助于解决问题的方法。根据本书的研究目标和研究内容,本书拟采取以下研究方法。

第一,文献分析与逻辑分析相结合。文献分析是开展学术研究的关键环节,逻辑分析是构建理论框架的必备手段。本书拟在对农地产权制度改革、农地确权、耕地保护、农业可持续发展等相关研究领域的最新进展和学术见解进行系统回顾的基础上,综合运用产权经济学理论、制度变迁理论、农户行为理论和农业可持续发展理论,梳理现行农地产权制度存在的主要问题,指出现阶段农户耕地保护不力、耕地利用不合理的制度原因,强调农地确权在农地产权制度改革当中的基础地位,并通过逻辑演绎的方式,基于数量、质量、生态三重维度,探究农地产权制度与农户耕地保护的内在联系,最终尝试构建一个农地确权对农户耕地保护行为影响的理论分析框架。

第二,文本分析与历史分析相结合。就现阶段来讲,当前最重要的农地产权制度改革就是农地确权。作为农地产权制度改革的基础性内容,农地确权对农业农村经济的发展也有着深远的影响。中央高度重视新一轮农地确权工作,新一轮农地确权遵循先行试点、逐步推广的制度扩散原则,具有明显的渐进特征。2008年"中央一号文件"《中共中央、国务院关于切实加强农业基础建设进一步促进农业发展农民增收的若干意见》正式提出,"加快建立土地承包经营权登记制度"。2009年出台的《农村土地承包经营权登记试点工作方案》选择了包括重庆、四川等在内的八个省(市)的部分乡镇,进行小规模的前期探索。2011年发布的《中共中央、国务院关于开展农村土地承包经营权登记试点工作的意见》揭开了全国范围内土地确权登记试点的序幕。2013年"中央一号文件"《关于加快发展现代农业进一步增强农村发展活力的若干意见》全面推开农地确权,强调"用5年时间基本完成农村土地承包经营权确权登记颁证工作"。截至2018年底,全国新一轮农地确权工作已经基本结束,因此,追本溯源,对2008年以来中央相关的农地确权文件进行文本分析和历史分析尤为必要。

第三,计量分析与统计分析相结合。本书使用的计量统计分析方法,除了较为常见的描述统计分析、线性方程模型(LPM)、二元离散模型Probit或Logit、受限因变量模型Tobit模型、面板固定效应模型(FE)、面板随机效应模型(RE),还使用了以下几种定量分析方法。

(1)工具变量法(instrumental variable method)

解释变量与随机扰动项相关的"内生性"(endogeneity)问题在以因果识别为导向的实证研究中往往是绕不开的。内生性问题会导致估计结果不一致(inconsistent),研究者通常要花很大的时间精力来解决内生性问题,而工具变量法则是解决该问题的利器。工具变量法的核心思想在于,通过一个工具变量(instrumental variable,IV),将内生解释变量分解为内生部分与外生部分,并使用其外生部分得到一致的估计(陈强,2014)。当然,寻找一个工具变量并不容易,不仅对于不同的研究主题,工具变量的选择会存在差异,而且对于同样的研究主题,一个合格的工具变量必须满足两个条件:一是工具变量与内生解释变量高度相关(相关性),二是工具变量与扰动项不相关(外生性)。从已有文献来看,针对有关农地确权的研究,学者选择的工具变量主要有"如何获得土地""拥有土地时长""村庄颁证比例"等(丰雷等,2019)。本书将借鉴已有研究并尝试寻找合适的工具变量,尽量处理新一轮农地确权可能存在的内生性问题。

(2) 多期 DID 模型(time-varying DID model)

考虑到新一轮农地确权是逐步推进、强制实施的,具有先试点、后推广的性质。因此,本书试图使用符合确权改革渐进性特点的多期 DID 模型来考察新一轮农地确权对耕地数量保护与耕地生态保护的因果效应。具体的模型如下:

$$y_{it} = \alpha_0 + \alpha_1 \text{Certification}_{it} + \alpha X_{it} + \delta_i + \lambda_t + \varepsilon_{it} \tag{1.1}$$

式(1.1)中被解释变量代表农户耕地抛荒面积、有机肥使用与化肥、农药投入等。$\text{Certification}_{it}$ 是本书的核心解释变量,它是代表农户 i 在时点 t 是否完成农地确权的二分变量。α_0 是截距项,α_1 为农地确权的估计系数;δ_i 代表家庭层面的固定效应,用以捕捉只随家庭变化而不随时间变化的固有差异;λ_t 代表时间固定效应,用以捕捉只随时间变化不随个体变化的时间趋势;X_{it} 代表那些既随家庭变化又随时间变化的控制变量,这些变量可能不仅会影响农地确权,还会影响关注的被解释变量;ε_{it} 为随机误差项。

(3) PSM-DID 模型(PSM-DID model)

在本书中,由于使用的面板追踪数据不仅来自不同的区域,也包含不同的年份,而且农地确权的试点选择可能并非完全随机,因此,使用 PSM-DID 模型将是一个较为合适的选择。PSM-DID 模型的主要优点在于,可以控制不可观测(unobservable)但不随时间变化(time invariant)的组间差异,比如处理组与控制组分别来自两个不同的区域,或处理组与控制组使用了不同的调查问卷。PSM-DID 模型是由 Heckman 等(1997,1998)提出的。假设存在两期面板数据,实验前的时期记为 t',实验后的数据记为 t。在时期 t',实验还未发生,故所有个体的潜在结果均可记为 $y^{0t'}$。在时期 t,实验已经发生,故有两种潜在结果,记为 y^{1t}(参与实验)与 y^{0t}(未参与实验)。PSM-DID 模型成立的前提是均值可忽略性假定,即 $E(y^{0t} - y^{0t'} | x, D=1) = E(y^{0t} - y^{0t'} | x, D=0)$,只要该假定得到满足,则可以得到一致的 ATT 估计(陈强,2014)。

需要说明的是,对于单个农户的经济行为而言,村庄层面的确权在很大程度上可以视为一个政策性外生变量,然而对于村庄层面的耕地保护而言,由于各地区在选择试点时并不是随机选择的,从而影响到核心解释变量的外生性。因此,本书拟基于可观测因素构造与处理组特征相近的控制组,并采用最邻近匹配($n=1$)、半径匹配($r=0.05$)和核匹配等匹配方法相互印证回归结果的稳健性。

(4) 中介效应模型(mediating effect model)

为了研究新一轮农地确权对耕地保护尤其是对农户耕地质量保护的中间传导机制,根据 Baron 和 Kenny(1986)的方法,本书也将构建如下形式的中介效应模型:

$$y_{it} = \alpha_0 + \alpha_1 \text{Certification}_{it} + \alpha X_{it} + \delta_i + \lambda_t + \varepsilon_{it} \quad (1.2)$$

$$\text{Med}_{it} = \beta_0 + \beta_1 \text{Certification}_{it} + \beta X_{it} + \delta_i + \lambda_t + \omega_{it} \quad (1.3)$$

$$y_{it} = \gamma_0 + \gamma_1 \text{Med}_{it} + \gamma_2 \text{Certification}_{it} + \gamma X_{it} + \delta_i + \lambda_t + v_{it} \quad (1.4)$$

这里,Med_{it} 代表可能存在的中介机制。式(1.2)中系数 α_1 是新一轮农地确权对被解释变量 y_{it} 的总效应,式(1.3)中系数 β_1 表示新一轮农地确权对中介变量 Med_{it} 的影响效应,而式(1.4)中的系数 γ_1 表示中介变量 Med_{it} 对被解释变量 y_{it} 的效应。

具体地,中介效应的检验思路为:在式(1.3)中的系数 β_1 显著的基础上,如果式(1.2)中的系数 α_1 和式(1.4)中的系数 γ_2 均显著,且 α_1 明显低于 γ_2,那么说明该中介变量起部分中介作用;如果系数 α_1 显著,而 γ_2 变得不再显著,那么说明该中介变量起完全中介作用。此外,如果系数 β_1 不显著,或者,尽管 β_1 显著,但是 α_1 并不低于 γ_2,那么说明该中介变量不起作用。目前,检验中介效应最常用的方法是逐步检验回归系数,也称联合显著性检验,现在学界也有多项研究采用 Bootstrap 方法对偏差进行修正,并检验系数乘积。

1.4.3 技术路线

农业可持续发展的关键是农地的可持续利用,农地可持续利用的核心在于耕地数量保护、耕地质量保护和耕地生态保护,实现耕地数量、质量和生态"三位一体"有效保护的基础是建立有效的农地产权制度。然而,现行农地产权制度存在的产权不明晰、不稳定和不完整等问题成为农户耕地保护不力、耕地利用不合理的制度掣肘,而农地确权作为农地产权制度改革的基础内容,在一定程度上有助于解决上述产权问题,理论上直接或间接地有助于耕地数量保护、耕地质量保护和耕地生态保护,这是本书的逻辑起点。

在此基础上,本书的技术路线的概述如下(见图 1.2):第一,根据农户耕地保护不力、农业可持续发展受阻的现实背景,探讨背后的农地产权制度因素,并围绕新一轮农地确权的基本特征,提出新一轮农地确权是否改善了农户耕地保护行为这一研究问题。第二,在概念界定的基础上,回顾农地确权与耕地保护的相关文献,借鉴产权理论、制度变迁理论、农户行为理论和农业可持续发展理论,指出本书可能的深化空间和边际贡献,同时构建农地确权影响耕地保护的理论分析框架。第三,梳理农地确权改革的历史演进与最新进展,研讨耕地保护的主要内容与基本现状,探究农地确权与耕地保护的内在联系。第四,基于耕地保护的核心要义,运用现代计量经济学分析方法,从新一轮农地确权改革入手,分别以农户耕地抛荒、有机肥使用、化肥与农药使用为例,探讨农地产权保护对农户耕地数量保护行为、农户耕地质量保护行为和农户耕地生态保护行为的影响效应及作用机理。第五,基于上述研究,总结研究结论,提出政策建议,并探讨农地确权相关研究的进一步深化空间。

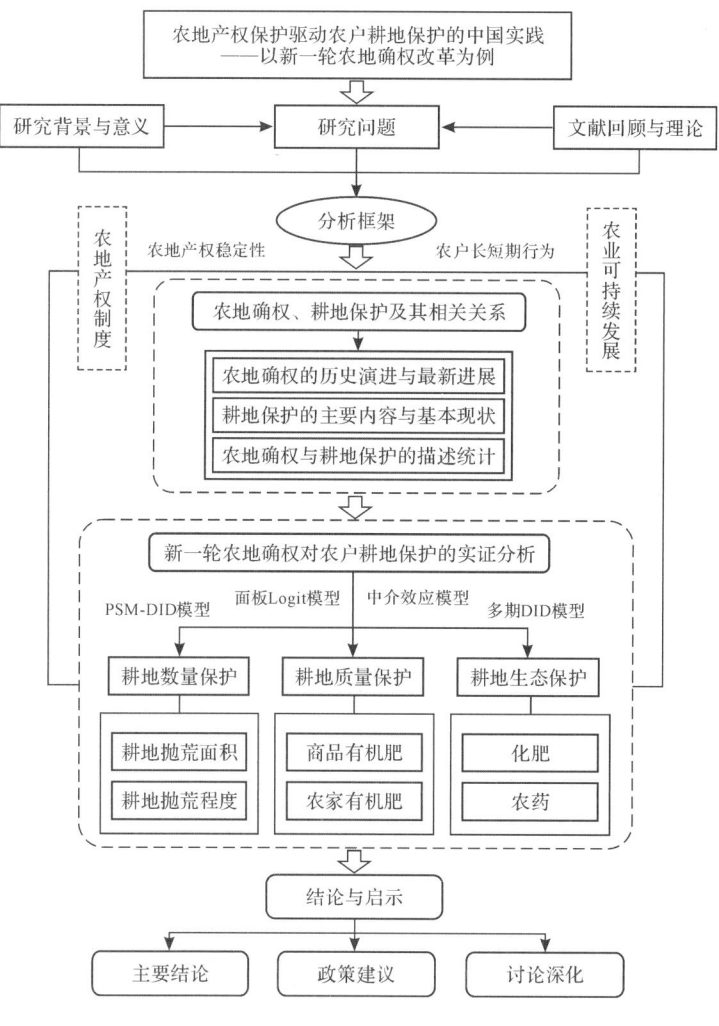

图 1.2 技术路线

1.4.4 关键问题

在技术路线的指引下,本书尝试回应和解决以下关键问题。

第一,如何建立农地产权制度改革与农户耕地保护的内在关联。尽管在实证分析中对农地产权制度改革的衡量是困难的,不过,农地确权的本质是产权界定,作为农地产权制度改革的基础性内容(程令国等,2016),它常常被作为农地产权制度改革的代理变量被普遍采用(Fenske,2011;张龙耀等,2015;Deininger et al.,2019a)。具体到农地确权的相关研究,目前国内外大多数研究都是建立在 Besley(1995)、Feder 和 Nishio(1998)等早期确立的地权稳定性对投资、流转、信贷三方面影响的理论框架之上,主要关注农地确权的经济效应。但是,农地确权的生态效应却未能引起足够重视,农地确权是否会影响耕地保护、如何影响耕地保护却鲜有学者关注,大多数研究均停留在定性讨论层面,不仅缺乏相对完整的理论分析框架,也缺乏较为严密的实证检验,这为本书提供了较为广阔的研究空间。因此,本书拟从耕地数量、质量和生态的"三位一体"保护出发,通过构建农地确权对农户耕地保护影响的分析框架,实证检验新一轮农地确权对农户耕地数量保护、耕地质量保护和耕地生态保护的影响效应。

第二,如何精准识别和有效度量新一轮农地确权变量。新一轮农地确权变量选取的差异极有可能导致结论的不一致。事实上,改革开放以来,农地确权大致进行了三轮,新一轮农地确权于 2009 年开展试点,全面推开是在 2013 年。不同阶段的农地确权所内含的产权权能与制度特性是有差别的,而鲜有研究对新一轮农地确权的时间节点进行清晰界定。从相关文献和确权实践来看,各省份在确权时间上不仅有先后之分,而且确权本身也存在农户与社区之别,还有确权确地与确权不确地等不同确权方式的差异。因此,本书一方面将根据各省份的相关确权文件对确权时间节点进行区分和识别,另一方面也将同时考虑农户和社区两个层面的农地确权对耕地保护的可能影响,尽量减少由新一轮农地确权变量的衡量偏误带来的内生性问题。

第三,如何寻找农户层面"三位一体"耕地保护的代理变量。目前有关"三位一体"耕地保护的相关研究主要是定性层面的讨论,定量方面的实证分析几乎空白。"三位一体"耕地保护主要涉及耕地数量保护、耕地质量保护和耕地生态保护三个方面,不仅内涵丰富、体系完整,而且相应的保护措施也非常多样。这在为定量研究提供多个代理指标的同时,也对核心代理变量的选择提出了挑战。因此,本书中耕地保护的代理变量选取原则主要有三个:一是属于农户行为,二是侧重于农业生产经营,三是农地确权会对它产生冲击。基于上述原则,同时借鉴已有研究,本书拟选取耕地抛荒面积作为耕地数量保护的代理变量,选取有机肥使用作为耕地质量保护的代理变量(黄季焜、冀县卿,2012;周力、王镱如,2019;钱龙等,2020),选取化肥、农药使用作为耕地生态保护的代理变量(田云等,2015;赵建英,2019)。

第四,如何克服并解决研究过程中可能出现的内生性问题。国内以往研究多采用微观截面数据进行研究。对于截面数据而言,在理论上可能存在反向因果的可能性:如果一个农村社区土地流转的需求较大或外出务工的劳动力数量较多,该社区很有可能被上级政府选择为农地确权试点。因此,本书将使用家庭层面的农村土地承包经营权证书而非社区层面的农地确权工作作为农地确权的代理变量,并结合农村土地承包经营权证书发放的时间,精确识别新一轮农地确权。除此之外,本书还将采用面板固定效应模型、代理变量法、工具变量法、多期 DID 模型等方法试图减小内生性可能引起的估计偏误。

1.5 结构安排

依循研究的技术路线,本书分为四个部分,共七章。第一部分是绪论与理论部分,包括第 1 章、第 2 章;第二部分是政策与实践部分,包括第 3 章;第三部分是实证部分,包括第 4 章、第 5 章、第 6 章;第四部分是结论与启示部分,包括第 7 章。具体的章节安排大致如下。

第 1 章为"绪论"。首先,本章指出可持续发展,尤其是农业可持续发展的基础重要性;其次,强调实现农业可持续发展的根本就是要推动耕地数量、质量和生态"三位一体"保护,维持耕地数量和质量的稳定,以及防止耕地退化和土壤污染;再次,阐述当前耕地保护存在的突出问题,并指出耕地保护的关键是建立有效的农地产权制度;最后,简要提及当下中央政府着手的农地产权制度改革,重点强调农地确权在整个农地产权制度改革当中的重要性,进一步引出本书的研究问题,即新一轮农地确权促进了中国的耕地保护吗?换言之,本书将重点探讨新一轮农地确权是否有助于改善农户耕地保护行为,在一定程度上有利于解决耕地保护过程中出现的突出问题。

第2章为"文献回顾与理论框架"。由于本书主要关注农地确权的生态效应，因此，本章首先重点回顾农地确权和耕地保护的相关研究，其中，农地产权研究主要从相关理论、改革实践与公私争辩三方面进行归纳，农地确权研究成果分别从农业生产、要素配置和农户经济等维度进行梳理，耕地保护主要从核心内容、政策演变、基本现状和激励机制等理论和实践维度进行评价；其次，系统回顾产权理论、制度变迁理论、农户行为理论和农业可持续发展理论，为本研究提供理论基础和研究镜鉴；最后，在文献综述和理论回顾的基础上，进一步阐述农地产权制度与农业可持续发展的内在关联，构建农地确权影响农户耕地保护的理论分析框架。

第3章为"农地确权、耕地保护及其相关关系"。首先，本章回顾改革开放以来中国农地确权的历史演进与最新进展，归纳历次农地确权改革的阶段性特征，提炼新一轮农地确权的主要特点；其次，概述现阶段耕地保护的主要内容与基本现状，呈现近年来耕地数量、耕地质量和耕地生态方面的变化，分析农户耕地抛荒、有机肥使用、化肥使用、农药使用以及社区耕地污染、耕地退化的时空演变；最后，以农地确权为分组依据，对农地确权与耕地保护的关系进行描述统计，系统比较已确权农户与未确权农户、已确权社区与未确权社区在农户耕地抛荒、有机肥使用、化肥使用、农药使用以及社区耕地污染、耕地退化等方面的差异。

第4章为"新一轮农地确权对农户耕地数量保护的影响"。不同于非农化过程中的耕地数量保护主要强调耕地的占用与征用，本章主要考察农业生产过程中的耕地质量保护，重点探讨耕地的闲置与浪费，分析农地确权对耕地抛荒的影响。首先，本章强调耕地抛荒对粮食安全的负面影响以及农地确权改革之于农户耕地数量保护的积极意义，引出本章的研究问题；其次，从土壤肥力、农地转出、农业补贴可得性和农业收入等维度探讨农地确权影响耕地抛荒的作用机理；再次，利用浙江大学中国农村家庭追踪调查数据，运用多期DID模型（面板固定效应模型）、PSM-DID模型对农地确权与耕地抛荒的内在关系、作用机制以及社区和家庭层面的异质性进行实证检验；最后，基于上述经验证据，总结新一轮农地确权对农户耕地数量保护行为的可能影响，提出深化农地确权改革、强化耕地数量保护的对策建议。

第5章为"新一轮农地确权对农户耕地质量保护的影响"。在耕地保护过程中，由于长期存在重数量而轻质量的倾向，导致中国耕地质量不容乐观，土壤肥力明显下滑,耕地的可持续利用受到严峻挑战。不过,有机肥已被证明是迄今为止提升耕地质量最有效的手段,它能够使土壤肥力持续四五年。因此,本章将以有机肥为例,探讨新一轮农地确权对农户耕地质量保护的影响。首先,本章基于耕地保护过程中存在的问题以及现阶段耕地质量等级的基本现状,阐明耕地质量保护的现实必要性和理论必然性,引出本章的研究问题;其次,从产权预期、化肥投入以及农业补贴等维度探讨农地确权影响有机肥使用的作用机理;再次,利用浙江大学中国农村家庭追踪调查数据,运用面板随机效应模型、面板 Tobit 固定效应模型、赫克曼两步法等对农地确权与农户有机肥使用的内在关系、作用机制以及不同农业经营特征和农地产权状态下的异质性进行实证检验;最后,基于上述经验证据,总结新一轮农地确权对农户耕地质量保护行为的可能影响,提出深化农地确权改革、强化耕地质量保护的对策建议。

第 6 章为"新一轮农地确权对农户耕地生态保护的影响"。中国不但是世界上最大的化肥、农药生产国,也是世界上最大的化肥、农药消费国,化肥、农药的大量使用已成为当前耕地生态保护面临的现实难题。化肥和农药的减量工作既是耕地生态保护的重要抓手,也是实现农业可持续发展的必然要求。因此,本章将以化肥、农药为例,探讨新一轮农地确权对农户耕地生态保护的影响。首先,本章基于耕地生态保护过程中存在的主要问题以及化肥、农药过度使用的负面影响,突出以农地确权改革撬动化肥、农药减量的积极意义,引出本章的研究问题;其次,在讨论农地确权对耕地生态保护的综合效应基础上,进一步从横向的农户分化和纵向的代际差异两个方面探讨农地确权对耕地生态保护的异质效应;再次,利用浙江大学中国农村家庭追踪调查数据,运用多期 DID 模型或面板固定效应模型对农地确权与农户化肥、农药使用的内在关系以及农户分化视角和代际差异视角下的异质性进行实证检验;最后,基于上述经验证据,总结新一轮农地确权对农户耕地生态保护行为的可能影响,提出深化农地确权改革、强化耕地生态保护的对策建议。

第 7 章为"结论与启示"。本章总结前文的主要结论,围绕农地确权和农户耕地保护提出相应的对策建议,并进一步提出农地产权制度改革相关研究的深化空间。

1.6 可能的创新与不足

1.6.1 可能的创新之处

与已有研究相比,本书可能的边际创新主要体现在以下四个方面。

第一,研究视角的转换。目前有关耕地保护的相关研究多集中在宏观层面的定性讨论,主要关注耕地非农化过程中的耕地占用、征用和破坏,重点探讨工业化、城镇化进程中占补平衡、增减挂钩等制度对耕地保护的可能影响,而微观层面的定量研究相对较为缺乏,农业生产经营过程中的耕地保护未能引起足够的重视。农户是耕地的直接使用者,也是农业可持续发展的微观基础,如果农户不愿意开展农业生产经营,甚至采取抛荒弃耕、掠夺性经营等短期化行为,那么耕地保护乃至农业的可持续发展实际上是无从谈起的。因此,与已有研究不同,本书拟从微观农户入手,关注农地确权对耕地保护的影响,进而探讨立足农户的有助于农业可持续发展的农地产权制度设计。

第二,研究内容的深化。国内现有研究多聚焦在农地确权对农地流转的影响上,伴随着新一轮农村土地确权的试点开展和全面推进,部分研究也逐渐拓展到生产投资和金融信贷等领域,不过,总体而言,仍停留在 Besley(1995)、Feder 和 Nishio(1998)等早期确立的地权稳定性对投资、流转、信贷三方面影响的理论框架之上,主要关注农地确权的经济效应,而对于农地确权的生态效应却鲜有学者深入研究。本书试图扩充现有研究框架,在梳理相关文献和理论的基础上,通过构建农地产权制度改革对耕地保护作用的理论框架,并寻找耕地保护的量化指标或代理变量,系统评估新一轮农地确权对农户耕地数量保护行为、农户耕地质量保护行为和农户耕地生态保护行为的影响。

第三,研究数据的更新。以往研究多是微观调查数据,以截面数据为主,且仅涉及全国部分省份,导致研究结论出现不一致且缺乏可比性。本书将使用来源于浙江大学与西南财经大学合作共建的 CRHPS2011、CRHPS2013、CRHPS2015、CRHPS2017、CRHPS2019 大样本数据。与 CHARLS 和 CLDS 等微观数据库相比,该数据覆盖全国 29 个省,并且在农村社区层面和家庭层面有丰富的有关农地确权、农业生产、农户收入的信息,不仅样本量大,而且数据较新。当然,最重要的是该套数据的收集覆盖了新一轮农地确权改革的全过程,且明确调查了农地确权颁证的具体年份,有助于精确识别新一轮农地确权,也可考察农地确权的长期效应,还可对不同时期的农地确权效应进行对比。

需要说明的是,研究方法的改进并不是本书的主要目标。由于数据库平台的限制,目前平台上的 Stata 软件尚不支持外部命令的下载与安装,因此,虽然本书尝试在研究方法上做出努力,但是研究方法的改进实际上并不是本书的主要目标。不过,考虑到现有研究大多忽略了对新一轮农地确权变量的识别,也忽视了确权试点的非随机选择引起的估计偏误(Heckman,1976),还缺乏对村庄层面相关变量的控制,由此导致可能存在的内生性问题,造成不少研究探讨的可能更多是相关关系而非因果关系。因此,本书依托面板数据,试图在方法上予以部分改进,综合采用面板固定效应模型(FE)、面板随机效应模型(RE)、代理变量法、工具变量法、多期 DID 模型等方法尽量减小内生性可能引起的估计偏误。

1.6.2 研究的不足之处

受限于笔者的研究能力和客观条件,本书可能存在以下不足之处,有待进一步讨论和完善。

第一,研究数据。尽管中国农村家庭追踪调查(CRHPS)自 2011 年起便开始收集数据,有效涵盖了新一轮农地确权改革的全过程,这是国内其他微观数据库无法比拟的,但数据的可得性和可用性往往并不取决于它的长处,而在于它的短板。在本书所使用的数据库中,由于所涉的被解释变量信息均为 2013 年之后的,比如化肥、农药的使用成本在 2015 年才有所涉及,化肥施用量信息自 2017 年才开始纳入调查,农药施用量分别在 2017 年、2019 年才纳入问卷,而耕地抛荒和有机肥使用的相关信息也是从 2017 年才开始收集到,因此,虽然使用的数据都是面板数据,但是都属于短面板数据,时间跨度总体较短,长时间的动态分析有一定难度。

第二,研究方法。目前的计量经济学方法已经日新月异,相关的传播与应用也方兴未艾。但是由于数据库平台的限制,目前很多新的计量方法却无法使用,只能依靠内部编程来实现,这使得研究在技术上受到一定的制约。

比如无法使用面板双栏模型(Double-Hurdle Model)将耕地抛荒与否以及耕地抛荒面积的多少、是否使用有机肥及有机肥使用多少等两阶段决策纳入统一分析框架,目前本书只能采取折中的方式,借鉴两阶段估计方法,对以上两类决策进行分步骤、分阶段考察。

第三,研究内容。耕地保护的内涵相当丰富,既包括政府层面的耕地保护,又包括农户层面的耕地保护;既包括非农化过程中的耕地保护,又包括农业生产过程中的耕地保护。基于"三位一体"的耕地保护,这里只从数量、质量、生态三个维度加以分析,同时侧重于农户层面的耕地保护和农业生产过程中的耕地保护,难免挂一漏万。尤其是对于农户耕地质量保护的衡量,因为数据库中没有直接测度耕地质量或土壤肥力的相关监测数据,比如土壤有机质的含量等,目前在本书中只能采取间接方式,借鉴已有相关研究,使用有机肥作为耕地质量保护的代理变量。因此,这可能会存在一定的测量误差。但不可忽视的是,实践证明,有机肥是迄今为止提升耕地质量最有效的手段,它能够使土壤肥力持续四五年(Jacoby et al., 2002)。

需要特别说明的是,本书的重点并不在于探讨耕地数量保护、耕地质量保护和耕地生态保护之间的关系,而是检验新一轮农地确权分别对农户耕地数量保护行为、农户耕地质量保护行为和农户耕地生态保护行为产生了什么样的影响,以及判断新一轮农地确权是否同时能够强化农户耕地数量保护、农户耕地质量保护和农户耕地生态保护。换言之,本书所谓的"三位一体"耕地保护主要强调农业生产经营过程中的耕地保护要兼顾耕地的数量、质量和生态,从实证上回答三者的相互关系并不是本书的核心目标。

2 文献回顾与理论框架

为检验和回应农地确权与农户耕地保护的关系,在开展实证分析之前,有必要对相关文献和基础理论进行系统回顾,并在此基础上建立完整统一的分析框架。

2.1 文献综述

2.1.1 农地产权的相关研究

1. 农地产权相关理论研究[①]

将产权分析方法引入土地制度研究早已有之,在早期的法律学者看来,财产法是涉及土地使用的整个法律体系(Thomas,1980)。近代以前,以"所有"为中心的物权观念适应了资本主义早期商品经济发展的需要,但随着市场经济的发展,所有权与使用权的分离成为实践常态,在社会化大生产的条件之下,物权更多地表现为他物权(黄延廷、武玉,2014)。事实上,在现代法中,无论是大陆法系国家的民法,还是英美法系国家的财产法,以物的"所有"为中心的物权观点逐渐被以物的"利用"为中心的物权观点所取代,以"利用"为中心的物权观念在法律中得到了充分的反映,土地产权已经由先前的重所有权归属向当前的重产权利用的方向转变(陈利根、龙开胜,2019)。

---

① 本节的核心内容已经发表:郑淋议,刘琦,李丽莉,等. 家庭承包制度改革:问题、取向与进路——基于产权强度、长度和广度的视角. 经济社会体制比较,2022(6):65-74.

(1) 产权广度、长度与强度的循迹溯源

产权以其强度、长度和广度对人的经济行为和资源配置产生影响。以产权强度、产权广度与产权长度为核心的现代产权经济理论最早由 Place 等(1994)率先提出,主要用于非洲的产权安全性分析,国内学者田传浩(2018)将其引入并予以详细介绍,国内学者郑淋议(2020)将此理论应用于中国台湾与中国大陆的两岸农地产权制度的比较分析。事实上,产权强度、产权长度与产权广度具有广泛的应用前景,不仅适合土地私有制下土地要素的市场化改革,对于土地集体所有制也具有很强的适用性,它很可能成为农地产权制度改革的新范式。当一项产权被赋予之后,产权广度的拓展、产权长度的延长以及产权强度的增强,对于任何一套有效的产权制度而言,都是必不可少的。从重所有权归属向重产权利用转变,再从产权利用到产权强度、产权广度与产权长度的转向,这是农地产权制度改革的世界趋势,也是中国农地产权改革的必经之路。

(2) 产权广度、产权长度与产权强度的理论意涵

产权广度、长度与强度具有十分丰富的意涵。具体来看,产权广度(breadth of property rights)是指所拥有的权利数量,如果某些权利比其他权利更重要,则是指对关键权利的占有,比如使用权、收益权和转让权(郑淋议等,2019)。产权广度限定了产权主体的行动范围和行为自由,决定了产权的各种经济用途。不过,产权广度并不意味着权利赋予越多越好,根本上还是要适应经济社会发展的市场需求(Demsetz,1967),同时权利的赋予一定要与对等的义务相匹配。产权长度(duration of property rights)是给定权利在法律上有效的时间长度。产权主体拥有的期限长短在很大程度上决定了他或她能否积极主动地参与投资且信心十足地收回投资所产生的全部收入流,短时间的产权持有期限无助于产权主体在经济物品投资和使用上的长期行为,时间维度的成本收益分析至关重要。产权强度(assurance of property rights)意味着权利和期限是已知的,并且是确定的(Place et al.,1994)。它由实施的可能性与成本来衡量,取决于政府、非正规的社会行动以及通行的伦理与道德规范(Alchian,1965),严格来讲,产权强度是政府代理下的国家法律赋权、社会认同与产权主体行为能力的函数(罗必良,2013)。当然,最为重要的是确保产权得到法律意义上的保护,实现产权的排他性行使。马克思(1975)强调,"一些人垄断一定量的土地,把它作为排斥其他一切人的、服从自己私人意志的领域"。在一个经济社会中,产权制度不会自动生效,它取决于产权保

护的有效实施,国家保护有效率的产权制度是长期经济增长的关键(周其仁,1995)。不论何种类型的产权制度,如果缺乏正式的制度对其加以法律意义上的保护,经济主体的合法权益是很难受到保障的,市场交易也无从谈起(North,1981)。产权界定是市场交易的前提和基础(Coase,1960),颁发具有法律效力的产权证书通常是世界各国保障产权安全与稳定的可行举措。从经济学角度来看,产权广度、产权长度和产权强度的缺乏都会导致产权实施的有效性大打折扣,换言之,给定权利的数量不足或关键权利不足,给定权利的持续时间不足或给定的权利缺乏保障都会削弱产权安排的有效性(Roth and Haase,1998)。

(3)产权广度、产权长度与产权强度的作用机制

产权强度、产权长度和产权广度对农业生产具有重要影响。具体来看,第一,通过提升产权强度来保障农地产权的排他性行使,可以维护农户的合法权益,稳定农户的生产经营预期(罗必良,2013)。产权的清晰界定和有效保护是生产经营和市场交易的前提和基础(Coase,1960),通过农地确权向农户颁发具有法律效力的土地产权证书通常是世界各国保障农地产权安全与稳定的可行举措(De Janvry et al.,2015)。第二,通过延伸产权长度来保障农户的产权持有期限,可以提升农户对未来农业投资的信心,激励农户开展长期投资(Besley,1995)。产权持有期限与农户经济行为息息相关,如果农户的产权持有期限较长,那么他就很可能采取增加有机肥投资、加强农业基础设施建设等长期行为(黄季焜、冀县卿,2012);如果农户的产权持有期限较短,那么他也很可能采取过度使用化肥、农药和撂荒农地等短期行为(郑淋议等,2021)。第三,通过拓展产权广度来保障农户生产经营的基本需要,可以丰富农地产权的经济用途,提高农地资源配置效率(钱文荣等,2021)。产权一般包括资源的使用权、收益权和转让权(Cheung,1973)。通常来讲,在组成产权的三项关键权利当中,转让权起着更关键的作用,它构成全部复杂契约和组织的基础,也成为市场往来交易、资源有效配置的关键(田传浩,2018)。在经济领域,农地转让权的限制往往伴随着农地资源配置效率的损失(姚洋,2000b)。因此,通过产权细分来拓展农地产权的经济用途(张曙光、张弛,2020),进一步赋予农户更加充分、完整且有保障的农地转让权是农地资源有效配置的应有之义(刘守英,2017)。

2. 农地产权改革实践研究①

台湾是中国领土不可分割的一部分,考察中国农地产权改革离不开对中国台湾地区农地产权制度的关注。1949年以来,两岸农地产权制度朝着不同的方向演进。大陆的农地产权制度大致先后经历了"农民私有、家庭经营""集体所有、集体经营"到"集体所有、均田承包、家庭经营",再到现在的"集体所有、均田承包和多元经营"四个阶段(郑淋议等,2019)。相较于大陆农地产权制度的复杂变迁而言,台湾虽然一直实行农村土地私有制,不过这并不意味着台湾农村土地私有制一成不变。事实上台湾农地产权制度大致经历了三个阶段的变革,分别为以"耕者有其田"为目标的农民土地私有制、以"农业现代化"为目标的农民土地私有制和以"健康、效率、永续经营"为目标的农民土地私有制(郑淋议,2020)。

(1)大陆农地产权制度及其变迁

大陆第一阶段的"农民私有、家庭经营"(1950—1955)实质上是以"耕者有其田"为目标的农民土地私有制时期。出于对国民经济恢复与新兴政权巩固的双重考虑,新中国领导人立足于农业产值占国内生产总值的绝对比重(经济基础)、农民是中国人民的绝大多数(政治基础)的最大国情(郑淋议、张应良,2019),于1950年颁布《土地改革法》,宣布"废除地主阶级封建剥削的土地所有制,实行农民的土地所有制""土地改革完成后,由人民政府发给土地所有证,并承认一切土地所有者自由经营、买卖及出租其土地的权利",正式确立了农民土地私有制,赋予农民较为完整的土地产权。第二阶段的"集体所有、集体经营"(1956—1978)实质上是以"农业支持工业化"为目标的农民土地集体所有制时期。在当时国际环境风云诡谲的情况下,为实现农业国向工业国的转变,新中国只能自力更生,依托集体组织从高度分散的小农户群体中提取农业剩余,以完成工业化所需的原始资本积累。农民原有的土地产权基本转移到农村集体,农地产权制度开启了从农民土地私有制向农民土地集体所有制的转变(钱文荣、郑淋议,2019)。第三阶段的"集体所有、均田承包、家庭经营"(1979—2013)实质上是以"耕者有其田"为目标的农民土地集体所有制时期。长期的工业化导向致使农业生产出现畸形,缺乏劳动激励和

---

① 本节的核心内容已经发表:郑淋议. 农村土地制度的"公""私"分野:一个产权比较分析——以中国大陆和中国台湾为例. 台湾研究,2020(2):80-89.

有效监督的集体所有制更是阻碍了农民生活水平的提高。在此背景下,安徽小岗村的基层闯关,拉开了农地产权制度变革的序幕,也拉开了中国全方位改革的序幕(郑淋议,2023)。在坚持土地集体所有的制度前提下,通过将土地承包经营权下放到农户,农业生产力得到解放和发展,改革初期粮食产量迅速增加,农地产权制度演变为所有权属于集体、承包经营权属于农户的"两权分离"的农民土地集体所有制(郑淋议等,2022)。第四阶段的"集体所有、均田承包和多元经营"(2014至今)实质上是以"农业现代化"为目标的农民土地集体所有制时期。伴随着工业化和城镇化的推进,农村劳动力向城市转移和工商企业进入农村客观上造成农村土地承包权和经营权的事实分离,农业集约化、规模化、机械化、信息化等农业现代化经营发展迅速,以2014年《关于全面深化农村改革加快推进农业现代化的若干意见》和《关于引导农村土地经营权有序流转发展农业适度规模经营的意见》两个中央文件为标志,现阶段大陆农地产权制度演变为所有权属于集体、承包权属于农户、经营权分属其他农业经营主体的"三权分置"的农民土地集体所有制(郑淋议、张应良,2019)。

(2)台湾农地产权制度及其变迁

台湾第一阶段(20世纪50—60年代)的农地产权制度实际上是以"耕者有其田"为目标的农民土地私有制。为改善当时土地分配不均、租佃条件恶化、农村内部阶级矛盾突出等境况(徐世荣、萧新煌,2001),台湾相继实施"耕地三七五减租""公地放领""私有耕地征收与放领"等举措,经过近10年的不懈努力,绝大部分台湾农民获得完整的土地产权(丁长发,2014),台湾土地制度改革基本达到"耕者有其田"的目标,为发展农业农村经济和推动台湾工业化奠定了坚实基础。台湾第二阶段(20世纪70—80年代)的农地产权制度实际上是以"农业现代化"为目标的农民土地私有制。第一次土地改革后,台湾不久也面临着土地分散化、细碎化的问题(黄忠华、杜雪君,2010)。为推进农业规模化经营,提高农业生产效率,实现农业专业化、企业化和机械化(廖安定,2008),台湾相继颁布或修订《农地重划条例》《限制建地扩展执行办法》《实施都市计划以外地区建筑管理办法》《区域计划法》等法律规定,通过将零散的地块连成一片,将分散的农户组织起来,努力扩大农业经营规模,发展包括共同经营、委托经营和合作经营在内的多种形式的规模经营。台湾第三阶段(20世纪90年代至今)的农地产权制度实际上是以"健康、效率、永续经营"为目标的农民土地私有制。伴随着经济社会发展过程中农业收益和非农收益的拉锯不断加大,台湾农地撂荒闲置和违规利用等问题日趋严重,农业劳动力年龄偏大和持续减少等问题也愈加凸显(丁长发,2014)。为此,台湾积极建立老农退休退出机制,通过实施《农地释出方案》,出台"农业修正法案"和颁布新的《农业发展条例》,推行"小地主大佃农"计划,鼓励年迈农民将农地出租给年轻农民,逐步放宽农地自由买卖和农地农用限制,统筹农地利用综合规划,努力推动农业生产经营转型升级(郑淋议,2020)。

3. 农地制度公私争辩研究[①]

有关土地制度公私安排的争论,过去存在,现在依然,将来也不会断绝。当今世界土地制度丰富多样,概言之,大致可分为公有制和私有制两大类,世界上大多数国家都实行土地私有制,只有中国、古巴、朝鲜等少数国家目前实行土地公有制。广袤的地域在孕育丰富的土地改革实践探索的同时,也拉大了土地制度公私对话的现实张力(文贯中,2016)。改革开放以来,有关中国农地制度向何处去的问题一直绕不开土地制度公私性质的方向性争辩。归结起来,大致可以分为三类:一是主张实行土地私有制(杨小凯,2002;蔡继明,2007;文贯中,2016),二是主张实行土地国有制(安希伋,1988),三是认为应坚持完善农地集体所有制(韩俊,1999;温铁军,2009;刘守英,2017)。而学术界对于为何要坚持和完善农村土地集体所有制主要分为四大流派,即意识形态或社会主义的本质规定,中国人多地少的国情约束,土地私有制内含土地兼并的可能,以及现阶段土地私有制会导致效率损失(郑淋议等,2020)。

(1)社会性质和意识形态主导

有不少学者认为,中国的意识形态和社会性质决定了中国只能在集体所有制框架下变革农村土地制度(韩俊,1999)。中国共产党是无产阶级革命政党,中国是社会主义社会,中国的社会主义性质决定了生产资料公有制(皮特,2008),土地是最为重要的生产资料,因此私有化在中国行不通,土地公有制是必需的,中国农村土地集体所有就成为必然选择(刘守英,2014)。事实上,如此简单的线性逻辑可能很难与丰富的客观实践相洽。横向来看,在真实世界中,不仅资本主义国家的土地公有和私有并存,而且社会主义国家也有很多私有的生产资料。举例来说,美国私人所有的土地实际上只占58%,

---

① 本节的核心内容已经发表:郑淋议,钱文荣,洪名勇,等. 中国为什么要坚持土地集体所有制——基于产权与治权的分析. 经济学家,2020(5):109-118.

新加坡国土面积中私有土地也仅在20%左右,其他土地均为公有(李茂,2006)。而且,社会主义公有制内部的所有制结构实际上也有差异性区分(田传浩,2018),在当前的社会主义制度框架下,中国不仅有土地国有的公有制度安排,也有土地集体所有的公有制度安排。纵向来看,一个国家的意识形态本身也会发生变化,尽管新中国自成立以来就是社会主义国家,但集体化时期的集体所有制明显与现阶段的集体所有制有着明显的区别,意识形态也有着明显的变化(田传浩,2018)。诚然,意识形态是非正式制度的重要组成部分,它在制度及其实施过程中发挥着极为重要的作用,不过制度及其实施本身也是有成本的,制度本质是不同主体相互博弈的结果,在制度实施过程中,意识形态如若得不到社会认同,那么它非但不能降低真实世界中的交易成本,反而还会加大制度实施的摩擦(郑淋议等,2020)。

(2) 土地具有社会保障功能

土地的社会保障功能是土地制度改革过程中争辩的第二个焦点。在当前农村社会保障体系不健全的情况之下,受制于人多地少的基本国情约束,集体所有制内含社会保障功能(温铁军,2009)。集体成员,人人有份,土地可以为农户提供必要的生产生活资料,而且这套制度在相当长的时期内可为城乡转型的有序推进提供缓冲空间(贺雪峰,2017)。这种观点有一定的合理性,不过,作为拥有更多自由支配权的私有土地,同样具备社会保障的功能,私有土地不仅可以提供生产生活资料,还可以自由租赁和自由买卖,私有土地可能具备更多的经济功能和社会用途(秦晖,2007)。显然,中国国情决定了中国只选择集体所有制仍然是缺乏解释力的,"耕者有其田"无论是对于土地公有制还是对于土地私有制而言都尤为重要,"农民利益不受损"是中国土地制度改革的底线,无论何种形式的土地制度改革均不能剥夺农民拥有土地的权利。尽管目前相对于城市的社会保障而言,农村的社会保障确实还有一定的差距,不过在历届政府的重视和努力下,城乡的差距也正在逐渐缩小并弥合。这表明无论在什么样的土地制度条件下,保障"耕者有其田"以及赋予农民更加有保障的土地产权是非常有必要的(刘守英,2014)。

(3) 土地私有制会导致土地兼并

土地私有制是否必然会导致土地兼并?目前学术界对土地私有制的批评,主要集中在土地私有制会导致土地兼并、引发社会动荡等方面(秦晖,2007;埃里克森、官进胜,2008;简新华,2013)。事实上,在当前正实施土地私有制的发达国家或地区中,很少有出现土地兼并导致社会动荡的案例(贺雪峰,2017)。不过,不可否认的是,中国历史上确实存在过不少土地兼并的例子,尤其是秦汉时期,土地兼并非常严重,"富者田连阡陌,贫者无立锥之地"。那么为什么古时候容易发生土地兼并,现代社会则很少发生呢?显然,土地兼并的条件正在发生变化,一般来说,除了土地制度变量,土地兼并还是人地关系、非农就业、社保体系、农业保险以及地方豪强等的函数(郑淋议等,2020)。就现阶段的中国而言,以上各个因素都向着利好的方向演进,农民的弱势地位也在逐渐转变。尤其是社会的职业选择发生着明显变化,小农户已经不必局限于从事古代私有制基础上和非市场经济条件下较为单一的自给自足型农业(郑淋议等,2019),在现代社会,农业经营也不是企业家或地方政客资本投资的唯一选择,职业选择的自由化和收入来源的多元化意味着土地兼并的可能性正逐渐降低。因此,总体而言,在非农就业机会稳步增加、社会保障体系日益健全、农民可持续发展能力稳健提升以及农村基层政治日益昌明的情况下,不论是土地私有制还是土地公有制,只要对土地买卖市场在土地规模和土地用途等方面做出合理的限制,那么土地兼并可能将是小概率事件(郑淋议等,2020)。

(4)土地私有制存在效率损失

土地私有制在农业经营和征地拆迁方面会存在效率损失的风险也是私有制饱含争议的重要原因。一方面,来自日本、韩国等国家以及中国台湾地区的实践表明,在工业化和城镇化快速推进的背景下,农村劳动力逐渐向城市转移,然而农村土地买卖却并不活跃,大量进城农户保留了农村土地所有权,农地甚至出现长期撂荒等闲置情况(贺雪峰,2017),由此造成农业生产经营的效率损失;另一方面,相较于集体所有制,私有制条件下的征地行为更难以实施,政府与农户之间的交易成本也更加高昂,不利于城镇化的发展(刘凯,2018)。当政府着手进行一项市政计划时,在此过程中,如果没能和农户达成一致意见,农户很可能因其自身利益拒绝拆迁,由此导致市政计划无法开展而被迫中断。事实上,对于农业生产经营的效率损失而言,在城乡转型背景下,伴随着非农收益和农业经营收益差距的不断加大,农业收入占国民收入比重不断降低,农业劳动力在农业领域的转移或退出将是大趋势(郑淋议等,2019)。因此,土地买卖市场在日本、韩国等发达国家以及中国台湾地区并不活跃也不足为奇,土地租赁市场则是提高农地配置效率的可行举措,而且,小农户的转移或退出实际上也正是中国农业现代化的希望。如果在农业效益比较低的情况下强制农户耕作农地,本身也不符合资源优化配置的要求(温铁军,2009)。对于征地拆迁的交易成本而言,不可否认,私有制条件下政府开展公共事务的难度相对较大,但若换个角度来理解,这实际上也正是尊重农民合法的土地产权的重要体现(秦晖,2007),而且,从长远来看,市场交易效率的提高一定是建立在经济主体各方合意的基础之上。事实上,在现代法治国家,无论是土地集体所有制还是土地私有制,任何人和组织都不得随意侵犯农民合法的土地产权(郑淋议等,2020)。

2.1.2 农地确权的相关研究[①]

1. 农地确权的驱动因素

诺斯认为制度由正式规则(成文法、规章等)、非正式规则(文化习俗、历史传统等)和两者的执行特征所组成,它们共同决定了经济绩效(诺斯等,2002)。新一轮农地确权作为制度变迁中的一项具体的公共政策,其制定、实施和控制的过程事实上是国家、农户和集体三方制度主体围绕产权界定展开的博弈,故而,其受到国家能力、农户行动和集体组织的共同影响。其中,国家能力通常表现为正式制度的供给,农户行动往往体现为非正式制度的运行,集体组织则常常表现为混合制度的实施。

农地确权的核心动力表现为正式制度供给的国家能力。回顾新一轮农地确权的历程可以发现,从2008年党的十七届三中全会正式提出要做好农地确权、登记、颁证工作,到2018年农地确权工作顺利收官,确权政策的实施以自上而下的策略渐进开展,故国家能力在其中发挥了核心推动作用。诺斯指出,国家行为主要表现为正式制度的制定和实施,且以法律为主的正式制度是产权界定并实施产权正规化改革的关键(North, 1990)。具体而言,影响农地确权的国家能力主要表现在以下方面。

第一,中央政府的绝对权威。以中国共产党的领导为基础,在中国革命和建设的历史逻辑中形成的中央集权制度决定了中央对地方、国家对社会拥有强大的控制能力(林尚立,2017),坚持作为国家代表的中央政府的权威、强调国家在财政分权中的主体地位是中国推进市场经济改革的显著制度优势

---

① 本节的核心内容已经发表:邵景润,郑淋议. 中国农地确权研究:一个学术史回顾. 土地经济研究, 2023(1):168-198.

（吕炜、靳继东，2021）。中央对于确权的决心、对各方利益的协调、对人民的广泛动员，是制定和实施新一轮农地确权的重要基础。丰雷认为非洲国家大规模土地确权失败的首要原因便是其国家能力建设不足，缺乏广泛的政治支持，削弱了国家能力和中央权威，导致政策在既得利益者的阻碍下难以有效实施（丰雷等，2020）。

第二，中央政策的系统建构。2008—2020年，中央围绕农地确权发布了一系列的政策文件，从而构成了农地确权的正式制度供给。一是历年的"中央一号文件"对农地确权进行了宏观把控。例如，2012年的"中央一号文件"强调要稳步扩大确权登记试点，2017年的"中央一号文件"明确要求加快推进确权登记颁证。二是中央农业部门制定了农地确权的具体执行程序。例如，2015年出台了《关于认真做好农村土地承包经营权确权登记颁证工作的意见》。三是财政部配套了农地确权的资金管理办法，于2015年印发《中央财政农村土地承包经营权确权登记颁证补助资金管理办法》。四是农业部门制定了农地确权的政策控制方案，如2015年印发《农村土地承包经营权登记颁证成果检查验收办法（试行）》等。

第三，地方政府的因势调整。在中央的统一部署下，地方政府受到地区农村土地承包经营的实际情况和农村经济发展状况的约束，往往会因势制定更加灵活、多样的确权方案（丰雷等，2020）。一方面，地方政府对于确权试点的选择进行了稳慎权衡，"先易后难"的政策实施路径决定了试点的先后顺序，如那些劳动力外出比例高、财政拨款比例高的村庄往往因地权纠纷较少而率先开展确权（陈奕山等，2018）；另一方面，地方政府对具体确权模式的选择具有灵活性，如罗明忠和唐超（2018）指出，在落实确权政策的过程中，各地区分别采用了确权到户、整合确权和确权确股不确地等三种不同的模式。

农地确权的现实基础体现在非正式制度运行的农户行动。农户行动通常体现为不成文的思想观念、历史习俗和惯例等非正式制度的运行，在农地确权的过程中，建立在农户行动基础上的非正式制度，既有可能因其先进性而发挥促进作用，也有可能因其封闭性而产生滞缓效应。

第一，农户已有的产权认知。产权认知是产权建构的基础（王毅杰、刘海健，2015），一方面农户对确权工作本身的认知可以显化为对政策的理解、对作用的预期和对参与难度的评价等主观判断，确权认知决定确权意愿，进而影响制度变迁（丰雷等，2019）；另一方面，农户对承包地本身的权属认知具有明显的"地方性知识"特征（陈明等，2014），而传统地权制度与正式规则之间往往会产生较大的冲突(Meinzen-Dick and Mwangi,2009),阻碍农地确权政策的推进。

第二,农户过往的地权经历。一是农地承包经历,二轮延包时因负担过重而放弃承包土地的集体成员在新一轮农地确权时要求确认权利(贺雪峰,2015);不规范的长期化农地流转容易引发原承包户与现经营户之间的权属矛盾(丁琳琳、孟庆国,2015)。二是农地确权经历,前两轮不彻底不规范的农地确权会弱化农户对新制度的信任水平(钱龙等,2020),进而会增大农户响应新一轮农地确权政策的交易成本(钟文晶、罗必良,2020)。三是农地调整经历,如果村集体没有进行过土地调整,那么土地的固定性与人口的流动性必然产生矛盾,引发农地承包经营权属纠纷(郎秀云,2015);如果开展过土地调整,尤其是在前两轮农地确权后集体内部存在调地行为,则必然降低农户对此次确权政策的信任程度,形成土地调整的悖论。

第三,农户自身的行为能力。科斯定理暗含产权主体的行为能力是各不相同的,不同产权主体对同一种资源的使用效率存在差异(罗必良,2017),因此,产权界定之后并不必然会出现产权交易等响应行为(罗必良,2019)。从这个角度来看,虽然农地确权能够提高产权排他性,但是无法改变农户自身的行为能力。

农地确权的执行关键表征为混合制度实施的集体组织。在农地确权的过程中,农村集体组织作为混合制度安排,一方面受到国家通过顶层设计推出的一系列正式制度的约束,另一方面也受到农户通过基层突破所形成的历史地权制度的影响。正因为如此,农地确权的实施虽然是由各省统筹部署、县市指导推进,但是由村社负责具体落实(钟文晶、罗必良,2020)。作为政策执行的关键一环,集体组织在以下几方面影响着农地确权。

第一,村庄自治的民主程度。村庄民主对确权的影响具有阻碍与促进的双向特征:村庄民主能够促成共同契约的达成,引致农户自愿的土地调整行为,此时村庄对确权的需求不高;农户之间的地权纠纷能够通过民主的方式得到妥善解决,使得农地确权政策能够快速推进(汪险生、李宁,2019)。

第二,村社内部的宗族文化。作为传统资源配置规则的宗族文化,是在乡村自然聚落下通过血缘联结所形成的历史行为规范(仇童伟,2018)。当村社相对封闭时,厚重的宗族文化会促使集体成员根据实际情况自愿地开展土地调整,此时土地调整能够有效地配置资源;当村社相对开放时,宗族代理人的角色将从村民诉求的响应者转变为地方行政指令的执行者,行政干预与宗族代理人的合谋将产生因土地寻租而进行的强制性土地调整(仇童伟、罗必良,2019)。对于前者而言,作为一种资源配置的有效途径,土地调整内生对确权的低需求;对于后者而言,作为行政治权与村社治权合谋土地资本化的工具,土地调整内生对确权的高排斥。

第三,集体成员的社会信任。社会信任激励社会行为,因此集体成员对集体代理人的信任程度将显著影响公共政策的群体响应行为。如果集体代理人在以往村社公共事务中表现较差甚至侵害集体成员利益,那么农户将对集体代理人产生不信任,在农地确权的过程中,农户就会不配合村干部的工作(万江红、钟结硕,2018)。反之,如果农户对集体代理人的信任程度较高,则农地确权工作能够得到农户的认可与配合。

2. 农地确权的影响效应

总体而言,Besley(1995)最早建立了地权稳定性对投资、流转、信贷这三方面影响的理论模型,Feder 和 Nishio(1998)进一步提出了农地确权对上述影响的理论框架,后续的相关研究基本上也是围绕该框架的拓展研究,并逐渐延伸到农业生产、要素配置和农户经济等领域,主要关注农地确权的经济效应。但是农地确权的生态效应却付之阙如,农地确权与耕地保护关系的相关研究总体上也相对较为缺乏。

(1)农地确权对农业生产的影响研究

第二次世界大战以后,东亚一些国家和地区的农地改革的成功及其后来的跨越式发展强化了经济学者关于产权重要性的认识(王士海、王秀丽,2018),土地确权项目被国内外广泛地采用(Heath,1990)。稳定而明晰的产权通常被认为是经济发展的重要基石(Furubotn and Pejovich,1972),土地产权的稳定性会对农户生产经营行为产生深刻影响(Besley,1995;许庆、章元,2005)。对于农地确权对农业生产的影响研究,目前主要集中在农地确权对农业生产投资(投入端)的影响以及农地确权对农业生产率(产出端)的影响两个方面。

一方面是农地确权对农业生产投资的影响研究。农地确权对农业投资的影响一直是学术界关注的热点问题(Abdulai et al.,2011)。大多数研究认为农地确权能够提高农户的投资激励。Besley(1995)利用加纳两个地区的数据实证检验了土地产权与投资激励之间的关系,指出产权不稳定像是土地上的一种随机税,农户在土地上的投资很可能随时被收走,因此农户缺乏对土地投资的长期预期收益,从而降低投资激励,在考虑了土地产权的内生性后,也得出了更稳定的土地产权可以促进农业投资的结论。俞海等(2003)通过建立土壤肥力变化的社会经济及政策影响因素模型,利用20世纪80年代初和2000年的六个省15个县市的180个样本地块的土壤实验数据,对地权稳定性如何影响农地土壤的可持续生产能力进行了实证分析,模型结果表明稳定的土地使用权有助于改善农地土壤的长期肥力。Deininger等(2008)对埃塞俄比亚的研究发现,在非洲当地率先开展的"低成本农地颁证"改革显著提高了农户投资和农业产出。黄季焜和冀县卿(2012)基于全国代表性的随机抽样农户调查数据发现,由于农地使用权确权提高了土地使用权的稳定性,从而激发了农户长期投资意愿,提高了有机肥的施用量。Ali等(2014)基于卢旺达的研究发现,农地产权的正规化显著提高了农户对土壤保护的长期投资。与之相似地,来自巴西和越南的研究表明,有正式的农地确权文件的农户,其对土地的投资明显高于没有正式的农地确权文件的农户(Alston et al.,1996;Saint-Macary et al.,2010)。对赞比亚、埃塞俄比亚、印度尼西亚的调查印证了上述观点,持有农地确权证书的农户,更倾向于进行农业投资(Smith,2004;Holden et al.,2009;Grimm and Klasen,2015)。除了使用化肥、农家肥、有机肥和绿肥等来表征土地投资,洪炜杰和罗必良(2018)使用2014年中国劳动力动态调查(CLDS)数据库中具有跨期性质的果园种植面积来衡量农地的长期投资,也得出类似的结论。进一步地,林文声等(2017)同样使用2014年中国劳动力动态调查数据(CLDS),并从人力、物力、财力等维度,更加全面地考察了农地确权颁证对农户投资的影响,研究发现,农地确权颁证对农地经营规模扩大、农业劳动力数量、农业生产时间以及农业经营投入都具有显著的正向作用。在农地确权后,农户资本投资也得到相应提高,基于中国劳动力动态调查数据的PSM-DID模型的估计结果显示,通过提升农地产权稳定性,农地确权使得农户资本投资增加20%(孙琳琳等,2020)。

不过,也有不少研究者持有不同观点,并认为农地确权发挥作用是有条件的,它并不必然促进农户投资,甚至会产生负面效应。钟甫宁和纪月清(2009)等学者的研究发现产权稳定与土地投资之间可能并无显著联系;Brasselle等(2002)考虑到了土地产权变量的内生性及其对因果关系识别的困难,结论表明土地产权稳定性对投资没有那么显著的影响;同样有研究表明即使产权安全对土地投资有影响,可能只是影响少数几种投资,而且实际影响并不显著或者边际影响微小(Li et al.,1998)。何凌云和黄季焜(2001)

利用广东省2000年六个县的农户的调查数据,采用Heckman两阶段模型实证分析了土地使用权对农户肥料施用的影响。研究结果表明,相对于责任田和转包地,农户更愿意在自留地和口粮田上多施用对保持地力有长期功效的有机肥,而施用较少的化肥;土地使用权越稳定,农户对土地投入的长期性行为越显著,反之则短期性行为越突出。许庆和章元(2005)区分了农户的长期投资,并将其划分为"与特定地块不相连的长期投资(比如农用机械、生产工具、运输工具)"以及"与特定地块相连的长期投资(比如道路、灌溉设施、排水设施、塑料大棚、田埂、水土保持以及使用农家肥或进行土壤改良)",经研究发现,土地产权稳定性对第一类长期投资有影响,而对第二类长期投资——农户的农家肥使用量都没有什么影响。应瑞瑶等(2018)基于2010—2015年农业部农村固定观察点搭载问卷的面板数据,结合全国新一轮农地确权工作进程的差异,使用双重差分法和三重差分法对农地产权稳定性与农业投资的关系进行了再检验,她们的研究发现,现阶段的农地确权显著提高了农家肥投资(与特定地块相连的农业长期投资),不过,农地确权对于农业机械投资(与特定地块不相连的农业长期投资)并无显著影响。此外,农地确权对农家肥投资的影响在经历过农地调整的农户中更大,农户对自有农地的农家肥投资水平高于转入农地,而且这种不同农地产权状态间的农家肥投资强度差异会因为农地确权进一步扩大。不过,除了不同产权状态下农地确权对农户投资的影响存在差异,更为直接地,来自马达加斯加岛、乌干达、肯尼亚、津巴布韦等国家的研究证据表明,农地确权颁证非但对特定地块的投资不具有显著影响(Barrows et al.,1990;Jacoby et al.,2007;Deininger et al.,2008),反而会产生消极作用(Gerezihar et al.,2014)。当然,农地确权颁证政策之所以对农业投资行为产生不同的影响效应,一个重要的原因可能是缺少必备条件,某些传导机制无法有效地发挥作用(Grimm and Klasen,2015)。不过,也有学者进一步指出,农地确权可能并非农业投资的必要条件,只要保证农民基本的使用权,那么农民对土地的投资也将大大提高(Brasselle et al.,2002),而且,在非正式制度作用较强但地权稳定性较弱的地方,农地确权对农户农业投资的激励将会更加明显(Salifu,2018)。

另一方面是农地确权对农业生产率的影响研究。农地确权对农业生产率的影响也一直受到学者的广泛关注。不过,从世界范围内的研究来看,已有研究尚无定论。一些研究表明,农地确权能够显著提高农业生产率。Udry和Goldstein(2008)考察了加纳模糊而有争议的土地产权对农业投资和生产率的影响。他们的研究表明,在地方政治体制中拥有政治权力的层级,越倾向于拥有更稳定的产权,更愿意在维持土壤肥力方面投入更多,同时也更希望农业产出更多。Melesse 和 Bulte(2016)使用埃塞俄比亚的微观家庭数据和倾向得分匹配方法,研究了农地确权对农业劳动生产率的影响,发现农地确权能够显著促进农业劳动生产率的提高。陈飞和刘宣宣(2018)利用 2011 年中国健康与养老追踪调查(CHARLS)的家庭层面数据,实证检验了农地确权与农业生产率之间的因果效应。他们的结果表明,已确权农户的农业劳动生产率比非确权农户的农业劳动生产率要高出 28.7%,而家庭耕地规模和农户信贷变量在此影响过程中发挥了重要的中介作用,两中介变量对农业劳动生产率的间接影响效应达 46.0%。此外,对柬埔寨、越南的调查也发现,农地确权有助于提高农业生产效率(Markussen,2008;Newman et al.,2015)。不过,也有一些研究与之持相反观点,林文声等(2018)通过构建"农地确权—要素配置—农业生产效率"的理论框架,并根据 2014 年和 2016 年中国劳动力动态调查(CLDS)的混合截面数据的研究发现,虽然农地确权总体上能够显著提高农户农业生产效率,但是对于不同类型的村庄和农户却存在一定的异质性,比如对于没有发生农地调整、农业机械化条件较好的村庄,农地确权确实能够提高农户的农业生产效率;而对于拥有较多非农就业机会的农户,农地确权对其农业生产效率就没有显著的影响。此外,来自坦桑尼亚和马达加斯加的研究结果直接表明,农地确权不会对农业生产效率产生影响(Jacoby and Minten,2007),它并不能提高农业生产率(Hombrados et al.,2015)。

(2) 农地确权对要素配置的影响研究

从产权经济学理论来看,产权安排会影响资源的优化配置,土地产权的清晰界定和有效保护被认为是要素市场化配置的前提和基础(Jin and Deininger,2009;周其仁,2013;程令国等,2016)。农户对各种生产要素的配置往往由其联合决策行为共同决定(杜鑫,2013),农村地区土地产权制度不仅影响农村土地资源的利用方式和效率,还影响农村劳动力资源的利用方式和效率(刘晓宇、张林秀,2008)。因此,对于农地确权如何影响要素配置的相关研究,目前学术界实际上主要围绕农地流转和劳动力转移展开。

第一,农地确权对农地流转的影响研究。农地确权与农地流转(土地市场发育)的关系是农地确权相关研究中最受关注的话题之一。已有研究成果相对来说最为丰富,不过,国内外农业经济学界关于农地确权对农地流转的影响效果却存有一定争论(Place et al.,1998;林文声等,2017;Wang et al.,

2015;丰雷等,2019)。大多数研究认为,农地确权会显著促进农地流转(Deininger et al.,2008;Holden et al.,2011;程令国等,2016;Xu and Du,2022)。归纳起来,主要理由如下:一是农地确权可以增强产权稳定性,进而促进农地流转(Deininger et al.,2011;Holden et al.,2011;林文声等,2017)。Jin and Deininger(2009)基于中国九个主要农业省份的8000户农户的调查资料研究发现,村级农地调整规则抑制了农户参与农地流转市场。由于产权不稳定会增大土地租约到期后收回土地的难度,因此农户不愿租赁,土地租赁市场也不活跃(Benjamin and Brandt,2002),相比之下,稳定的地权能够提高土地租赁市场的活跃度,使得农户参与土地租赁的概率上升21%(Macours et al.,2010)。来自尼加拉瓜的证据表明,拥有稳定产权的土地所有者更可能参与土地租赁市场(Deininger et al.,2003)。因为,农地确权增加了地权稳定性,这不仅能够有效地降低地权重新界定与保护的成本,而且可以防止产权模糊及其所引致的外部性、部分财产权利留置于公共领域以及租值耗散等问题造成农业投资收益损失(林文声等,2017)。二是农地确权能够增强产权安全性,进而促进农地流转(Macours et al.,2010;马贤磊等,2015)。Holden 和 Yohannes(2002)通过对20世纪90年代我国农村土地租赁市场的研究发现,由于早期存在着土地流转权的限制,农户租出土地可能被村庄领导人视为无力耕种土地的信号,存在被村庄收回土地的风险。现阶段虽然土地流转权的限制较少,但是进城务工农民也担心会失去土地,外出务工农民面临失地或调地的风险(李尚蒲、罗必良,2015),而农地确权意味着农地产权的固化和不可调整,从而有利于农户对其未来收回承包地投资收益形成稳定性预期(黄季焜、冀县卿,2012),确权颁证后土地流转有利于增强农民收回土地的安全感(叶剑平等,2018)。三是降低了交易双方的信息不对称性,消除了制度和交易的不确定性(Feder and Nishio,1998),从而促进了流转(Yami and Snyder,2016;付江涛,2016)。程令国等(2016)构建了一个代表性农户生产模型,并使用中国健康与养老追踪调查(CHARLS)2011年和2012年的农户调查数据进行研究进而发现,农地确权通过明晰土地产权以及减少流转中的不确定性,使得农户参与土地流转的可能性显著上升约4.9%,平均土地流转量上升了约0.37亩,土地租金率则大幅上升约43.3%。胡新艳等(2018)基于调研数据和准自然实验方法也得出类似结论,她们经过研究发现,农地确权显著促进了农地流转以及农地的经营规模的扩大。

与上述研究不同,另一些研究认为,农地确权非但不能促进农地流转,反而会有一定的抑制作用。其主要缘由在于:一是由于农地流转市场的特殊性,农地确权非但未能改变农户对农地的控制权偏好(钟文晶等,2013),反而提高产权强度而强化其禀赋效应(罗必良,2016),提高流转双方的交易费用(贺雪峰,2015),增大农户转入农地的难度,从而抬高农地交易意愿价格,并降低交易达成的可能性(胡新艳、罗必良,2016)。二是由于改革开放以来的农地确权改革实际上进行了三轮,因此已有的产权状态也会影响到新一轮农地确权作用效果的发挥(Gould,2006;付江涛,2016),再加上农地确权颁证不到位、确权后农地使用期限不确定以及未来农地政策不明朗等也会削弱农地交易双方的稳定性预期,进而将抑制农地流转的发生(毛飞、孔祥智,2012)。三是由于农地具有地理空间位置不可移动的资源特性,农地确权反而会固化农地细碎化格局,从而极大地提高耕地整合的交易费用(贺雪峰,2015)。此外,少部分研究也指出,农地确权对农地流转实际上并无影响。Jacoby 和Minten(2007)对马达加斯加的研究发现,农地登记与出租之间实际上并没有显著的影响关系。胡新艳、罗必良(2016)的研究再次证明了该观点,从农户转出的实际行为来看,确权尚未产生显著影响,因为农地确权无法改变农户的控制权偏好,不能显著影响农户参与农地流转(Deininger et al.,2005)。

近年来,伴随着中国新一轮农地确权的全面开展,国内有关农地确权与农地流转的研究也日渐深化。总体而言,目前关于农地确权对农地流转的影响研究存在两大趋势转向。一是从单纯的确权与否开始转向更加丰富的确权方式,比如李金宁等(2017)利用浙江省11个市522户农户的调研数据,实证检验了确权不确地与确权确地两种农地确权方式对农地流转的影响,研究发现,农地流转的不同对象影响农地确权方式的选择,较高的农地流转市场化程度会激励农户采取确权不确地的方式。陈小知和胡新艳(2018)基于"地权界定方式—资源属性—农地流转"的逻辑主线,利用农户问卷数据并采用双稳健估计的 IPWRA 模型,比较分析了常规确权和整合确权两种确权方式所对应的农地资源属性以及由此导致的农地流转的差异性效应,研究发现:相比于常规确权,整合确权的农地确权方式使得农户参与农地流转的可能性增加了 22.1%,农地流转的规模提高了 24.3%。二是从笼统的农地流转转向更为细致的流转细节,比如冯华超和钟涨宝(2018)利用三个省五个县的数据,较为系统地实证分析了农地确权对转入决策及转入规模的影响,研究发现,农地确权对农地转入具有抑制作用,不利于扩大农业经营规模。与此同时,农地转出相关的研究也层出不穷,付江涛(2016)、何欣等(2016)、许庆等

(2017)以及冯华超和钟涨宝(2019)等人的研究发现,农地确权显著提高农户土地转出率及转出面积。除了农地转入和农地转出,农地流转的数量和质量也引起了学者的关注,朱建军和杨兴龙(2019)利用2015年中国农村家庭追踪调查(CRHPS)数据研究发现,从农地流转数量来看,新一轮农地确权促使农户参与农地转出的可能性平均提高了6.36%,同时使农户的农地转出面积增加了0.54亩;从农地流转质量来看,新一轮农地确权促进了农地流转的市场化,但并未改善农地流转期限的长期性。

第二,农地确权对劳动力转移的影响研究。人口与土地的关系是一个永恒的话题,农地确权与劳动力转移关系的研究也受到学者的广泛重视。改革开放以来,劳动力转移对经济增长贡献巨大(刘秀梅、田维明,2005),大部分研究认为,农地确权能够促进劳动力转移,有助于推进工业化和城镇化。一方面,农地确权提高了承包经营权的安全性和稳定性,降低了劳动力非农转移过程中的机会成本,减少了因外出就业长期出租而担心失去农地的顾虑(林文声等,2017),从而增强了农户外出就业和转出农地的信心(Chernina et al.,2014);另一方面,农地确权提高了农地承包经营权的产权强度,增加了农地资源的内在价值,推高了农地租金(程令国等,2016),使得农户在外出后转出农地的收益保障程度增加,这将对劳动力流动产生积极影响。从国外的研究来看,Field(2007)对秘鲁的研究发现,为城市贫民提供农地确权使得家庭劳动数量减少而家庭外劳动力数量增加。不过,Galiani和Schargrodsky(2010)对阿根廷的研究却有所不同,农地确权虽然使得城市穷人家庭规模变小,但是对于劳动力市场供给却没有影响。来自埃塞俄比亚的证据表明,完善农地流转权会激励农村劳动力非农转移,农地确权对农民非农就业有显著的正向影响(Bezabih et al.,2014)。De Janvry等(2012)通过分析1993—2006年的墨西哥农地确权改革的发现,提升农业土地占有权的安全性不仅会增加土地生产性投资和促进土地租赁交易,还会导致人口从村居住地流出,具体地,获得土地权利证书的家庭拥有流动家庭成员的概率比没获得的家庭高出30%。三年之后,De Janvry等(2015)针对墨西哥的继续研究再次证明了他之前的观点,农地确权显著促进了农村劳动力外出就业,而且这一影响在确权前农地产权不安全和外出就业机会多的地区更加明显。无独有偶,Michele(2014)利用20世纪90年代国家层面的土地颁证项目研究了墨西哥土地产权与国际移民之间的关系,结果表明农地确权登记促进了农村劳动力向美国迁移,并使得迁移概率增加12%。俄罗斯的土地所有权改革也支持该观点,Chernina等

(2014)以1906年俄罗斯土地所有权改革为自然实验,利用省级层面的数据和双重差分的方法研究了土地改革对农户迁移决策的影响。研究结论表明,土地所有权改革增强了土地要素的流动性,并通过缓解融资约束和降低机会成本的渠道促进了农户迁移。

具体到中国情景,土地确权促进劳动力转移的观点也得到大部分文献的支持。刘晓宇和张林秀(2008)采用中国农村调研的第一手资料的研究表明,土地产权稳定性不仅影响着土地资源的利用方式和效率,还决定着劳动力资源的利用方式和效率。农村土地产权制度的稳定是劳动力非农就业的一个重要前提,稳定的农村土地产权制度可以有效地保持并推进劳动力转移(Rupelle et al.,2009)。拥有土地产权证书是产权稳定性的重要标志,持有土地承包经营权证的家庭,劳动力非农就业更加明显,而非农就业机会的增加也会增强这一影响(Deininger et al.,2019b)。不过,与其他发展中国家不同,中国的外出农民工往返于城乡之间,表现出非永久性迁移特征。李停(2016)通过数值模拟和统计检验揭示了这种非永久性迁移特征与中国特殊的农地制度安排的内在联系机制,研究表明,农地产权不稳定和农地资产变现能力较差是影响劳动力迁移的主要因素,因此,有必要大力推进农地确权工作,让不能移动的土地借力农地流转方式与农地金融创新流动起来,实现劳动力永久性迁移。许庆等(2017)利用2011年中国健康与养老追踪调查(CHARLS)数据研究发现,在其他条件不变的情况下,农地确权不仅使农户的农地转出概率显著提高,明显增加流转面积,而且有助于保障农户的权益,激励劳动力外出就业。韩家彬和刘淑云(2019)使用2011—2015年中国健康与养老追踪调查(CHARLS)的面板数据发现,农地确权制度在一定程度上解决了农地流转过程中的不完全契约问题,同时也限制了政府和村集体对农地的剩余控制权,使得纯非农就业型户主的外出务工时间显著增加。不过,农地确权推动土地流转进而影响劳动力就业选择还存在明显的滞后效应。因此,推动农村非农劳动力转移有赖于农地确权制度改革的深化。

不过,也有少部分学者对农地确权促进劳动力的观点提出了质疑。归纳起来,主要有两种观点:一是农地确权会增加农地投入,提高农业生产率,强化农业生产经营,由此抬高非农就业的机会成本,从而抑制非农劳动力转移(Ali et al.,2011;黄季焜、冀县卿,2012)。比如,Brauw和Mueller(2011)的研究发现,土地产权可转让性提高对劳动力转移有一个很小的负向影响,完善土地产权会促进对农地的资本和劳动投入,从而抑制劳动力转移。进一步地,杨金阳等(2016)利用"中国城乡劳动力流动课题组"(RUMiC)2008年和2009年的农户调研数据,识别出农地产权制度改革的生产率改进效应和劳动力转移成本降低效应。结果显示,农地产权强化未必能促进农业劳动力的转移,但是能够带来城乡收入差距的缩小。与此相似,张莉等(2018)基于中山大学2014年中国劳动力动态调查(CLDS)微观数据的研究认为,农地确权对劳动力转移存在转移成本效应和生产率效应,农地确权对劳动力转移的影响存在门槛,即当产权得到初步强化时,生产率效应超过转移成本效应,劳动力选择增加农地投资,继续留在农业部门;当产权强化到一定程度时,转移成本效应超过生产率效应,劳动力选择租出农地并向二、三产业转移。不过,目前农地确权仍然处在产权的初步加强阶段,确权农户更倾向于留在本地从事农业生产,农地确权不充分造成的高风险和高交易成本阻碍了农村劳动力向二、三产业转移的步伐。二是土地产权稳定性和安全性会破坏农户产权持有预期,阻碍非农劳动力转移。纪月清等(2016)认为农地确权可能会固化土地细碎化状况,进一步阻碍了劳动力非农就业。而且,伴随着工业化和城镇化的推进,农村劳动力向城市大规模流动,但是长期居住在村外可能将承受较大的失地风险,农地使用权的不稳定性可能会对劳动力迁移行为产生抑制作用(Mullan et al.,2011)。与上述研究不同,也有学者考察了农地确权对农村劳动力外出务工意愿的影响。比如,朱建军和张蕾(2019)利用2014年中国劳动力动态调查数据(CLDS)的研究发现,农地确权对于不同的劳动力群体的外出务工意愿是存在异质性的。总体上,农地确权对农村劳动力外出务工意愿并没有显著影响,它只是增强了人力资本较强的劳动力的外出务工意愿,尤其是年轻劳动力和初中及以上学历劳动力的外出务工意愿。

(3)农地确权对农户经济的影响研究

重视土地的产权价值和财产属性,解决农户信贷难问题和农民收入增长问题一直是农地产权制度改革的核心内容。农村土地确权作为完善产权交易体系的基础工作,为农户信贷约束缓解破除了制度性障碍,为农民财产性收入增加创造了制度性条件(周其仁,2010),这对于盘活农村土地资源、拓宽农户收入渠道、促进农业农村经济发展具有重要意义(Deininger,2003)。有关农地确权对农户经济的影响研究,目前学术界主要聚焦于农户收入和融资信贷两大板块。

第一,农地确权对农户收入的影响研究。如何通过农地产权制度改革来增加农户财产性收入越来越受到学者的关注。学者普遍认为,保护农民的土地产权是农民增收的现实需要(刘晓宇、张林秀,2008),也是农业农村经济发展和全面建成小康社会的制度保障(冒佩华、徐骥,2015)。理论上讲,农地确权为土地资源要素的优化配置提供了制度和法律的保障(程令国等,2016),通过增强土地产权强度(罗必良,2016)、提高地权安全性(De Janvry et al.,2012)和稳定性(林文声等,2017)、降低信息不对称等方式促进了土地流转和劳动力转移,使农民进行土地市场交易和非农就业等拓宽农民增收渠道(杨庆芳等,2015;尹晓红、田传浩,2016)。对于转出户而言,农地确权颁证对家庭收入的影响机制的在于交易和分工效应,农地确权颁证通过培育农地租赁市场,改善土地要素配置效率,从而促使土地转入方愿意支付更高的土地租金(程令国等,2016),提高包括租金、分红在内的农民土地财产性收入(冒佩华、徐骥,2015;丁琳琳等,2015),为农民带来持续稳定收入的可能性也越大(Yang et al.,1992)。对于转入户而言,农地确权颁证对家庭收入的影响机制在于家庭分工效应、规模经济效应和产权激励效应(杨宏力、李宏盼,2020)。一方面,农地确权可以促进农业适度规模经营,土地规模扩大有助于提高农业机械化水平(李星光等,2019),降低单位产品成本,而在其他条件保持不变时,降低成本实质上等同于提高农业收益(许庆等,2011);另一方面,农地确权颁证通过显著改善农地可交易性和地权稳定性预期,激励农户加大生产性投资(林文声、王志刚,2018),提高农业经营性收入(李星光等,2019)。对于外出务工者而言,农地确权颁证对家庭收入的影响机制的在于劳动力转移效应(许恒周等,2020),农地确权通过提高产权安全性和稳定性,消除农民工进城失去土地的后顾之忧,放心地将土地流转出去,不仅可以获得租金、分红等财产性收入,而且还可以通过非农就业提高工资性收入(宁静等,2018),有助于家庭总收入的增长。

作为农地产权制度改革的基础性内容,农地确权对于提高农民收入水平具有重要的意义(李力行,2012)。具体来看,李星光等(2019)利用陕西和山东的专业化苹果种植户调查数据发现,农地确权显著提高农业经营收入,降低非农工资性收入,与未确权户相比,确权户选择农业型生计策略的概率显著提高55.58%。宁静等(2018)基于贫困地区1898户的建档立卡贫困户调查数据的研究表明,整体而言,农地确权有助于提高贫困农户的收入。具体来看,农地确权能够促进土地转出,提高贫困户的财产性收入;农地确权通过促进劳动力转移提高工资收入水平;农地确权所获得的抵押担保权属能够提高信贷可得性,缓解信贷约束。李哲和李梦娜(2018)基于中国健康与养老追踪调查(CHARLS)的2011年和2013年数据的研究结果表明,农地确权能直接提升农户的家庭总收入和财产性收入,但对农业生产经营性收入并没有直接影响。农地确权影响财产性收入的渠道主要在于产权的经济激励以及土地的交易价格。农地确权影响家庭总收入的渠道主要在于农地转出,农地确权对农地转入均没有影响。不过,许恒周等(2020)基于浙江大学2017年中国农村家庭调查数据(CRHPS)的研究指出,农地确权能够显著提高农户家庭人均总收入和工资性收入,但是它对农业经营性收入、财产性收入和转移性收入并没有显著的影响,而且,农地确权的收入效应在经济较为落后的中西部地区较为明显,对经济较为发达的东部地区则没有显著的影响。因此,为发挥农地确权的收入效应,还要打通土地产权证书持有与土地产权证书使用之间的通道,强化农地确权改革相关政策的配套,进一步扩大土地产权证书的使用场域(杨宏力、李宏盼,2020)。

第二,农地确权对融资信贷的影响研究。如何通过赋予农地产权抵押融资权能来缓解农户信贷约束一直是国内外学术界关注的焦点。从世界范围来看,农户"融资难、抵押难、担保难"问题已经成为发展中国家农业发展、农民增收及致富的瓶颈之一(Carter and Olinto,2003)。由于难以提供金融机构认可的抵押物、担保物,农户往往受到严重的金融排斥(Conroy,2005;Thorsten et al.,2007)。农地是农户最为重要的资产,权能完整可以提高土地的流动性(胡方勇,2009),农地确权可以减少信息不对称和交易成本,提高土地价值和促进土地金融化(米运生等,2015;程令国等,2016),并使土地成为被正规金融机构所认可的抵押品(Byamugisha,1999;Boucher et al.,2008)。

学术界普遍认为,通过向农户颁发农地产权证书,将显著增加金融机构对农户的信贷供给(Feder,1988;Lopez,1997),并可能降低正规贷款利率(Kemper et al.,2011),有效缓解农户信贷约束(Trewin,1997;宁静等,2018)。Routray和Sahoo(1995)基于泰国的研究指出,有正式土地法律文件保障的农户将土地作为抵押品,获得贷款的可能性和贷款规模都高于没有正式法律文件保护的农户。Dower和Potamites(2010)也提出类似观点,拥有正式产权显著增加了家庭获得正式贷款的可能性及其所获得的营运资金贷款的数量。张龙耀等(2015)使用农地产权制度改革试点地区和非试点地区707户样本农户数据的研究发现,农地抵押的信贷供给效应初步显现,农地确权显著提高了农户的名义信贷需求,但43.24%具有名义信贷需求的农户依然无法有效表达其信贷需求,仅能将名义信贷需求转化为潜在信贷需求,背后的主要原因在于,现阶段农地抵押受法律的限制和金融机构信贷配给的影响。Piza 和 Mauricio(2016)的研究进一步发现,农地确权能够增加信贷使用,不仅可以减少对从亲朋好友等传统渠道获取信贷的依赖,还可以增加从商业银行获得的信贷。米运生等(2018)使用倾向得分匹配法(PSM)和一般加速回归模型(GBM)进一步分析发现,农地确权有着显著的"德·索托效应",它能缓解信贷配给并提高农户信贷可得性,使得固定资产门槛降低 79.78%,收入门槛降低 33.62%,交易费用门槛降低 31.12%。事实上,农地确权可以从广度、交易环境、深度和宽度四个方面,提高制度信任在商业银行风险控制中的重要性,降低商业银行对人际信任和社会资本的过度依赖,进一步促进农村金融的内生发展(米运生等,2018),农地确权能够显著提升小农户的信贷可得性(姜美善、米运生,2020),但是它也扩大了不同收入间农户信贷可得性的相对差距(米运生等,2020)。

但也有部分研究指出,在现阶段法律制度以及客观金融环境的约束下,农地确权并没有能够完全释放农地的"德·索托效应",农地确权对供给型信贷配给的缓解作用仅限于原本借贷优势更强的大规模经营农户(尹鸿飞,2020)。农地确权是否能够起到缓解信贷约束的作用实际上还取决于诸多影响因素,譬如农地地权稳定性、农地经营规模、农地流转市场的完善程度和农地抵押价值等农地相关因素(Domeher and Abdulai,2012),以及取消抵押农地赎回权是否可实施、处置抵押农地的交易成本、外部金融市场的完善程度等制度因素(Carter and Olinto,2003;Field and Torero,2006;Besley,2012)。具体来看,由于农业用地的价值低、农户土地规模小,即使完善抵押制度和土地产权,金融机构也不愿意将农业用地作为抵押物而向农户贷款(钟甫宁、纪月清,2009)。Deininger 等(2003)的跨国研究发现,在取消抵押品赎回权不可行的地区,赋予农户正规农地产权证书可能不会增加其信贷获取的可能性。总体而言,以新一轮农地确权为基础的市场化交易所带来的供求与竞争机制亦使土地要素的抵押价值得到体现(周其仁,2014),理论上农地确权让更多农户进入金融市场,促进了农村金融宽度意义上的"量"变。但是,它是否也可以提高农户贷款数量,缓解信贷配给并促进农村金融深度意义上的"质变"?米运生等(2018)从供给、需求、价格、交易成本、风险配给等角度的研究表明,农地确权不但能够降低信息成本进而缓解价格配给,而且还可以弱化农户的损失规避心理进而缓解风险配给;不过,有证据显示,现阶段数量配给和交易成本配给的缓解作用尚未充分显示。

2.1.3　耕地保护的相关研究

人多地少是中国的国情农情,为保障国家粮食安全,保护耕地数量至关重要。耕地保护是中国的一项基本国策,早在1986年,中央在《关于加强土地管理、制止乱占耕地的通知》中便首次提出,要"十分珍惜和合理利用每一寸土地,切实保护耕地"。20世纪80年代以来,随着生态文明建设的深入推进,中国耕地保护的目标先后经历了基于数量的红线保护,基于数量和质量的平衡保护,以及基于数量、质量和生态的产能保护三个阶段。从已有研究来看,耕地保护的相关研究成果主要集中在耕地保护内容的探讨、耕地保护政策的梳理、耕地保护现状的分析以及耕地保护激励机制的建立等方面。

1. 耕地保护的核心内容研究

就耕地保护内容而言,耕地保护实质是恢复和发展耕地的生产力(姚柳杨等,2016),通过采取有力的行动和措施,保证耕地资源的生产潜力,稳定和扩大耕地面积、维持和提高耕地生产能力、预防和治理耕地污染和耕地退化(朱德举,1997),实现土地生产力的持续增长和稳定性,促进耕地资源的可持续利用(洪名勇、施国庆,2006)。耕地保护主要包括耕地数量、耕地质量和耕地生态三方面的保护(漆信贤等,2018;牛善栋、方斌,2019)。其中,耕地数量保护是对耕地面积的保障,要求确保耕地数量可以持续满足区域人口健康生存的需要(刘娟、张峻峰,2015);耕地质量保护主要强调培肥地力和提升耕地质量(刘娟、张峻峰,2015),要求借助经济、行政和法律等手段,增进私人投资和公共投资(王军等,2019),保证耕地的总体质量和生产能力不下降(祖健等,2018);耕地生态保护主张维持耕地生态的平衡(张超等,2017),使耕地生态环境保持一个良好的状态,以保证耕地的可持续利用(祖健等,2018),重点在于防止耕地污染以及耕地退化的发生(刘娟、张峻峰,2015)。此外,也有学者将耕地保护分为耕地数量保护、耕地质量保护和耕地外部性保护三个板块,其中,外部性保护主要是针对水、空气等影响耕地的外部条件的保护(任旭峰,2012)。

2. 耕地保护的政策演变研究

就耕地保护的政策梳理而言,中国的耕地保护政策与工业化、城镇化转型密切相关(张浩等,2017)。在人多地少的国情农情约束下,经济社会发展转型过程中的耕地非农化激化了耕地供求的深层矛盾(李效顺等,2009),使得耕地保护作为一项基本国策得以确立(姚柳杨等,2017)。李俊滔(2018)曾将改革开放以来的耕地保护政策大致划分为耕地保护意识的觉醒期、耕地保护政策起步期、耕地保护政策体系初建期以及耕地保护政策的系统化完善期四个阶段。与此同时,刘丹等(2019)以《中华人民共和国土地管理法》以及《关于提升耕地保护水平全面加强耕地质量建设与管理的通知》等文件为参考依据,将改革开放 40 年来的耕地保护大致划分为概念性政策的提出、体系化政策的探索、体系化政策的初建、体系化政策的完善以及"三位一体"政策的强化等五个阶段。

3. 耕地保护的基本现状研究

就耕地保护的现状而言,中国耕地保护的突出问题主要表现在耕地数量不断减少(聂英,2015)、耕地质量总体偏低(陈印军等,2011)以及耕地污染与退化日益严重(唐华俊,2010;王迪等,2012)三个方面。第二次全国土地调查结果显示,2009 年底中国耕地总面积 1.35 亿公顷,全国人均耕地面积仅 0.1 公顷,不到世界人均水平的一半(李娜,2016)。2019 年《全国耕地质量等级情况公报》也表明,全国优等耕地面积仅为 6.32 亿亩,只占全部耕地构成的 30% 左右,大量耕地仍处于中低等水平,而且土壤表层的有机质含量已低于欧美发达国家水平(Fan et al., 2012)。更为严峻的是,中国不仅是世界上最大的化肥、农药生产国,同时也是世界上最大的消费国(巨晓棠,2014;祖健等,2018),化肥农药的过度使用(赵其国,2007),不仅导致土壤养分结构失调,造成土壤重金属污染(张北赢等,2010),也威胁到人畜饮水安全(Chen et al., 2014),成为人类生命健康的安全隐患(Gu et al., 2015;李娜,2016)和农业可持续发展的生态制约(Huang et al., 2008)。

4. 耕地保护的激励机制研究

就耕地保护激励机制的建立而言,农户是耕地的主要利用者,也是耕地保护的主要受益者,因此,耕地保护最为重要的激励就是对农户的激励(石志恒,2012)。其中,农业补贴、生态补偿、政府监管和技术培训等都是耕地保护常用的激励措施(余亮亮、蔡银莺,2014;刘娟、张峻峰,2015;赵建英,2019)。不过,相较于具体的激励措施,建立有效的农地产权制度是改善农户耕地保护行为的根本(石晓平,2001;洪名勇、施国庆,2006),产权制度是社会主义市场经济的基石(周其仁,2017),农地产权制度改革对耕地保护具有广泛而深刻的影响(胡亦琴,2011;毕继业等,2010)。

2.1.4 农地确权与农户耕地保护的相关研究

农地确权是实现产权清晰界定和有效保护的必要手段,尽管有部分学者对农地确权与农户耕地保护的关系进行了初步的探索,但是,总体上相关的研究成果仍然较为匮乏,学者们对农地确权的生态效应关注甚少。

从农地确权对农户耕地数量保护的影响来看,仅有的两篇文献均得出农地确权有利于耕地数量保护的结论。比如罗明忠等(2017)利用河南、山西以及四川三个省份的645户调研数据,利用分数响应模型和PSM方法,实证检验了农地确权对农户耕地抛荒行为的影响。研究发现,农地确权通过保证产权的排他性、可分性和可交易性,提升了农户对农地的排他能力、谈判能力与交易能力,从而显著地降低了农地抛荒率;比如郑沃林和罗必良(2019)采用2014年中国劳动力动态调查(CLDS)数据的研究也表明,农地确权存在显著的产权激励效应,尤其是通过农业投资的中介效应,能够有效降低农户耕地抛荒的概率。从农地确权对农户耕地质量保护的影响来看,目前相关的成果也只有两篇,周力和王镱如(2019)基于江西、湖南、江苏三省722户的调研数据,利用IV-MVTobit方法,在区分农户养分平衡行为和有机质提增行为的基础上,实证检验了农地确权对农户耕地质量保护行为的影响。研究发现,农地确权会提高有机肥和配方肥的施用量、减少化肥的施用量,但对秸秆还田没有显著影响。钱龙等(2020)基于广西壮族自治区818户调研数据,利用Probit模型研究发现,农地确权增加了农户有机肥、配方肥、秸秆还田等的使用概率,使得农户使用有机肥的可能性提升47.5%,使用配方肥的可能性提升93.1%,实施秸秆还田的可能性提升1.64倍。遗憾的是,目前农地确权对农户耕地生态保护的影响研究仍属于空白,农地确权是否减少了农户化肥和农药的投入和使用仍有待于进一步研究。

2.1.5 总结性评述

经济主体产权的有效保护和实现是经济社会持续健康发展的基础(周其仁,2017),农地产权制度改革是农村社会的基础性制度安排,对农村经济社会发展有着深远的影响。尽管在实证分析中对农地产权制度改革的衡量是困难的,不过,作为农地产权制度改革的基础性内容(Besley,1995;程令国等,2016),农地确权常常被作为农地产权制度改革的代理变量被普遍采用(Fenske,2011;张龙耀等,2015;Deininger et al.,2019a)。从国内外研究来看,学者们对农地确权进行了广泛有益的探索,不过,已有文献在为本书提供了较为丰富的理论参考和方法指导的同时,也可能存在以下可深入探究的空间。

首先,就研究内容的拓展而言,鲜有学者从耕地数量、质量和生态入手,关注农地确权改革与农户耕地保护的内在联系,而且有关农地确权与耕地保护关系的少数文献多停留在定性层面的讨论,缺乏实证意义上的检验(Zheng and Qian,2022)。此外,目前有关农地确权的研究对经济影响关注较多,对生态影响的关注则较少,且缺乏对农户耕地数量保护、耕地质量保护和耕地生态保护等方面的系统性研究(郑淋议,2022;Zheng et al.,2023)。大多数研究仍然停留在 Besley(1995)、Feder 和 Nishio(1998)等早期确立的地权稳定性对投资、流转、信贷这三方面影响的理论框架,而且国内农地确权的相关研究又主要集中在对农地流转的影响上面。这与丰雷等(2019)基于220篇中外文文献的统计分析较为一致,他们认为农地确权的经济效应已成为学界研究的焦点,但农地确权的社会效应以及生态效应方面的研究有待进一步加强。

其次,就研究方法的选取而言,早期的研究方法多为 OLS、Probit 和 Tobit 等模型(黄季焜、冀县卿,2012;郑沃林、罗必良,2019),伴随着计量统计等方法的不断发展,目前学术界普遍采用的方法主要有中介效应模型(许庆等,2017;胡新艳等,2017;林文声等,2018;李哲、李梦娜,2019)、面板固定效应(Deininger et al.,2011;Deininger et al.,2019b;De Janvry et al.,2015;张莉等,2018;韩家栋等,2019)、PSM 模型(程令国等,2016;胡新艳、罗必良,2016;米运生等,2018)、DID 模型(应瑞瑶等,2018;Deininger et al.,2019a)和工具变量法(Holden et al.,2009;林文声等,2017;李静,2018;朱建军、张蕾,2019),不过,鲜有研究从时间上和确权单位上区分和识别新一轮农地确权,而且由于新一轮农地确权是逐步推开的,政策实施区域可能具有很强的选择性而非随机性。因此,如果直接使用农地确权进行回归,显然可能会造成估计结果的偏误(Heckman,1979)。

最后,就研究数据的代表性而言,目前的数据来源大致有三类:一是发展中国家的调查数据,比如泰国、墨西哥、巴西、印度、埃塞俄比亚等,不过由于国情与文化的差异,导致相关研究结论不一定具有一致性;二是中国部分省份的调查数据,不过,由于是小样本调研数据,导致研究结论也莫衷一是,缺乏外部有效性;三是比较常用的国内数据库,比如中国健康与养老追踪调查(CHARLS)数据和中国劳动力动态调查(CLDS)微观数据,但上述数据多为截面数据或截面混合数据,面板数据相对稀缺,样本量相对较少,有关土地与农业生产的变量也略为不足,且缺乏农地确权的时间,导致无法精确识别新一轮农地确权,这对相关研究的深入推进造成了一定的限制。

有鉴于此,本书将以具有全国代表性的浙江大学中国农村家庭追踪调查(CRHPS)数据为依托,通过构建农地确权影响耕地保护的理论分析框架,充分考量由于样本自选择、测量误差、遗漏变量、反向因果关系等可能引发的内生性问题,利用村户两级层面的农地确权及其确权时间变量识别新一轮农地确权,并使用面板固定效应模型、多期DID模型、PSM-DID模型、代理变量法和工具变量法等规范前沿的计量经济学方法,从耕地数量保护、耕地质量保护和耕地生态保护等维度出发,系统地考察新一轮农地确权对农户耕地保护行为的影响,以期为深化农地产权制度改革、促进农地确权成果的多元化应用以及推动农业的可持续发展提供参考依据。

2.2 理论基础

理论就好比一座建筑物的基石,基石牢固,则建筑物将屹立长久而不倒。无论何种类型的研究,理论都是十分重要的。没有理论,相关研究就可能成为无本之木、无源之水。就本书的基础理论而言,主要涉及产权理论、制度变迁理论、农户行为理论和农业可持续发展理论,这些理论为本书打下了坚实的基础。

2.2.1 产权理论

产权理论是经济学理论的重要分支,主要分为两大流派,即以马克思为代表的土地产权理论和以科斯(Coase)、德姆塞茨(Demsetz)、阿尔钦(Alchian)、巴泽尔(Barzel)等为代表的西方现代产权理论。

1. 马克思土地产权理论与西方现代产权理论

马克思的土地产权理论散见于其经典著作《政治经济学批判(1957—1858年草稿)》《资本论》《剩余价值理论》,归纳起来,核心思想主要包括三个方面:第一,产权是一组权利束的集合。在马克思看来,土地产权既包括终极所有权与所有权,也包括由其衍生出来的使用权、占有权、处分权、收益权、出租权、转让权、抵押权等权利束(中共中央马克思恩格斯列宁斯大林著作编译局,2006)。第二,使用权在所有权利束中居于重要位置。土地使用权是土地使用者根据一定的规则对一定土地加以实际利用的权利(郑淋议等,2020),在漫漫历史长河中,无论是土地私有制还是土地公有制,土地所有者一般都不直接参与农业的生产经营(Bromley,2003),因此,提升农业生产效率的关键在于,如何调动土地使用者的生产积极性(张曙光、张弛,2020)。第三,产权是可以分离与组合的。一方面,产权持有主体既可以持有土地产权的某一项权利束,也可以同时持有多项土地权利束,甚至拥有完整的土地权利束(张红宇,2018);另一方面,土地的所有者、占有者和使用者等都不必是同一主体,在一定经济条件下,土地产权可以分离出不同的权利束,由不同的产权持有主体独立运作(郑淋议等,2019)。不过,上述分离与组合并不是无章可循的,因为土地产权的基本原则就是既要在经济上获得实现,又要形成新的经济关系(洪名勇,2011)。上述理论观点见解深刻、富有逻辑,在中国得到了充分的验证。改革开放初期承包地所有权与承包经营权的"两权分离"以及现阶段承包地所有权、承包权和经营权的"三权分置"都是马克思土地产权理论的生动实践。

西方现代产权理论发端于科斯关于外部性问题的讨论和思考,经由德姆塞茨、阿尔钦、巴泽尔等学者的共同努力而不断完善,形成了相对完整的理论体系。

西方现代产权理论的核心内容主要包括六个方面:第一,产权的定义。

产权包括一个人或其他人受益或受损的权利(Coase,1960)。当一笔市场交易在达成时,实际上并非简单的商品或服务交易,而是附着于其上的产权转移,正是产权的价值决定了所交换物品的价值(Demsetz,1967)。产权是权利束的集合,是社会强制实施的、对商品的多种用途进行选择的权利(Alchian,1987)。第二,产权的本质。产权不是指人与物之间的关系(Munzer,1990),而是指由于物的存在及关于它们的使用所引起的人们之间相互认可的行为关系(弗鲁博顿、芮切特,2015)。第三,产权的性质。产权具有排他性(Exclusivity)、可转让性(Transferability)和可分解性(Decomposability)。产权是一种排他性权利(North,1990),如果没有产权的排他性行使,产权制度就会自动失效(Place and Swallow,2000),缺乏保护的产权,很容易受到第三方的妨害(Coase,1960)。在特定的产权制度下,产权的主体只能是一个(陈志刚,2005)。有恒产者有恒心,但有恒产者并不能保证资产利用最优(周其仁,2017),在一个信息扩展的社会里,要使生产专业化的分散协调得以顺利进行,人们就必须得到有保障的可转让的产权,可转让的产权包括出租、抵押和买卖等权利(田传浩,2018),产权的可转让性可以保证资源的转移到利用效率最高者手中(张五常,2002)。产权的多用途意味着它是一组权利束的集合,同一产权内部存在着多项权利(Thomas,1980),每一项权利都在规定的范围内行使(陈志刚,2005)。第四,产权的内容。产权主要包括三方面内容,分别为产权界定、产权配置、产权保护,它们是产权制度最为核心的问题(Alchian,1965;Roth and Haase,1998)。其中,产权界定是产权改革的前提,产权配置是产权改革的目标,产权保护贯穿产权改革的全过程。当然,也可以将产权配置与产权保护合在一起并称为产权实施,从产权界定到产权实施是产权改革的必经之路(张曙光,2016)。产权界定是重要的,但产权主体是否具有行使其产权的行为能力同样不能忽视(罗必良,2019)。在 Barzel(1997)看来,任何个人对权利的实施取决于三个方面:个人保护产权的努力、他人企图夺取的努力以及政府予以保护的努力。第五,产权的功能。产权具有三大基本功能:一是作为一种社会工具,它能够减少信息不对称,实现更大程度的外部性内部化(Coase,1960);二是作为一种激励约束机制,它能够帮助一个人形成合理的经济预期(Demsetz,1967);三是作为一种划定竞争的基本手段,它能够定分止争,优化资源配置(周其仁,2017)。第六,产权的经济效应。产权具有激励效应、稳定性效应、完整性效应等多重经济效应(Demsetz,1967;Schlager and Ostrom,1992;陈志刚,2005;冀县卿,2010;郑淋议等,

2020)。一旦经济主体的利益得到产权的界定和保护,主体行为的内在动力自然就有了保证,产权就会产生激励效应(罗必良,2017)。稳定的产权才有利于经济的可持续发展,在明确产权及其收益回报的情况下,经济主体对未来的预期将有保证,相应的投资也会增加(Besley,1995)。一个完整的产权必须包括排他的使用权、自由的转让权和独享的收益权(Cheung,1973),产权残缺或产权受限都会影响到产权的交易和实施(刘守英,2017),比如残缺的土地转让权将会导致农户对土地投资的后悔效应(Carter、姚洋,2004)。

2. 土地产权安全性或土地产权稳定性理论

西方现代产权理论,经由普莱斯(Place)、贝斯利(Besley)、卡特(Carter)、戴宁格尔(Deininger)和张五常、周其仁、刘守英、金松青等中外学者的共同努力由企业制度研究逐渐拓展到土地制度领域,实现了产权理论应用从一般意义上的产权向特定意义上的产权(土地产权)转变。其中,一个重要的理论创新是土地产权安全性与产权稳定性理论的提出,这推动了土地产权研究范式从规范研究向实证研究的跨越。

土地产权安全性是指个人在不受外来强制或干扰的情况下,持续地享有其对某块土地的权利感知,以及在使用或转让土地时,从投入土地的劳动或资本中获得利益的能力(Place et al., 1994)。这一定义包含三个重要组成部分,即产权广度、产权长度和产权强度(Roth and Haase,1998;田传浩,2018;郑淋议,2020)。具体地,产权广度(breadth)是指所拥有的权利数量,或者如果某些权利比其他权利更重要,则是指对关键权利的占有,比如使用权、收益权和转让权(郑淋议等,2019)。产权长度(duration)是给定权利在法律上有效的时间长度。产权强度(assurance)意味着权利和期限是已知的,并且是确定的。它由实施的可能性与成本来衡量,取决于政府、非正规的社会行动以及通行的伦理与道德规范(Alchian,1965),严格来讲,产权强度是政府代理下的国家法律赋权、社会认同与产权主体行为能力的函数(罗必良,2013)。一般而言,产权安全性需要从法律、事实和感知三个维度来理解(Van Gelder,2007)。其中,法律维度的产权安全是指产权的法律状态和国家政策对其的保护(Carter et al., 1995)。事实维度的产权安全主要是从产权的实际控制情况来理解产权安全,诸如拥有期限的长短、过去的土地调整经历等(马贤磊,2009)。感知维度的产权安全主要是指产权主体根据法定赋权以及历史或其他因素主观预计的土地权利失去的可能风险(马贤磊等,2015)。

产权稳定性主要指在产权主体对于其所拥有权利在特定时期内的确定状态。土地产权稳定性主要包括三层含义：一是土地使用者的土地使用及土地价值实现的稳定性；二是土地权利行使所涉其他利益相关者的稳定性；三是为社会秩序提供稳定的、可持续的规范(刘守英,2017)。具体到实证分析中,土地产权稳定性主要采用一定时间段内的土地调整频率、一定时间段内的土地调整规模、某个时点距上次调整的时间等来衡量和评价(姚洋,2000;俞海等,2003;刘晓宇、张林秀,2008)。事实上,对于产权稳定性,也可以从农地产权的法律稳定、事实稳定和感知稳定三个角度对其含义进行理解(孙小龙,2018)。最后,从文献梳理来看,需要特别说明的是,产权稳定性和产权安全性虽然在中文表述上不尽一致,但是在英语论文与著作当中都是"land tenure security"或者"the security of land property rights"。应该来说,产权安全性相对于产权稳定性翻译得更为准确,不过,可能是由于中国农村家庭承包制度下土地调整屡禁不止的现实,导致早期学者在翻译的时候将"land tenure security"或者"the security of land property rights"直接译为"土地产权稳定性",以迎合时势之需。不过,按照中文的词义发挥,目前产权稳定性更侧重于"稳定",衡量指标主要集中在土地调整以及如何抑制调整方面;而产权安全性则更侧重"安全",其衡量指标,除了土地调整,还关注经济主体权利行使是否具有保障,比如土地征收、土地流转过程中农户的土地权利是否受到保障等。以上差别,在具体的分析中有必要加以留意。

2.2.2 制度变迁理论

新制度经济学源于对"制度何以重要"的追索和思考,制度变迁理论是其重要组成部分(胡乐明、刘刚,2014)。制度变迁理论由诺斯率先系统地提出,主要见于其代表性著作《西方世界的兴起》《经济史中的结构与变迁》《制度、制度变迁与经济绩效》。在前两本书当中,诺斯论证了不同的制度如何导致不同的制度绩效,强调了制度在经济增长中的重要作用(North,1981);在第三本书当中,他则进一步提出了制度变迁理论(North,1990),形成相对完整的理论框架。

制度是一系列对行为主体追求效用和福利最大化施加约束的正式和非正式的规则及其执行安排的集合(North,1990),由组织和规则、信念、规范等共同构成,本质上是一套经由社会选择决定和实施的机制(Greif,2006)。制度主要包括制度安排和制度环境两个方面(韦森,2003)。其中,制度安排是支配不同组织单位之间竞争与合作方式的一种安排秩序(Bromley,2009),它在一定制度环境中形成,而制度环境是社会所有制度的集合(弗鲁博顿、芮切特,2015),包含一系列政治、经济、文化和社会的基本规则(Alesina and Giuliano,2015)。制度变迁特指制度创建、变更及随着时间推移最终被打破的方式,是对构成制度的规则、准则和实施的组合所作的边际调整。它包含两个层面的意思:一是新制度何以产生;二是新制度何以替代旧制度(卢现祥、朱巧玲,2007)。制度变迁成本和收益的比较对于促进或推迟制度变迁起着关键的作用(林毅夫,2014),只有在预期收益大于预期成本的情形下,行为主体才会去推动直至最终实现制度的变迁。制度变迁的主要原因就在于节约制度成本和获取更高的制度收益(周其仁,1995)。

现有的制度结构下,若经济当事人不能获得由于规模经济、技术进步、交易费用的节约、风险的转移、外部性内部化等所带来的潜在利润(弗鲁博顿、芮切特,2015),那么一项新的制度安排就很可能会产生,旧的制度安排就会被修正或替代(卢现祥、朱巧玲,2007)。此外,如果可供创新的制度安排多于一种,根据"成本—收益"原则,那么决策者将会选择净现值最大的制度安排(周业安,2001)。当然,需要说明的是,经济当事人在感知潜在利润的时候,都会存在着一定的时滞,比如认知、发明、菜单选择、启动时间等方面的时滞,这些也可能影响到制度变迁(胡乐明、刘刚,2014)。潜在利润的存在为制度变迁提供了动力源泉,但这并不意味着制度变迁都是一样的。拉坦(2014)进一步建立了诱致性制度变迁模型,认为不仅规模经济和技术进步会影响制度变迁,知识的进步以及经济当事人对更高制度绩效的需求也会对制度变迁产生重要影响。基于经典的"供给—需求"框架,林毅夫(2014)进一步将制度变迁细分为强制性制度变迁和诱致性制度变迁。其中,强制性制度变迁主要指由国家或政府通过一系列法律或行政命令引致的制度变迁,这种变迁往往是自上而下,具有激进和强制等性质。诱致性制度变迁主要是指由个人或群体为追求由制度不均衡引起的潜在利润而自发倡导、组织和实施的自发性制度变迁,这种变迁通常为自下而上,具有渐进性和自发性等性质(丰雷等,2013)。

需要说明的是,强制性制度变迁和诱致性制度变迁并非完全割裂,两者各有优缺点,在实践中相辅相成、相互促进。诱致性制度变迁需要强制性制度变迁来推动,强制性制度变迁也需要诱致性制度变迁进行前期探索。改革开放以来,中国的农地产权制度改革证明,自上而下的制度扩散和自下而上的基层创新往往是农地产权制度变迁的共同选择(郑淋议、张应良,2019)。

2.2.3 农户行为理论

当前学界有关农户行为理论的研究主要分为三大流派:一是以舒尔茨和波普金为代表的理性小农学派;二是以恰亚诺夫和斯科特为代表的道义小农学派;三是以黄宗智为代表的综合小农学派。

理性小农学派的核心观点是小农具有经济理性。基于危地马拉和印度的详细调查资料,舒尔茨在《改造传统农业》一书中指出,在传统农业社会中,生产要素配置效率低下的情况是比较少见的。经过多年的努力,他们已经使现有的生产要素配置达到了最优化。而且,传统农业中的农民也并不愚昧,他们能够对市场价格的变动做出迅速而正确的反应,一个简单的例子是,他们经常为了多赚一个便士而斤斤计较(舒尔茨,2013)。该学派另外一个重要人物波普金持有同样观点,它在《理性农民:越南农村社会中的政治经济学》中强调,小农是使其个人或家庭福利最大化的理性人,他们会根据自己的偏好和价值观评估他们行为的后果,然后做出他们期许能够最大化其期望效用的选择(Popkin,1979)。此外,日本著名农业经济学家速水佑次郎、神门善久(2003)和中国新结构经济学创始人林毅夫(1988)等学者也都持有类似观点。

道义小农学派的核心观点是小农重视生存伦理。恰亚诺夫在《农民经济组织》中指出,对于农民而言,农业生产的目的主要在于满足家庭的消费需要,利润仅具有次要意义,其经济活动和经济组织均以此作为基本前提(恰亚诺夫,1996)。小农户既是生产者,又是消费者,这种生产者和消费者合二为一的特征决定了农民家庭不同于资本主义经济的行为逻辑(黄宗智,2012),资本主义的利润计算方法并不适用于小农的家庭农场(郑淋议等,2019)。小农户的一个重要特征是为自家生计而生产,而不是像资本主义企业那样为了追逐利润最大化(丁长发,2010)。在《农民的道义经济》一书中,斯科特认为,"生存优先""规避风险""安全第一"是小农户的主要特质。对于生活在生存线边缘的农民家庭,他们并不追求新古典主义经济学意义上的收益最大化,而是力图避免各类风险进而确保家庭成员能够基本得以生存(斯科特,2001)。

综合小农学派的核心观点是小农兼具生存理性和经济理性的综合特征。在《华北的小农经济与社会变迁》和《长江三角洲小农家庭与乡村发展》两本著作中,黄宗智描述了中国小农的综合性特征:小农既是为自家消费而生产的单位,也是追求利润最大化的单位(黄宗智,1989)。小农在农业生产上所作的抉择,部分地取决于家庭的需要,部分地取决于市场的需要。他们在自给自足的同时,也根据价格、供求和成本与收益来做出生产上的抉择(黄宗智,2000)。不过,中国小农的综合性特征并不完全等同于舒尔茨所谓的经济理性,也不完全等同于恰亚诺夫所谓的生存理性,严格来说,这属于在"没有发展的增长"和"农业过密"的制约条件下的生存形式(黄宗智,2012)。

值得说明的是,小农虽然都是理性的,但理性的程度不同,其行为目标和表现也不尽一致。因此,在具体的分析研究中,一方面,有必要区分具体的农民群体,比如根据农民分化、农户分型和代际差异等将农民划分为不同的群体,研究不同群体的行为差异;另一方面,也有必要区分具体的行为类型,比如将农户行为划分为经济行为、社会行为和生态行为,研判同一群体之间不同的行为差异。

2.2.4 农业可持续发展理论

农业可持续发展理论由可持续发展理论演变而来,最早由西方发达国家提出,是可持续发展理论在农业领域的推广和应用,主要强调农业发展的经济可持续性、社会可持续性和生态可持续性。

近代以来,西方世界的工业化如火如荼,取得了巨大的发展成就,与此同时,也面临日益严峻的环境污染和生态破坏等问题,"石油农业"难以为继。大概到了20世纪70年代中、后期,西方发达国家纷纷倡导发展"替代农业"——包括有机农业、生态农业、自然农业、生物农业等(刘巽浩,1995),以取代"石油农业",从而避免产生上述问题,但由于此类农业发展模式"过分"强调自然有机的作用,全盘否定化肥、农药等投入(王庆仁、李继云,1999),致使西方发达国家在生态环境得到保护的前提下,农业生产力大幅度下降,甚至不能满足全社会需求。在经历一个极端(经济发展)到另一个极端(生态保护)之后,1987年,时任联合国世界环境与发展委员会主席、挪威首相布伦特兰夫人在《我们共同的未来》(*Our Common Future*)中最先提出可持续发展的概念,并将其定义为"既满足当代人的需要,又不对后代人满足其需要的能力构成危害的发展"(黄国勤,2007)。可持续发展主要包含经济、社会、生态和资源等方面的可持续发展,强调要处理好经济发展与生态保护的关系,把握两者的动态平衡,可以说这在当时是一种全新的发展思维和战略思想。

进一步地，西方发达国家在可持续发展的基础之上，提出了农业可持续发展的概念。1991年，联合国粮农组织（FAO）在荷兰登博斯召开"农业与环境"会议并通过了《登博斯宣言》，提出要实现"可持续农业与农村发展"（sustainable agriculture and rural development，SARD）。其具体发展目标如下：第一，积极增加粮食产量，确保食物安全，消除全球饥荒现象；第二，增加农民收入水平，消除绝对贫困，促进农村综合发展；第三，合理利用和保护自然资源，改善生态环境，以利于子孙后代生存和发展的长远利益（高鹏、刘燕妮，2012）。总而言之，农业可持续发展强调，要保持一定数量和质量的耕地，加强耕地数量、质量和生态的"三位一体"保护（祖健等，2018），在提高当代人生活质量的同时，保证后代人的生存发展不受影响，并逐步建立起有利于农业、农村长期稳定繁荣的经济社会可持续发展机制。这种可持续发展的精神和理念逐渐受到越来越多的认同，并在1992年的联合国环境与发展大会上取得了广泛的共识（陈利根，2001）。

作为可持续发展理论中的一个核心组成部分，农业可持续发展是实现可持续发展的重要一环（周博，2015），西方发达国家又进一步提出了"可持续农业""农业可持续性""农业可持续发展"等理念（高旺盛，2010），这也标志着西方发达国家农业实现由"石油农业""替代农业"模式向"农业可持续发展""可持续农业"新模式的转变（黄国勤，2019）。在西方发达国家提出"农业可持续发展"的理念之后，中国在20世纪90年代中期正式引入并提出中国"农业可持续发展"的概念。具体地，陶战（1994）在《中国农业可持续发展的策略措施》中最早提出了"农业可持续发展"一词，并强调"可持续发展策略对中国农业继续生存发展影响是至关重要的"，与此同时也提出了中国农业可持续发展的策略措施（陶战，1994）。之后，有关农业可持续发展的研究越来越受到重视，相关的研究文献也日益增多。

"农业可持续发展"是一种农业发展战略、农业发展方向或农业发展目标。农业可持续发展具有战略性、综合性、区域性和多目标性（杨文健、陈丽萍，2016；李娜，2016）。大多数研究认为，农业可持续发展就是要求在发展农业生产过程中，既要强调产量，重视经济效益、社会效益，还要讲求生态效应，注重节约资源、降低污染和保护环境（罗锡文等，2016）。农业可持续发展既要注重生产的可持续性（production sustainability）、经济的可持续性（economic sustainability）、社会的可持续性（social sustainability），又要强调资源的可持续、生态的可持续性（ecological sustainability）、环境的可持续性

(Brown et al.,1987);既要考虑当前,不能破坏当下的生态平衡,又要着眼未来,为子孙后代的生存与发展考虑(黄国勤,2019)。农业的可持续发展,归根结底是资源和环境的可持续发展,要促进农业可持续发展,必须以节约资源和保护生态环境为前提(罗锡文等,2016)。当然,最为重要的是要维持耕地资源的数量、质量和生态安全(Rigby et al.,2001),促进耕地资源的可持续利用(傅伯杰等,1997),毕竟土壤保持耕作、维持耕地生产力是全球农业可持续发展的优先领域(王小彬等,2006)。鉴于上述要求,现阶段中国农业的可持续发展仍然任重而道远。一方面,既需要保持农业生产率稳定增长,提高食物生产的产量,保障食物安全(陈利根,2001);另一方面,也需要保护和改善生态环境,合理、永续地利用自然资源,以满足人们生活和国民经济发展的需要(Luna,2014)。总之,要在保持生态资源数量不减少和改善生态环境质量的前提下,实现经济与社会发展的连续性和稳定性(毕朱、柳建平,2008)。

需要注意的是,农业可持续发展与可持续农业有着紧密的联系,同时又有着明显的区别。具体来看,可持续农业是一种保持环境不退化、技术上可行、经济上能生存下去以及被社会所接受的发展模式(Lee,2005),同时也是一种在尽可能满足粮食需求的前提下,能促进农业经济效益的持续稳定提高和农村生态环境的改善,增加农民经济收入和提高农村居民的物质与文化生活水平(杨兴明等,2008),并保证农业生产系统的协调与平衡以及与社会经济文化水平、资源生态环境基础相适应的高效持续发展的农业(白蕴芳、陈安存,2010)。尽管可持续农业也强调生态可持续、生产可持续、经济可持续和社会发展可持续,但是不可以将农业可持续发展与可持续农业混为一谈(Lee,2005)。实际上,"农业可持续发展"是一种农业发展战略、农业发展目标,甚至可以说是一个农业发展的基本方向(金书秦,2020),而"可持续农业"或"持续农业"只不过是农业可持续发展的一种模式,是符合农业可持续发展理念或要求的实践模式(刘彦随、吴传钧,2001),农业可持续发展具有丰富多样的发展模式,如"生态农业""有机农业""循环农业""低碳农业""精准农业"等(黄国勤,2019)。

最后,特别值得一提的是,无论是可持续农业还是农业可持续发展,他们都是建立在耕地资源的可持续利用基础上的(王小彬等,2006),尤其是农业生产过程中的耕地数量保护、耕地质量保护和耕地生态保护。耕地不仅是农业生产经营的载体基础,也是人类生存和发展的活动场所,耕地保护既关乎粮食安全,也关系到农业的可持续发展(陶然等,2004)。对于一个国家和地区而言,维持一定数量、质量的耕地,防止耕地退化与土壤污染,保持耕地生态环境的持续向好,在任何时候都是必不可少的。

2.3 分析框架[①]

农业可持续发展的关键是农地的可持续利用(刘辉煌,1999;Rigby et al.,2001),农地可持续利用的核心在于耕地数量、质量和生态的"三位一体"保护,而实现耕地"三位一体"有效保护的基础是建立有效的农地产权制度(赵峰,2001;夏玉莲、曾福生,2015)。

农地产权制度与农业可持续发展息息相关(见图2.1)。在农地产权不明晰的情形下,"无主"的财产将使得农户不敢放心大胆地投资耕地,他们会担心有朝一日被其他农业经营主体所攫取;在农地产权不稳定的情形下,农户对耕地的长期投资以及未来收入流的获得存在明显的不确定性,这会引发他们的短期行为;在农地产权不完整的情形下,耕地的经济用途受到一定的限制,转让权受限使得土地资源难以实现市场化配置,抵押权缺失也会使得农地金融化面临较大的难度。作为耕地的直接使用者,在农地产权不明晰、不稳定以及不完整的制度约束下,农户短期行为就会更加盛行,农户不合理利用耕地的可能性将会大大增加,这会导致耕地数量下滑、耕地质量降低和耕地生态破坏等诸多问题,这会使得耕地数量、质量和生态的"三位一体"保护面临不小的挑战,农业可持续发展也将面临掣肘。反之,在农地产权明晰的情形下,农户对产权持有的信心也将大大增加,"有恒产者有恒心",他们可以自由地处置和使用相关的产权权能;在农地产权稳定的情形下,农户对未来农业经营的预期也将更加稳定,他们会对农地进行长期投资,以增加未来获得收入流的概率;在农地产权完整的情形下,农地的经济用途将更加多元,农户不仅可以自己耕种农地,也可以把农地流转给其他农业经营主体,而且还可以使用农地进行抵押融资。故而,在农地产权明晰、稳定和完整的制度激励下,农户也会逐渐减少短期行为,增加长期行为,强化耕地数量保护、耕地质量保护和耕地生态保护,从而促进耕地的可持续利用和农业的可持续发展。

[①] 本节的核心内容已经发表:郑淋议,刘琦,李丽莉,等. 家庭承包制度改革:问题、取向与进路——基于产权强度、长度和广度的视角. 经济社会体制比较,2022(6):65-74.

```
产权不明确 ┐
产权不稳定 ├→ 农户短期行为 →  耕地数量下滑 / 耕地质量降低 / 耕地生态破坏
产权不完整 ┘         阻碍

农地产权制度                                          农业可持续发展
                     促进
产权明晰 ┐
产权稳定 ├→ 农户长期行为 → 耕地数量保护 / 耕地质量保护 / 耕地生态保护
产权完整 ┘
```

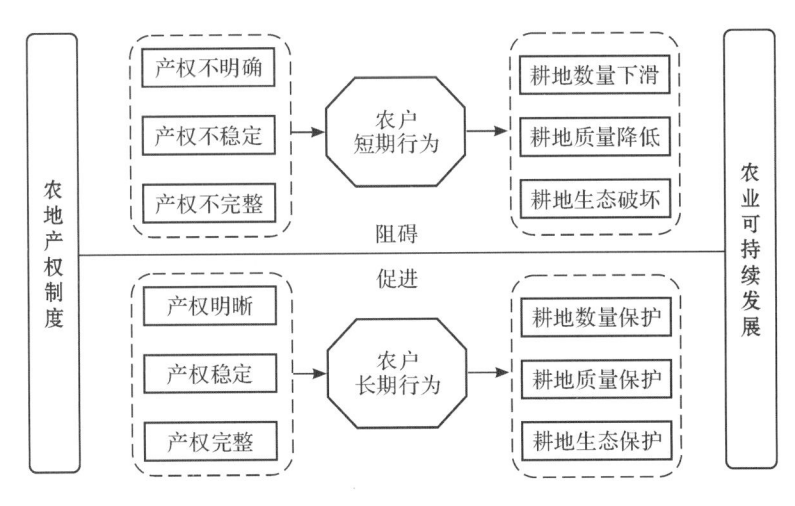

图 2.1 农地产权制度与农业可持续发展的关系

具体到中国的农地产权制度——家庭承包制度,它在一定程度上是新中国成立初期土地私有制以及集体化时期人民公社制的路径依赖的产物,不仅重新确立了农户家庭作为农业生产经营的基本单位,也保留了"三级所有、队为基础"的集体所有制度框架(钱文荣、郑淋议,2019)。改革开放以来,伴随着人地关系的变化和分工分业的发展,家庭承包制度在推动农业农村经济发展的同时,也存在不同程度的农地产权不明晰、不稳定和不完整问题。从实践来看,由农地产权不明晰、不稳定和不完整问题引发的土地保护不力(Otsuka et al.,2001)、利用效率不高(赵峰,2001;Jacoby et al.,2002)、农业经营者利益得不到充分保障等问题已直接成为耕地"三位一体"保护乃至农业可持续发展的严重阻碍(姚洋,1998;胡亦琴,2011;罗必良,2013)。具体来看,有以下方面问题。

第一,产权不明晰问题。产权不明晰主要在于产权主体和产权权利的不清晰。从产权主体来看,农民集体面临挑战:一是地域范围的变化,什么样的集体拥有权利?农民集体既体现为人口集合,也表现为空间范围(钱文荣、郑淋议,2019),由于政社分离、村庄合并、城镇化改造等原因,部分集体的空间边界可能已经发生变化。二是人口集合的变化,什么样的个体拥有资格?一方面农民集体本身是动态变化的,生老病死、婚丧嫁娶以及人口流动都会引起集体人口的变化,另一方面农民集体决定了它天然地需要村干部等代理人代表其行使土地权利,但是它的代理人也是动态变化的,而且也会有自身的利益诉求。从产权配置来看,承包地"三权分置"框架下,农民集体、承包者与经营者之间的权利边界在哪里,发生流转的土地经营权与未发生流转的土地承包经营权有何区别,这不仅关系到产权界定,更与产权实施息息相关(张红宇,2008)。财产的有效保护有赖于排他性产权制度的建立,有赖于清晰界定的产权主体(赵峰,2001)。虽然法律规定农村土地属集体所有,但是产权主体究竟是乡镇集体、村委会集体还是村民小组,究竟谁是真正的所有者,相关法律中并没有明确的界定(刘辉煌,1999),其结果是出现了同一土地的"一权多主"的现象,所有者、承包者和经营者的权利、责任、利益和义务边界较为模糊,农地产权不明晰,各项权能界定不清,导致农地缺乏有效保护(刘辉煌,1999)。

第二,产权不稳定问题。中国的土地调整和分配是世界上独一无二的制度现象,承包地的产权不稳定根源在于以集体所有、家庭承包为核心的家庭承包制度(张红宇,1998)。承包地的产权不稳定主要表现在承包期内的土地调整和承包期截止时的土地分配。对于前者,农村社区土地调整现象却屡禁不止,究其根源,主要在于国家行政力量主导的正式制度与村治力量主导的非正式制度在真实世界中的张力,"集体成员、人人有份"的朴素公平主义动态性地弹压"增人不增地、减人不减地"的制度安排(郑淋议,2021);对于后者,改革开放以来农户土地产权期限已经由最初的15年延长到45年,再延长到75年。但是,承包关系的稳定与长久不变并不意味着自动延包,并不等于承包地产权主体的永久固化,在承包期截止时,为保持人地关系的持续向好,小范围的土地分配仍然不可避免。土地承包权的频繁调整,导致了农户的短期行为(赵峰,2001)。土地的可持续利用要求不断培养地力(Zheng et al.,2023),而农村土地产权不稳定会使生产者明显减少能够增加土地肥力的有机肥投资(黄季焜、冀县卿,2012),取而代之的是以速效化肥为主的短期投入品(Jacoby et al., 2002),这不利于耕地资源的保护或土地资源的可持续利用(Rozelle et al., 2002)。

第三,产权不完整问题。土地承包权的物权性质不充分,农民的经营权行使受到限制,土地资源配置效率并不高(白蕴芳、陈安存,2010)。土地的经济用途大致可分为农业和非农两大板块,就目前的改革进展而言,尽管承包地在农业领域内的权利已得到较为完整的赋予,但是在非农转用方面,难以满足经济发展的需要。一方面,国家严格限制农地从事非农建设,实施最为严格的耕地保护制度,农地转让权仅限于农地农用的范围之内;另一方面,伴随着农村新产业、新业态的兴起,农村一、二、三产业融合发展方兴未艾,但是目前能够用于非农用途的农村土地只有集体经营性建设用地和宅基地。城乡融合背景下,如何赋予农民土地发展权,满足农地的非农使用,成为农村产业融合发展亟待解决的重要问题(郑淋议,2020)。总体而言,现阶段农地产权制度所规定的各项权能,在中国当前均非完整意义上的权能,是一种排他性弱、转让性差和非继承性的有限权利(胡亦琴,2011)。

产权制度是社会主义市场经济的基石(周其仁,2017),建立和完善农地产权制度是耕地保护的根本保障,农地产权制度为微观经济主体提供了激励与约束空间(Demsetz,1967),直接或间接地影响着农户行为(洪名勇、施国庆,2006)。通常来说,产权制度主要涉及产权界定、产权配置和产权保护三个方面,产权的界定、配置和保护是产权制度最为核心的问题(Alchian,1965;Roth and Haase,1998),对应于农地产权制度,农地确权无疑是解决上述核心问题的落地举措。作为农地产权制度改革的基础性内容,农地确权对于耕地保护具有十分重要的意义,产权的清晰界定与有效保护甚至被认为是经济社会可持续发展的关键(Coase,1960;Demsetz,1967;North and Thomas,1973)。事实上,在众多的实证研究当中,已有不少学者选取农地确权作为农地产权制度改革的衡量指标(Fenske,2011;Deininger et al.,2019a)。

农地确权之于农地产权制度改革具有基础重要性(Besley,1995;张龙耀等,2015;程令国等,2016),它不仅是一个确权颁证、产权登记和权属确认的过程,更为重要的是它提供了一种产权使用、收益和转让的合法化规则和程序(De Soto,2000)。具体来看:其一,农地产权界定(property rights definition)的本质是要开展农地确权,将农地的物理边界和农地权利行使的产权边界界定清楚,产权的不清晰问题也将得到有效解决;其二,农地确权是农地配置(property rights distribution)的基础,只有通过农地产权的清晰界定,农地的流转和抵押才能有序进行,农地交易市场和农地金融市场是建立在清晰且有保障的农地产权之上,产权不完整问题也会逐渐被削弱;其三,农地确权通过颁发具有法律效力的农地产权证书,正是实现农地产权保护(property rights protection)的有力举措,产权证书不光可以作为农地配置的交易凭证,也可以成为依法维权的法律依据,由此产权的不稳定性问题也会得到较大程度解决。从上述意义上来讲,农地确权的实施不仅将有助于农地产权不明晰、不完整与不稳定问题的解决,而且更为重要的是,这也会反过来进一步推动耕地数量保护、耕地质量保护和耕地生态保护,对耕地保护起到直接的激励作用(江激宇等,2003),进而有助于农业的可持续发展。

中国情景下,耕地保护主要包括耕地数量保护、耕地质量保护和耕地生态保护三个方面,即所谓的耕地数量、质量和生态的"三位一体"保护。首先,耕地数量保护是前提,有地可种在任何时候都至关重要。作为人多地少的农业大国,中国只有确保一定数量的耕地,粮食安全才能真正得到保障。耕地数量保护一方面要防止耕地的非农化,避免耕地的非法占用和征用,另一方面也要遏制耕地抛荒,避免耕地的浪费和闲置。而且,由于工业化、城镇化难以逆转,即使在最为严格的耕地保护制度下,耕地的非农化在所难免,因此,耕地抛荒更应该引起重视,否则有地可种,但有地无人种,寄望于农业生产经营主体的粮食安全也会化为一句空谈。其次,耕地质量保护是核心,良田可耕在任何时候都不容忽视。农业生产的根本在于耕地,守住18亿亩耕地红线,不仅是数量上的要求,也有质量上的标准。土壤肥力如何,耕地质量如何,直接关系到农业的产量和农产品的质量。中华农耕文明几千年不衰,一个重要的原因就是长期坚持有机肥的使用。依托有机肥培肥地力不仅在传统农耕文明时期可行,在现代社会依然是维持和提升土壤肥力最为有效的手段。最后,耕地生态保护是目标,土壤健康在任何时候都值得高度重视。化肥和农药在短期内提升农业产量的同时,也对耕地土壤健康造成了持续性的损害。化肥、农药的过度使用和不合理利用已经致使土壤污染、耕地退化,长期来看,这不仅会破坏耕地生态环境,而且也会严重危害人类身体健康。推动化肥、农药的减量工作,强化耕地生态保护任重而道远。

对于耕地数量、质量和生态的"三位一体"保护而言,当前最为重要的制度建设就是要深化农地确权改革,进一步完善家庭承包制度(洪名勇、施国庆,2006),解决农地产权不明晰、不完整与不稳定问题,为推动耕地保护和实现农业可持续发展创造条件(Brown et al.,1987;夏玉莲、曾福生,2015)。农地确权作为农地产权制度的基础性内容,对于强化农户层面耕地数量、质量和生态的"三位一体"保护具有十分重要的意义。2013年以来,新一轮农地确权改革如火如荼地展开。诚如理论预期,新一轮农地确权不仅将不同程度地化解早期家庭承包制度存在的农地产权不明晰、不稳定以及不完整问题,提高农地产权的明晰性、稳定性和安全性,使得现行家庭承包制度下农地产权更明晰、更稳定和更完整,而且,还可以在此基础上有效地避免耕地数量下滑、耕地质量下降和耕地生态破坏问题,进一步推动耕地的数量、质量和生态"三位一体"保护。

2 文献回顾与理论框架

为此,本书将围绕农地产权制度改革目标,重点从"数量、质量、生态"三个维度,以中国新一轮农地确权改革为例,系统探讨农地产权保护对农户耕地保护的可能影响。具体地,本书的理论分析框架如图2.2所示。

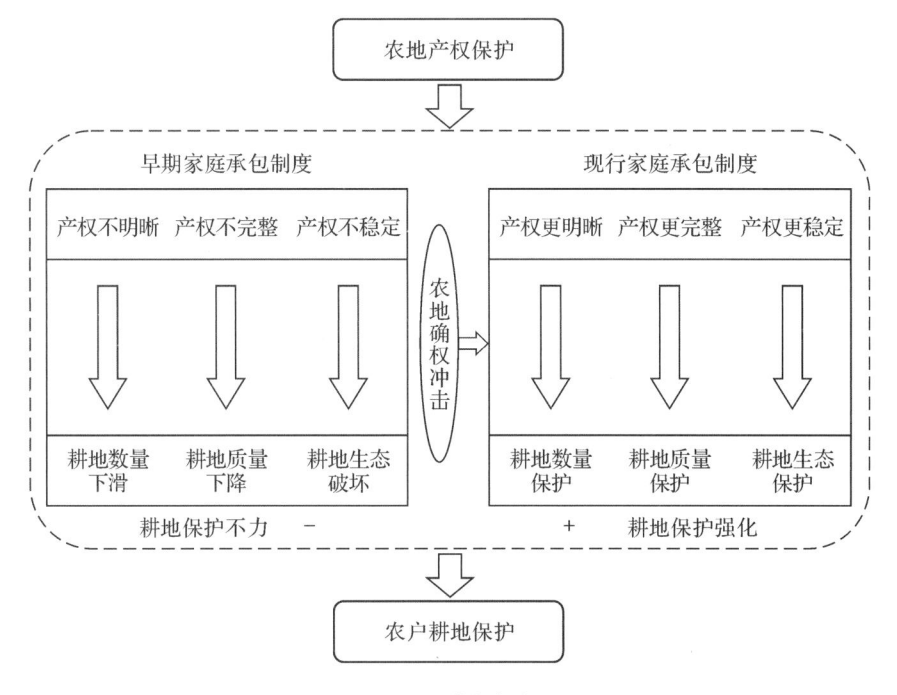

图 2.2 分析框架

3 农地确权、耕地保护及其相关关系

为探讨农地确权与耕地保护之间的内在联系,这部分首先将梳理农地确权的历史演进与最新进展,其次将分析耕地保护的主要内容和基本现状,最后将综合考察农地确权分组下的耕地保护差异。

3.1 农地确权的历史演进与最新进展[①]

中国农地确权改革的推进具有特殊的制度背景和渐进的演变特征(见表3.1)。改革开放之初,经由地方和政府的互动,农民自主创新的包产到户、包干到户获得中央认可,并最终演变为以集体所有、家庭承包为内核的家庭联户承包责任制。在该制度框架下,农地产权的获得实际上是在集体发包与农户承包之间展开,农户通过合约议定的方式享有承包期内的土地权利。

3.1.1 中国农地确权的历史演进

总的来说,改革开放以来的农地确权改革先后经历了两个阶段,即以农村土地承包合同为核心的初级阶段和以农村土地承包经营权证书为核心的深化阶段。为确保农地产权的排他性行使,1982年《全国农村工作会议纪要》提出要订立农村土地承包合同,明确集体与农户的权利与义务;1984年"中央一号文件"又进一步要求加强土地承包合同管理,并提出土地的承包期限一般在15年以上。1994年部分地区的土地承包基本到期,当年出台的《关于稳

---

① 本节的核心内容已经发表:郑淋议,李烨阳,钱文荣.土地确权促进了中国的农业规模经营吗?——基于CRHPS的实证分析.经济学(季刊),2023,23(2):447-463.

定和完善土地承包关系的意见》再次提出,"把土地承包期再延长 30 年",由此,在承包顺延的情况下,农户农地产权的实际期限达到 45 年左右。不过,农村土地承包合同与农村土地承包经营权证书相比,它在产权凭证、表达效力和法律保护等方面都存在较大的差距,农村土地承包合同本身也不利于土地要素的市场化配置,为此,自二轮承包期开始,中央开始明确进行农村土地确权改革,要求县级及以上政府向农户颁发具有法律效力的土地产权证书。

二轮承包以来,以农村土地承包经营权证书为核心的农地确权改革也并不是一蹴而就的。事实上,早在 20 世纪前后,中央已先后开展过两轮农地确权改革,但是最终的改革效果都不太理想(张莉等,2018),由此,也催生了新一轮农地确权改革。如表 3.1 所示,早在二轮承包初期,1997 年发布的《关于进一步稳定和完善农村土地承包关系的通知》便正式启动了改革开放以来第一轮农村土地确权改革,要求县级及以上人民政府要统一印制并发放土地承包经营权证书。这一文件精神在第二年被写入法律,1998 年通过的《中华人民共和国土地管理法》将向农户颁发土地产权证书上升为法律意志。不过,尽管中央高度重视土地确权工作,但是农村土地确权颁证的完成度并不高(黄季焜、冀县卿,2012),据叶剑平等(2000)的一项早期调查发现,60% 以上的村庄都没有向农户发放农村土地承包经营权证书或签订土地承包合同。

表 3.1　中国农地确权政策的历史演变

年份	来源	政策
1982	《全国农村工作会议纪要》	实行各种承包责任制的生产队,必须抓好订立合同的工作,把生产队与农户、作业组、专业人之间的经济关系和双方的权利、义务用合同形式确定下来
1983	《当前农村经济政策的若干问题》	家庭联产承包责任制是在党的领导下我国农民的伟大创造,是马克思主义农业合作化理论在我国实践中的新发展
1984	《关于一九八四年农村工作的通知》	做好承包合同管理,规范农村土地承包合同。土地承包期一般应在十五年以上
1985	《关于进一步活跃农村经济的十项政策》	联产承包责任制和农户家庭经营长期不变
1994	《关于稳定和完善土地承包关系的意见》	加强农业承包合同管理,做好承包合同的续订、鉴证、纠纷调解和仲裁工作,以稳定家庭联产承包责任制。承包方与发包方签订的合同,到期一批,续订一批,把土地承包期再延长 30 年

续表

年份	来源	政策
1997	《关于进一步稳定和完善农村土地承包关系的通知》	向农户颁发由县级及以上人民政府统一印制的土地承包经营权证书
1998	《中华人民共和国土地管理法》	登记的土地所有权和使用权受法律保护,任何单位和个人不得侵犯
1999	《中华人民共和国宪法》修正案	农村集体经济组织实行以家庭承包经营为基础、统分结合的双层经营体制
2002	《中华人民共和国农村土地承包法》	县级以上地方人民政府应当向承包方颁发土地承包经营权证或者林权证等证书,并登记造册,确认土地承包经营权
2008	《关于切实加强农业基础建设进一步促进农业发展农民增收的若干意见》	确保农村土地承包经营权证到户。加快建立土地承包经营权登记制度
2011	《关于开展农村土地承包经营权登记试点工作的意见》	在实测的基础上把承包地块、面积、合同、权属证书全面落实到户
2013	《关于加快发展现代农业进一步增强农村发展活力的若干意见》	全面开展农村土地确权登记颁证工作,健全农村土地承包经营权登记制度,用5年时间基本完成农村土地承包经营权确权登记颁证工作
2019	《关于保持土地承包关系稳定并长久不变的意见》	以承包地确权登记颁证为基础,已颁发的土地承包权利证书,在新的承包期继续有效且不变不换,证书记载的承包期限届时作统一变更
2021	《国务院关于印发"十四五"推进农业农村现代化规划的通知》	加强农村土地承包合同管理,完善农村土地承包信息数据库和应用平台,建立健全农村土地承包经营权登记与承包合同管理的信息共享机制

以《中华人民共和国农村土地承包法》的实施为标志,2003年中央在二轮承包工作基本完成之际进一步着手开始了第二轮农地确权改革,再次以法律形式确立了土地确权改革的基础重要性。该轮农地确权在试点地区得到较好的实施,有学者估计,2007年浙江、安徽、湖南等试点省份拥有《农村土地承包经营权证》的农户比例已经超过94.6%(于建嵘、石凤友,2012)。不过,由于在2007年《中华人民共和国物权法》正式出台之前,土地承包经营权实质上仍然属于债权范畴,农地产权并不能得到强有力的法律保障。为此,2008年"中央一号文件"再次提出,要"加快建立土地承包经营权登记制度",同时"确保农村土地承包经营权证到户",强调以农地确权推动农户土地产权的物权化保护。

土地确权是土地要素市场化配置和土地产权有效保护的制度基础,为进一步落实农地产权制度改革,中央开始着手新一轮农地确权改革工作。2009年《农村土地承包经营权登记试点工作方案》选择了包括四川、重庆、山东等省份的部分乡镇进行小规模的前期探索,并提出要"将承包地块的面积、空间位置和权属证书等落实到户,把承包地块的面积、空间位置和权属证书等落实到户"。进一步地,以2011年《关于开展农村土地承包经营权登记试点工作的意见》出台为标志,正式拉开了新一轮全国范围内农地确权登记试点的序幕。当年,农业部等六部门正式启动全国范围内的农村土地承包经营权登记试点,确定了首批50个试点县(市、区),涉及28个省份的710个乡镇、12150个村。在此基础上,2013年"中央一号文件"《关于加快发展现代农业进一步增强农村发展活力的若干意见》的出台正式宣告了农地确权改革的全面展开,并提出要"健全农村土地承包经营权登记制度,强化对农村耕地、林地等各类土地承包经营权的物权保护;用五年时间基本完成农村土地承包经营权确权登记颁证工作,妥善解决承包地块面积不准、四至不清等问题"。中国人民大学2016年农村土地调查数据显示,截至2016年,全国已有65.8%的农户获得农村土地承包经营权证书,这一比例远高于2008年的47.7%(叶剑平等,2018)。需要特别说明的是,正是由于上述三份文件出台时间先后的差异,导致在相关研究中存在不同的确权起始时间的情况。

3.1.2　中国农地确权的最新进展

在国家的强力推动下,新一轮农地确权改革进展有序、逐步推开。图3.1展示了2013年以来新一轮农地确权在全国各省份的进展情况。不难发现,截至2019年暑期,全国农地确权工作已基本完成。具体地,2013年数据显示,由于新一轮农地确权工作刚刚启动,全国农地确权改革的进度基本一致,均在20%以下;到了2015年,部分省份按照中央试点要求加快推进,其中,山东农地确权的完成度已达50%左右,江西省农地确权的完成度在20%以上;时隔两年之后,2017年除了率先全面开展农地确权的山东和江西,安徽和甘肃的农地确权改革也提前宣告完成,与此同时,全国除了内蒙古、辽宁、重庆、湖南和云南,其他省份的农地确权改革正加快推进;2019年数据显示,除了河北、四川、重庆和湖北等少数省份[①]，全国大多数省份的农地确权改革已基本完成，用了近六年的时间基本达到2013年"中央一号文件"提出的预定改革目标。据农业农村部公开数据统计，截至2018年底，全国便已基本完成农地确权工作，全国两亿多户农户领到了农村土地承包经营权证书，共涉及2838个县(市、区)、3.4万个乡镇、55万多个行政村的14.8亿亩耕地，农地确权稳定了农民的经营预期，保护了他们合法的土地权益，让他们吃上了"定心丸"。最后，需要说明的是，为照顾区域发展差异、统筹考虑城乡发展以及兼顾公平和效率，进一步提高试点地区的代表性，中央政府在确定试点省份的时候，事实上通常会分别从中国东部、中部和西部中挑选。这一规制在进一步的县级试点和村庄试点中也被贯彻执行，这在一定程度上保障了新一轮农地确权改革试点选择的随机性。与此同时，从土地边界的测量到土地产权的登记再到土地产权证书的发放，整个农地确权的过程也都是全村统一推进的，对于村庄内部的农户而言，这在一定程度上也规避了他们因新一轮农地确权时间先后引起的溢出效应问题。

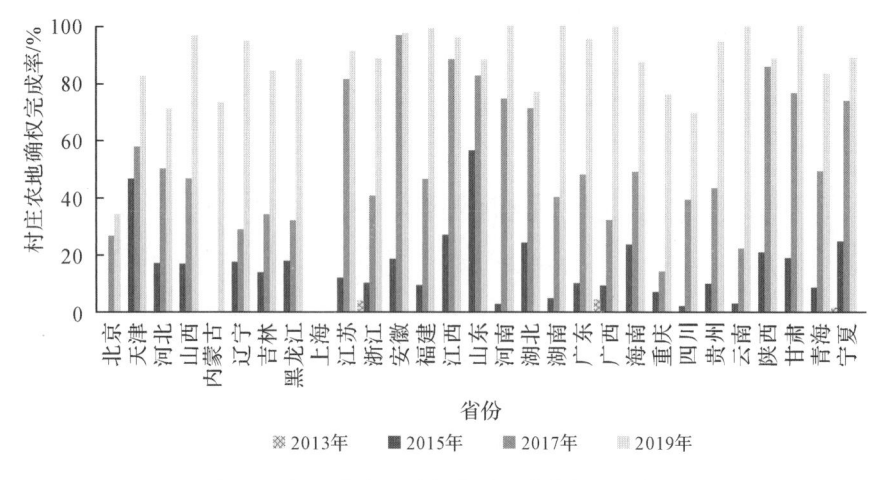

图 3.1 新一轮农地确权的时空分布与进展状况

注：数据来源于 CRHPS 数据库。

---

① 需要说明的是，由于四川、重庆等省份早在2009年便开展农村土地确权试点，而数据统计是在2013年之后，因此也不排除上述确权改革完成度不高的省份已经在2013年之前事实上完成了部分农村土地确权改革，只是相关的数据这里并没有统计在内。

综上,不难发现,改革开放以来中国农村实际上开展过多轮农地确权改革。不过,与先前的农地确权改革相比,2013年以来的新一轮农地确权有着明显的区别。主要表现在:第一,归属更加明晰。新一轮农地确权主要通过无人机、GPS等现代测绘技术清晰界定产权的物理边界以及运用承包地"三权分置"的最新成果清晰厘定产权的权属边界。相较于以往,测绘技术更为先进,法律制度更加完备,农地产权的清晰界定成为可能。第二,权能更加完整。农地产权基本实现收益权独享、使用权排他和转让权自由,而且农户自愿原则上的入股权利和依托于土地产权证书的抵押融资权利也得到初步的赋予,农地产权的经济用途越来越广泛,这是以往的土地确权改革所不具备的。第三,保护更加严格。之前的农地确权改革不仅颁证率不高,而且不动产登记制度也不健全,农地交易主要以承包合同为依据,农户在很大程度上难以获得物权意义上的产权保护,由此导致农户粗放式经营、掠夺式经营等短期行为时有存在。相形之下,新一轮农地确权,不仅要求建立统一完备的注册登记管理制度,也要求全面颁发具有法律效力的土地产权证书。更为重要的是,新一轮农地确权主要由国家主导、强制实施,要求用五年的时间全面完成,自家庭承包制度实施以来,这种农地产权保护的强度前所未有。因此,相较于先前的土地确权改革,探讨新一轮农地确权对耕地保护的影响可能更加具有现实必要性(郑淋议等,2023)。

耕地保护是农地可持续利用的核心,也是农业可持续发展的基础。维持一定数量和质量的耕地,防止耕地污染与耕地退化是耕地保护的内在要求。理论上讲,经由新一轮农地确权改革,农户所拥有农地的产权归属将更加清晰、产权权能将更加完整、产权保护也将更为严格,农地确权对农户的长期投资激励也会更为明显。因而,在新一轮农地确权的影响下,农户会改变过去潜在的短期行为,减少耕地抛荒,增加有机肥使用,防止土壤污染,更加重视耕地的数量、质量和生态保护,进而促进耕地的可持续利用和农业的可持续发展。

3.2 耕地保护的主要内容与基本现状

伴随着生态文明建设的不断深化,人们对耕地保护的认识也不断加深。总体而言,中国的耕地保护先后经历了单一的数量保护,数量、质量并重的协同保护和数量、质量和生态"三位一体"保护三个阶段。因此,这部分主要基于国内相关公开数据和中国农村家庭追踪调查(CRHPS)数据,从耕地数量保护、耕地质量保护和耕地生态保护出发,重点探讨现阶段农业生产经营过程中农户耕地保护行为的变化。

3.2.1 中国耕地数量保护概况

耕地数量保护主要强调维持耕地面积的基本稳定,它是耕地保护的基础环节,既要求严守耕地红线,防止耕地非农化过程中的耕地侵占与征用,又要求遏制耕地抛荒,防止农业生产经营过程中的耕地闲置与浪费。不过,考虑到本书主要探讨农业生产经营过程中的耕地保护,因此,这部分将在简单介绍全国耕地面积变化的基础上,进一步探讨全国农户耕地抛荒的基本情况。

1. 耕地数量变化

当前,中国耕地数量方面的公开统计数据主要有两个来源,分别是全国国土调查和全国农业普查。从三次国土调查的公开数据来看,20多年来,中国的耕地面积经历了先增加后减少的过程。其中,1996—2009年,中国的耕地面积从第一次全国国土调查的19.5亿亩增加到第二次全国国土调查的20.3亿亩,13年时间累计增加0.8亿亩;2009—2019年,中国的耕地面积从第二次全国国土调查的20.3亿亩降低到第三次全国国土调查的19.2亿亩,10年时间累计减少1.1亿亩。从三次全国农业普查的公开数据来看,中国耕地面积经历了先减少后增加的过程。其中,1996—2006年,中国的耕地面积已经从第一次全国农业普查时的19.50亿亩下降到第二次全国农业普查时的18.27亿亩,10年时间累计减少耕地1.23亿亩;2006—2016年,中国的耕地面积从第二次农业普查时的18.27亿亩上升到第三次全国农业普查时的20.24亿亩,10年时间累计增加耕地1.97亿亩,耕地面积总量达到历史最高。对比全国国土调查和全国农业普查数据,不难发现,从1996年到2019年,中国的耕地面积23年累计只减少了0.3亿亩。这表明,21世纪以来,中国高强度实施的耕地保护政策总体上取得了阶段性成果(刘丹等,2018),人地关系矛盾得到一定的缓解。

不过,应当看到,耕地数量保护仍面临严峻的挑战,问题突出表现在:第一,工业化、城镇化难以逆转,建设用地需求仍然旺盛。国家统计局数据显示,截至 2020 年底,虽然中国常住人口城镇化率已经达到 63.89%,但相形之下,户籍人口城镇化率只有 45.40%。而且,与发达国家普遍 80.00% 以上的城镇化率相比还存在较大差距,伴随着工业化、城镇化的历史转型,每年数十万亩的耕地逐渐将被转换为建设用地(尹昌斌等,2015)。第二,人口增长不可逆转,短期内人口不断增长是个大趋势。中国人口基数大、总量多,为应对人口老龄化对未来经济社会带来的潜在负面影响,目前中央已全面放开三孩政策,中国人口预期将迎来新的增长。在耕地总量一定的条件下,人口增加将不可避免地使得人地关系更为紧张,人均耕地面积日益减少。第三,目前可供开发利用的耕地后备资源数量相当有限,而且保护的重心向西北偏移,集中连片的后备资源仅有 35.3%(牛善栋、方斌,2019),不仅开发难度大,而且不容易形成持续性的生产潜力。第四,不可抗拒的风沙侵蚀和水土流失等自然灾害也可能导致耕地面积的减少(祖健等,2018),守住 18 亿亩耕地红线的压力不断增大。第五,随着经济社会的发展,耕地边际效应正逐渐下降,城乡收入差距不断加大,农户弃耕抛荒造成了耕地资源的闲置和浪费(张学珍等,2019)。

2. 耕地抛荒变化

与耕地非农化过程中的侵占与征用一样,农业生产经营过程中的闲置与浪费也是耕地数量保护的重要组成部分,耕地抛荒现象也理应引起社会各界的重视。图 3.2 展示了 2017 年、2019 年农户耕地抛荒发生率的时间变化和空间分布。回顾中国地图,不难发现,第一,现阶段农户耕地抛荒整体上呈"东南—西北"走向,主要分布在珠江流域、长江流域和黄河中上游,绝大部分发生在南方地区;第二,西南、东南是农户耕地抛荒最为严重的区域,其中,福建、广东、海南以及重庆、四川、贵州最为明显,华北和东北是农户耕地抛荒发生率最低的区域,比如黑龙江、吉林、山东、河南等农业大省;第三,相比 2017 年,2019 年中国农户耕地抛荒现象越来越严重,大部分省份的农户耕地抛荒发生率均有所增加,其中,海南、广东、贵州、四川、北京、江西、云南、山西等省份变化较为明显。

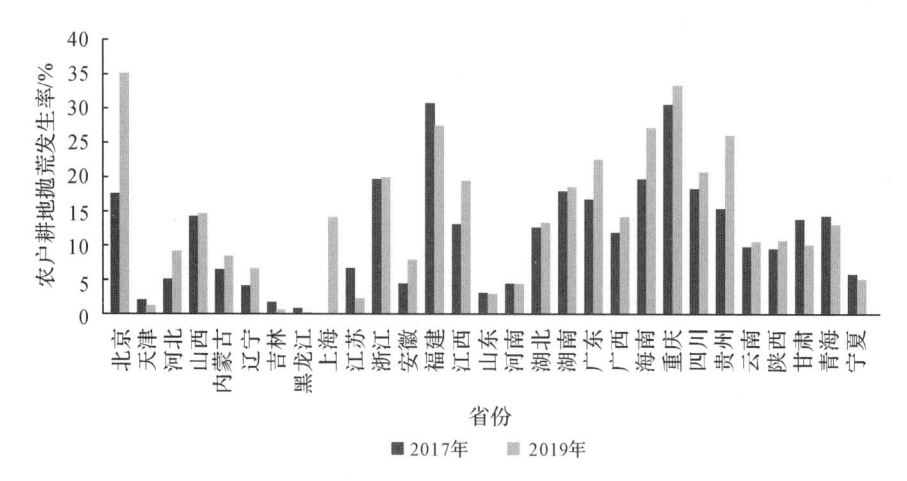

图 3.2　农户耕地抛荒发生率的时间变化与空间分布

注：数据来源于 CRHPS 数据库，下文同，不再标注。

图 3.3 进一步反映了 2017 年、2019 年全国 29 个省份农户户均耕地面积的变化。结果显示，大部分省份农户耕地抛荒的面积均有所增加，在"户均不过十亩，人均一亩三分"的农情之下，贵州和内蒙古等地的农户耕地抛荒面积更是在三分地(0.3 亩)以上。除此之外，只有北京、河北、黑龙江、江苏、浙江、湖南、甘肃、青海、宁夏等九个省份的农户耕地抛荒面积略有减少，可见，当前农户耕地抛荒问题依然不容乐观。

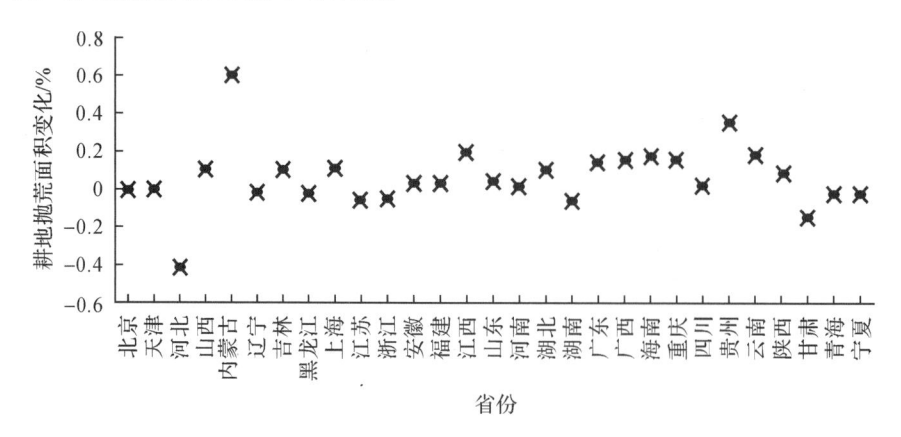

图 3.3　全国各省份农户户均耕地抛荒面积变化

从农户户均耕地抛荒面积的空间分布来看，中国耕地抛荒面积的变化较为明显。回顾中国地图，图 3.4 农户耕地抛荒面积的时空分布显示，在 2017

年,农户户均耕地抛荒面积较为严重的省份主要分布在北方,具体包括青海、甘肃、河北、山西等省份,对黄河中下游区域整体呈"半包围"的态势;到了2019年,农户耕地抛荒面积的分布发生了明显的变化,南方大部分省份都卷入耕地抛荒的浪潮,开始变成了对东北、华北区域的"全包围"态势。具体来看,对比2017年和2019年,海南、重庆、贵州、河北、内蒙古等省份的农户耕地抛荒面积增加得最为迅速。

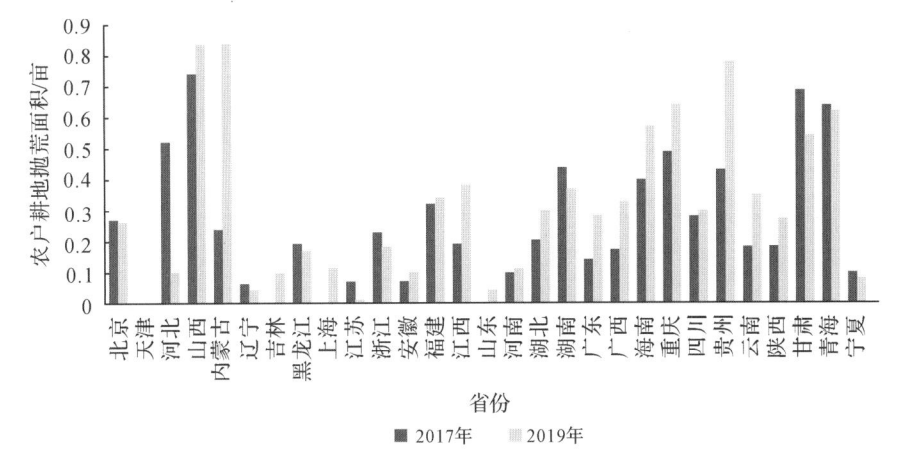

图 3.4 农户耕地抛荒面积的时间变化与空间分布

由于中国各省份耕地资源禀赋差异极大,人多地少和人少地多的现象同时存在,因此,除了比较农户户均耕地面积的绝对量之外,探讨农户抛荒耕地面积占农户家庭耕地总面积的相对比重变化也是很有必要的。图3.5展示了农户户均耕地抛荒率的时间变化和空间分布。结合中国地图可以发现,第一,中国户均耕地抛荒率较为严重的地方主要分布在除华北、东北以外的区域,其中,福建、重庆和北京等省份的农户耕地抛荒面积占农户家庭耕地总面积的比重最大;第二,中国户均耕地抛荒率的分布整体上有着"东进"的趋势,对比2017年和2019年,安徽、河北、内蒙古等省份的农户户均耕地抛荒率均有所加重。第三,对比前面农户耕地抛荒面积的分布,农户户均耕地抛荒面积最多的地方并不一定是户均耕地抛荒率最高的地方,但农户户均耕地抛荒面积最少的地方往往其户均耕地抛荒率也相对较低。总体而言,北方农户户均耕地抛荒的面积较大,南方农户户均耕地抛荒面积占耕地总面积的比重较大,华北和东北,无论是户均耕地抛荒面积还是户均耕地抛荒率都相对较低。

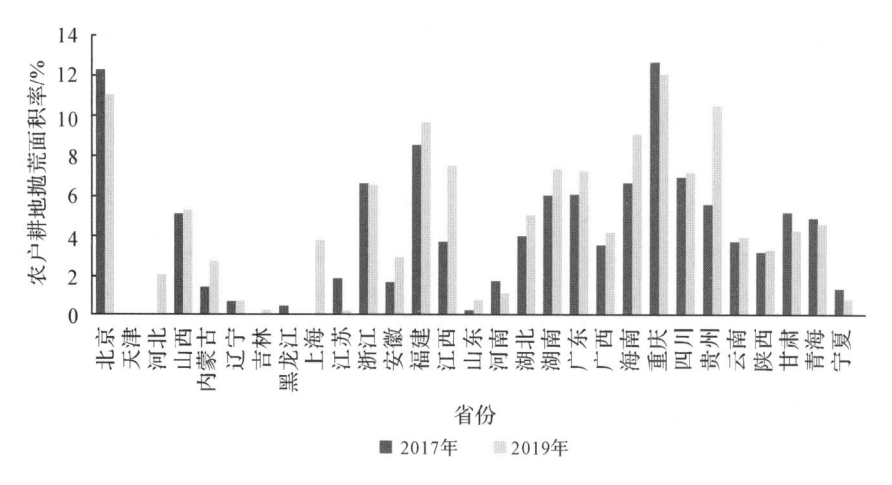

图3.5 农户户均耕地抛荒率的时间变化与空间分布

3.2.2 中国耕地质量保护概况

耕地质量保护主要强调维持和提升土壤肥力,保证耕地资源的生产潜力,真正实现藏粮于地。耕地质量保护措施具有多样性,比如包括施有机肥、测土配方施肥、施用石灰、秸秆还田、粪便还田、回收农膜、种植绿肥、整修水渠、土地平整、深松深耕等多种保护性手段(周力、王镱如,2019;钱龙等,2020)。不过,考虑到有机肥是土壤肥力提升维护最为普遍、也是最为有效的措施(黄季焜、冀县卿,2012),因此,这部分将在简单介绍中国耕地质量等级的基础上,进一步展现最近几年农户施用有机肥的投入变化。

1. 耕地质量变化

21世纪以来,中国先后开展多轮全国耕地地力调查与质量评价工作(祖健等,2018),并分别于2014年和2019年发布过两个全国耕地质量等级公报(见图3.6),以此全面反映中国耕地质量的空间分布和变化情况。从2014年《全国耕地质量等级情况公报》来看,中国耕地总体质量欠佳,平均耕地质量等级为4.41等,而且优等地相对偏少、中低等地相对偏多。其中,一至三等地的面积为4.98(0.92+1.43+2.63)亿亩,占耕地总面积的27.3%,在所有耕地等级当中占比最低。四至六等地面积为8.18(3.04+2.89+2.25)亿亩,占耕地总面积的44.8%,在所有耕地等级当中占比最高。七至十等地的面积为

5.10(1.89+1.39+1.06+0.76)亿亩,占耕地总面积的27.9%。

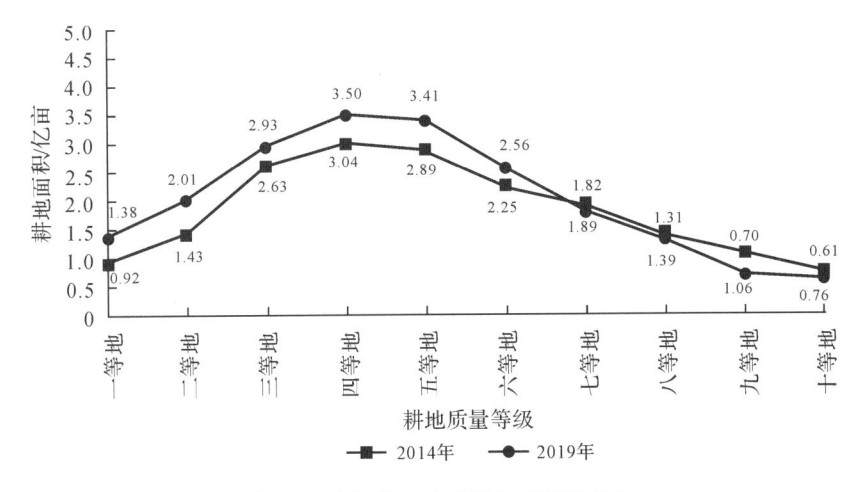

图3.6 全国耕地质量等级面积及变化

相形之下,2019年全国耕地质量有所提升,土壤肥力状况有所改善。当年公布的《全国耕地质量等级情况公报》显示,五年之间耕地质量略有提升。总体而言,2019年平均耕地质量等级较2014年有了微小的提升,从4.41等上升至4.76等。具体来看,一至三等地的面积为6.32(1.38+2.01+2.93)亿亩,占耕地总面积的31.24%,在所有耕地等级当中的比重有所增加。四至六等地的面积为9.47(3.5+3.41+2.56)亿亩,占耕地总面积的46.81%,在所有耕地等级当中的比重也有所增加。七至十等地的面积为4.44(1.82+1.31+0.7+0.61)亿亩,占耕地总面积的21.95%,在所有耕地等级当中的比重下降最多。不过,值得注意的是,全国农机推广服务中心发布的《测土配方施肥土壤基础养分数据集(2014—2015)》显示,与发达国家相比,中国基础地力总体上偏低20到30左右个百分点。目前,中国土壤有机质平均含量只有2.5%左右,且存在明显分布不均的现象。因此,现阶段中国仍要加强耕地质量保护,大力遏制土壤有机质含量降低和土壤肥力下降的现象(聂英,2015)。

2. 农户有机肥投入变化

中国自古以来就有使用有机肥的传统,尤其是农家有机肥,它是重要的农业投入品。有机肥主要包括秸秆和粪便在内的传统农家有机肥和需要进一步加工并符合国家相关标准的商品有机肥(褚彩虹等,2012)。图3.7展示了2019年全国各省份农户秸秆还田发生率的空间分布情况。结合中国地图可以发现,第一,全国农户秸秆还田使用情况整体上呈"菱形"分布,主要分布在北方和中部地区,包括山东、山西、河北、河南、江苏、江西、湖北、安徽、陕西等省份。第二,东南沿河和西北地区秸秆还田发生率相对较低,其中,东南沿河可能是因为农村家庭务农比重相对较低,且农业较为发达,多采用商品有机肥,而西北地区可能是因为它们主要以畜牧业为主,很少种植水稻、小麦以及玉米等。第三,辽宁、贵州等省份、农户也很少开展秸秆还田,可能的原因一种是秸秆有其他用途,比如可以作为生活燃料等,还有一种是农户有粪便还田或者商品有机肥等其他替代。

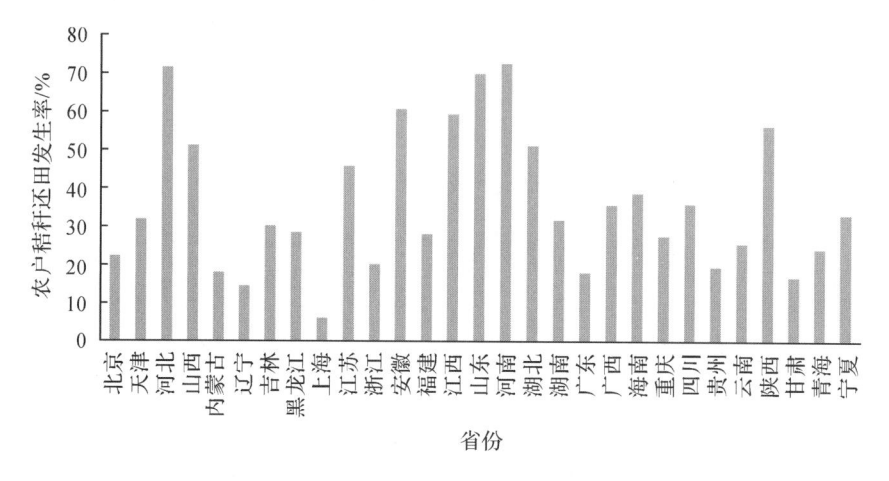

图 3.7　2019 年农户秸秆还田发生率的空间分布

图 3.8 展示了全国各省份粪便还田的时间变化与空间分布。结合中国地图可以发现,第一,除了东南沿海,农户粪便还田的比例都非常之高,大多数省份粪便还田率都超过了 50%,这表明现阶段在广大农村粪便还田依然是农户培肥地力的普遍措施。第二,相比 2017 年,2019 年的农户粪便还田的比例在下降,主要是东部经济发达省份,比如广东、福建、浙江、上海、山东等省份,这在很大程度上可能与经济发展水平相关。第三,相比 2017 年,2019 年的粪便还田率在 80% 以上的省份增加了 1 个,共计 5 个,其中,辽宁、山西和云南三省份的粪便还田率始终位居全国前三。

图 3.9 展示了全国各省份农户(商品)有机肥亩均投入成本的时间变化与空间分布。结果显示,第一,在 2017 年,有机肥投入成本较高的省份有福建、广东、海南、广西和陕西,它们每亩有机肥投入均超过 30 元,其他省份的有机肥投入相对较低。第二,在 2019 年,云南、宁夏、山西、山东和辽宁等省份的亩

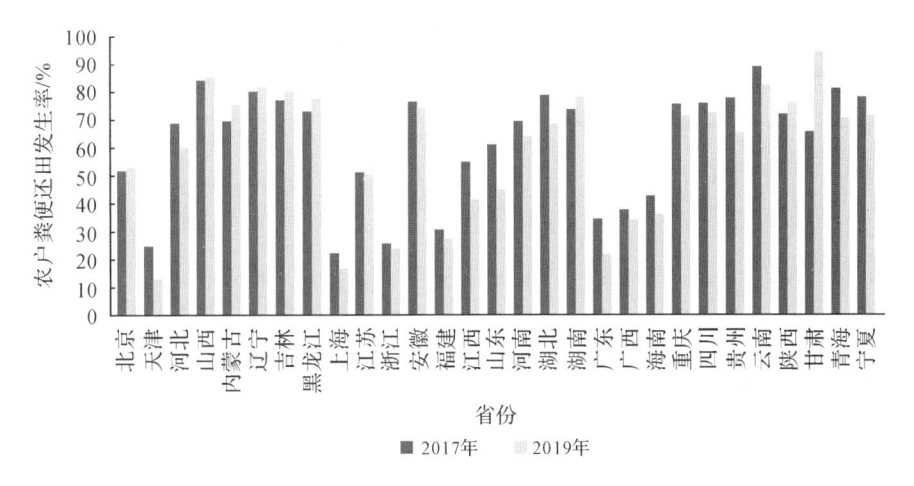

图 3.8 农户粪便还田发生率的时间变化与空间分布

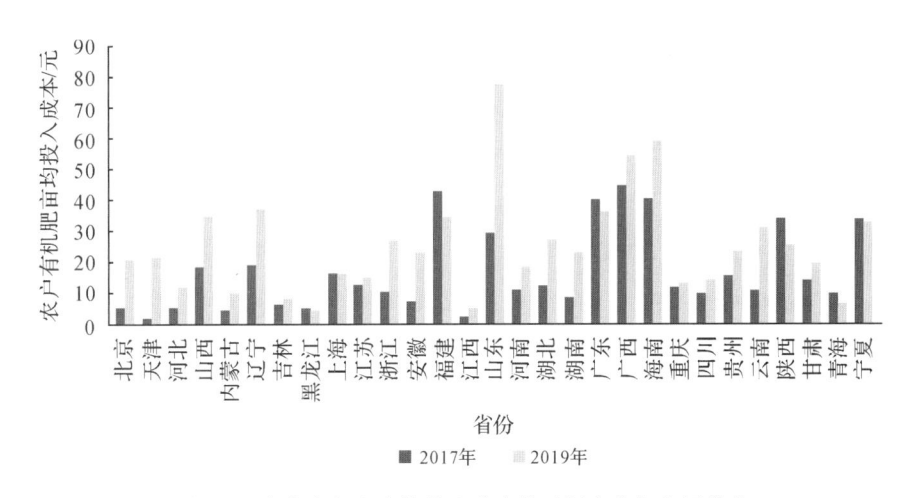

图 3.9 农户有机肥亩均投入成本的时间变化与空间分布

均有机肥投入也超过 30 元,而且,亩均有机肥投入超过 20 元的省份增幅非常明显。第三,相比 2017 年,2019 年大部分省份的农户有机肥投入均有所增加。

图 3.10 进一步反映了 2017 年、2019 年全国 29 个省份农户(商品)有机肥亩均投入成本的变化。结果显示,全国大部分省份的农户有机肥投入均有明显增加,农户的耕地质量有望进一步提升,这与 2019 年《全国耕地质量等级情况公报》公布的耕地质量状况也较为吻合。与此同时,福建、广东、山西、宁夏、青海和黑龙江等省份的亩均有机肥投入略有下降,不过,值得注意的是,结合前面的图示,福建、广东、山西和宁夏等省份的有机肥亩均投入本身就相

对较高,而青海和黑龙江粪便的还田率也相对较高。因此,如果仅从有机肥的投入来看,不难得出,总体上,现阶段中国的耕地质量稳中向好。

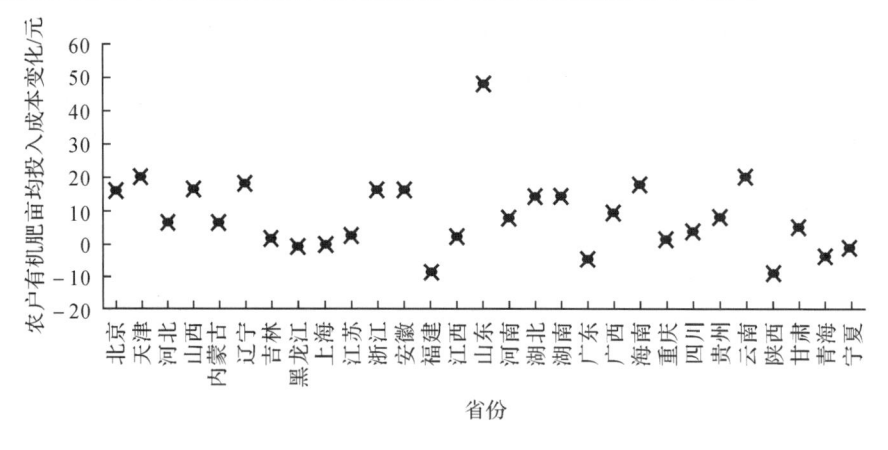

图 3.10 全国各省份农户有机肥亩均投入成本变化

3.2.3 中国耕地生态保护概况

耕地生态保护主要强调防止耕地污染和耕地退化,保护耕地生态环境,维护耕地生态多样性,使耕地生态处于健康的状态,维持耕地生态系统的平衡。其中,耕地污染包括重金属污染、农膜污染等,耕地退化包括土壤贫瘠化、土壤沙化、土壤酸化、土壤盐碱化和水土流失等。除了自然力量和人类工业活动,农业生产经营过程中化肥、农药等的过度使用是导致耕地污染和耕地退化的重要因素。因此,这部分将在简单介绍中国目前耕地生态基本状况的基础上,进一步描述最近几年农户化肥、农药的投入变化和耕地污染与耕地退化的大致情况。

1. 耕地生态变化

总体而言,目前中国耕地生态仍不容乐观,耕地污染和退化较为严重。长期化肥、农药的过度使用以及工业化污染的排放已经使得土壤重金属含量严重超标(杨帆等,2017),2014 年《全国土壤污染状况调查公报》显示,全国耕地点位超标率达到了 19.4%,其中,3488 万亩面临中重度污染,7899 万亩面临轻度污染。另外,据民间调查统计,珠三角耕地土壤受重金属污染的比例甚至接近 40%,而且,其中 10% 属于重金属严重超标。与此同时,耕地农地膜污染也逐渐加剧,每年有大约 50 万吨的农膜残留在耕地里,在土层形成既不透水,也不透气的难降解层,对耕地生态带来巨大威胁(江宜航、刘瑾,2014)。而且,据监测点数据,目前全国有 65.5% 的土壤耕作层厚度较薄,有 25.9% 的土壤容重超过了作物生长的适宜标准(刘丹等,2018)。更为严峻的是,全国大约有 770 万公顷的耕地正承受着不同程度的污染侵蚀(牛善栋、方斌,2019),而且,据原农业部统计,截至 2014 年,全国因水土流失、土壤盐碱化、土壤沙化、土地荒漠化、酸化等问题导致的耕地退化面积已占耕地总面积的 40% 以上(聂英,2015),防止耕地污染和退化刻不容缓。

耕地生态堪忧的状况引起了党和政府的高度重视,中央近来相继出台《到 2020 年化肥使用量零增长行动方案》《到 2020 年农药使用量零增长行动方案》《土壤污染防治行动计划》等多份文件。由农业农村部、国家林草局、自然资源部、生态环境部、国家发改委和科技部联合印发的《"十四五"全国农业绿色发展规划》也进一步提出,要持续开展化肥、农药减量行动,努力将主要农作物的化肥利用率从 2020 年的 40.2% 提高到 2025 年的 43.0%,主要农作物的农药利用率从 2020 年的 40.6% 提高到 2025 年的 43.0%,废旧农膜的回收率从 2020 年的 80% 提高到 2025 年的 85%,不断提升农业废弃物资源化利用水平,有效遏制农业面源污染,保护耕地生态健康,全面推进农业绿色发展。经过各方的不懈努力,近年来,中国的耕地生态也有所改观,化肥、农药的减量以及土壤污染的治理与修复取得阶段性成效(骆永明、滕应,2020),《地球大数据支撑可持续发展目标报告(2020)》显示,相较于 2015 年,2018 年中国净恢复土地面积增长 60.3%,土地恢复净面积约占全球的 20%,对全球土地退化零增长贡献最大(吴月辉,2020)。不过,不容忽视的是,由于耕地的污染和退化范围广、影响大、发展快,耕地生态保护的挑战仍然广泛存在。

2. 农户化肥投入变化

图 3.11 反映了 2017 年、2019 年全国 29 个省份的农户化肥亩均投入成本的变化。结果显示,农户化肥投入减量形势仍不太乐观,现阶段仍有将近一半的省份仍然没有减少化肥的投入。具体来看,虽然有包括天津、上海、广东、陕西等在内的 17 个省份,农户化肥亩均投入均有所下降,但是也有包括吉林、福建、山东、广西等 12 个省份的化肥亩均投入在增加。其中,化肥亩均投入增加最多的福建要比减少最多的天津还要多 16 元左右,而且,两年之内,福建、吉林、山东、广西等省份每亩化肥投入成本的增加量都超过了 30 元。

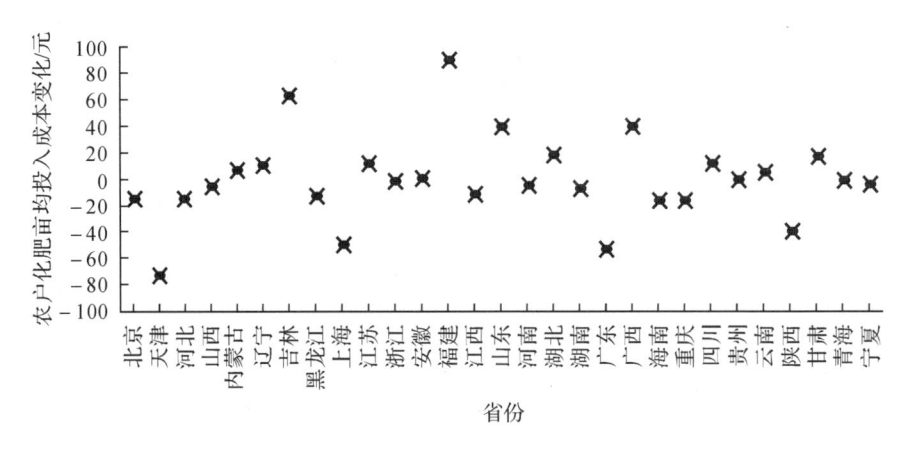

图 3.11 全国各省份农户化肥亩均投入成本变化

图 3.12 进一步展示了全国 29 个省份的农户化肥亩均投入成本的时间变化与空间分布。结果显示,第一,在 2017 年,农户化肥亩均投入最高的省份主要分布在北方地区,具体包括山东、山西、辽宁和吉林,化肥亩均投入最低的省份主要分布在西北地区,具体包括青海、甘肃,当然也有山西、北京和江苏等省份,农户每亩化肥投入也相对较低。第二,在 2019 年,农户化肥亩均投入最高的省份在 2017 年的基础上增加了 2 个,分别为福建和广西,化肥亩均投入最低的省份在 2017 年的基础上也增加了 2 个,分别为广东和天津,不过也减少了 1 个,那就是甘肃。第三,整体上,农户化肥减量的挑战依然存在。

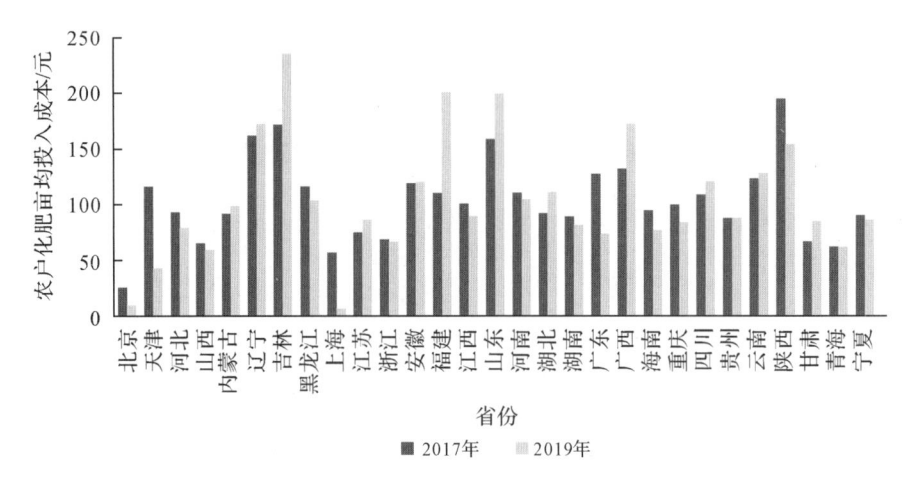

图 3.12 农户化肥亩均投入成本的时间变化与空间分布

由于化肥从购买到使用本身具有一定的时间间隔,以及农户对化肥使用存在一种长期的惯性特征,因此,农户每亩化肥投入的减少可能并不一定会相应地减少每亩化肥的施用量。图3.13进一步展示了全国29个省份的农户化肥亩均施用量的时间变化和空间分布。结合图3.12不难发现,与化肥投入的时间变化和空间分布总体上较为相似,化肥投入较多的地区,其化肥的施用量也较多,化肥投入较少的地区,其化肥的施用量往往也较少。这表明,化肥投入成本和化肥施用量具有一定的正相关关系。

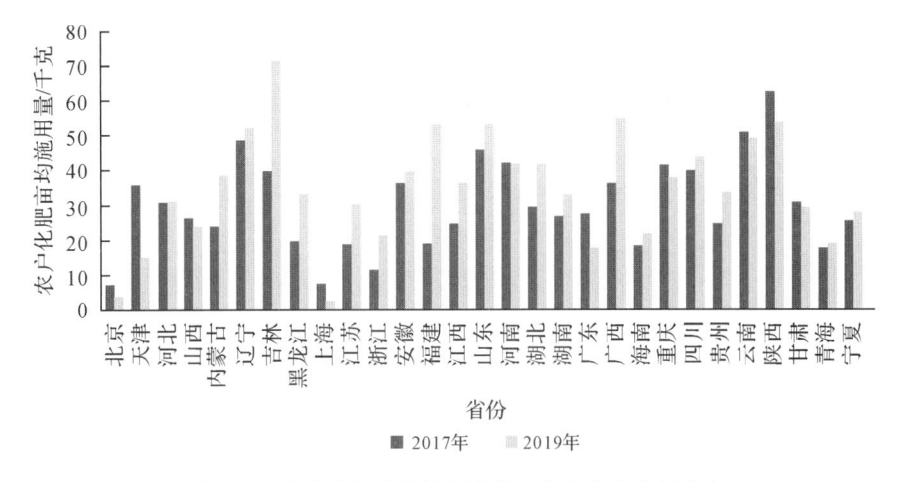

图3.13 农户化肥亩均施用量的时间变化与空间分布

3. 农户农药投入变化

中国是世界上最大的农药生产国和消费国(杨滨键等,2019),农药的大量使用和过度使用已经成为土壤板结、地力衰减以及耕地污染的重要因素(聂英,2015)。图3.14反映了2017年、2019年全国29个省份的农户农药亩均投入成本的变化。结果显示,在全国29个省份当中,只有11个省份的农药亩均投入成本有所增加,其他18个省份的农药亩均投入成本均有所下降,农药使用正逐渐地走向减量化。不过,不容忽视的是,江苏、福建、山东、湖北、广西等省份的农药亩均成本的增量仍然较大,2019年农药亩均投入相比2017年增长了15元以上。

图3.15进一步展示了全国29个省份的农户农药亩均投入成本的时间变化与空间分布。结合中国空间地理不难发现,第一,在2017年,农药亩均投入成本最高的地区主要分布在沿海一带,具体包括辽宁、福建、广东、广西,当

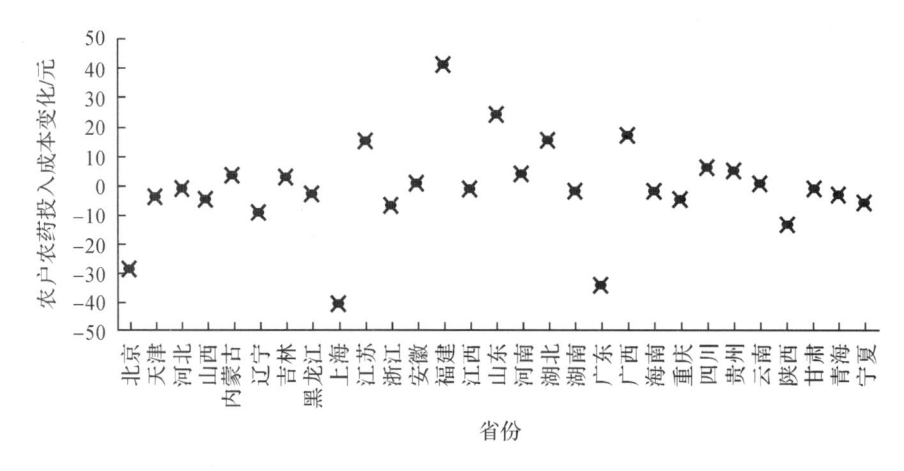

图 3.14 农户农药亩均投入成本变化

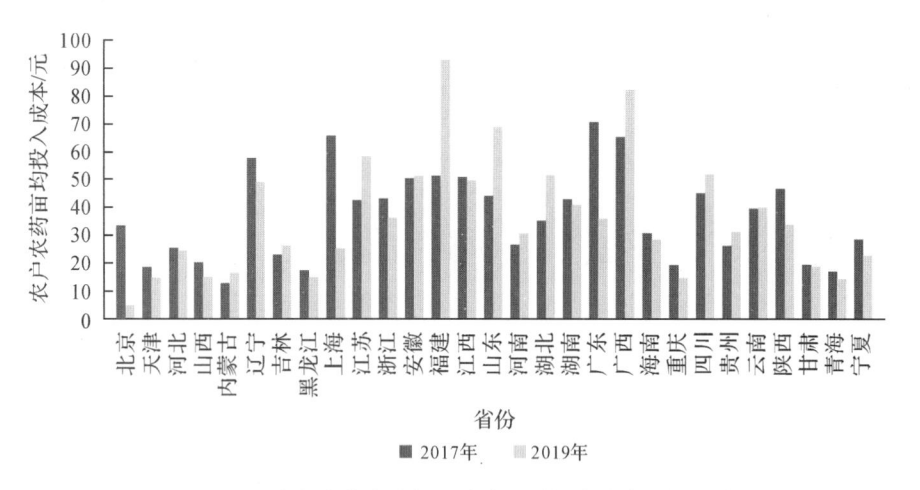

图 3.15 农户农药亩均投入成本的时间变化与空间分布

然,安徽和江西的农药亩均投入成本也很高。农药亩均投入成本最低的地区主要分布在北方一带,主要包括青海、甘肃、内蒙古和黑龙江等,与此同时,重庆的农药投入也比较低。第二,在 2019 年,农药亩均投入成本最高的地区分布略有变化,四川、湖北、江苏、山东等省份每亩农药投入有所增长,不过 2017 年农药亩均投入成本较高的辽宁、江西和广东都有所下降。农药亩均投入成本最低的地区分布变化不大,山西每亩农药投入进一步下降。第三,总体上,中国农药亩均投入成本呈南北分布,其中,北方农药投入相对较少,南方农药投入相对较高。

与化肥可以由有机肥替代不同,农药的替代品相对较少,生物防治成本高昂，人工防治效果也不是很明显。因此，尽管农户在开展农业生产经营的前期可能会适当减少农药的购买，但是真正到开展农业生产经营的时候，农户可能并不一定会减少农药的施用量。图 3.16 进一步展示了 2019 年全国 29 个省份的农户农药亩均施用量的分布情况。结合图 3.15 不难发现，整体上农药的投入成本与农药的施用量具有一定的正相关关系，即农药投入越多，其施用量越多；农药投入越少，其施用量越少。不过，也有少部分省份属于例外，比如黑龙江、吉林、内蒙古尽管农药亩均投入很低，但农药亩均施用量仍然较多；比如江苏、安徽、湖北、四川、福建等省份，它们农药亩均投入成本虽然较多，但是它们的农药亩均施用量却不是很高。

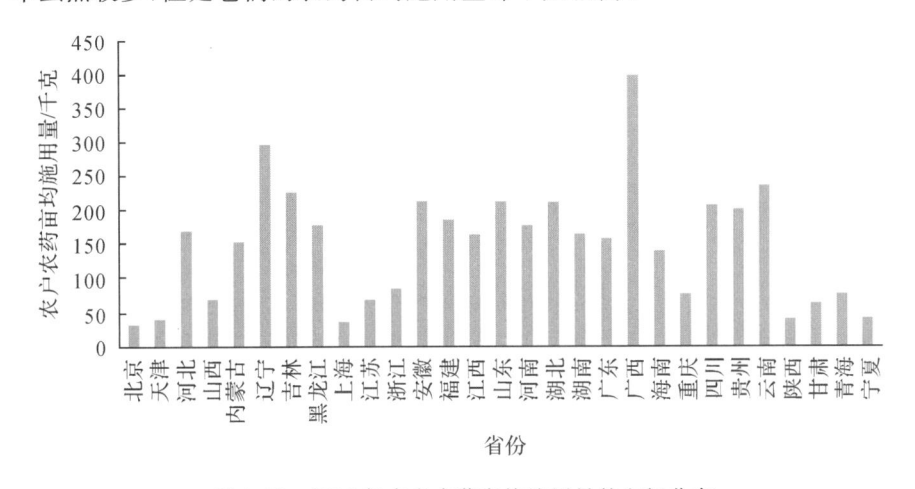

图 3.16　2019 年农户农药亩均施用量的空间分布

4. 耕地污染与耕地退化

图 3.17 展示了全国 29 个省份化肥/农膜污染的时间变化和空间分布。需要说明的是，本部分同时考虑化肥和农膜两种污染的原因主要在于 CRHPS 村庄问卷同时询问了这两种污染的基本情况，而未针对某一种进行单独设问。结果显示，第一，在 2017 年，化肥/农膜污染最为严重的区域主要集中分布在云南、江西和安徽等省份，海南、广东、浙江、辽宁、黑龙江、山西、陕西和青海等省份的化肥/农膜污染发生率相对较低。第二，在 2019 年，污染最为严重的区域主要集中分布在云南、安徽、甘肃、内蒙古、辽宁等，海南、广东、浙江、黑龙江、青海、贵州等省份的化肥/农膜污染发生率相对较低。第三，相比 2017 年，2019 年化肥/农膜污染的范围有所扩大，化肥/农膜污染率

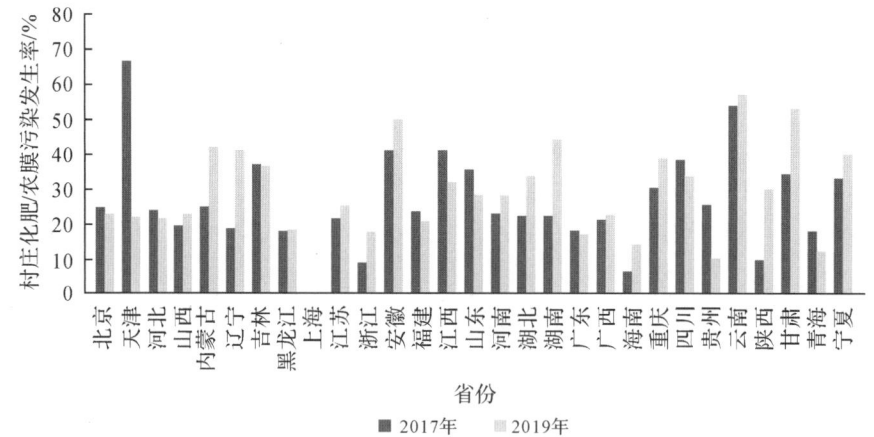

较低的省份越来越少,化肥/农膜的污染越来越严重。

图 3.17　化肥/农膜污染发生率的时间变化与空间分布

图 3.18 展示了全国 29 个省份的土壤/重金属污染发生率的时间变化与空间分布。需要说明的是,本部分同时考虑土壤和重金属两种污染的原因主要在于 CRHPS 村庄问卷同时询问了这两种污染的基本情况,而未针对其中一种进行单独设问。结果显示,第一,在 2017 年,全国土壤/重金属污染主要集中分布在西南地区,其中,又以四川省最为严重,污染发生率高达 25%,江西、浙江、河南、黑龙江、宁夏、甘肃、青海和重庆等没有土壤/重金属污染。第二,在 2019 年,全国土壤/重金属污染发生率都在 20% 以下,其中,广西、贵州、宁夏、山西、北京、辽宁、山东、江苏、浙江和福建等没有土壤/重金属污染。第三,从 2017 年到 2019 年,全国土壤/重金属发生率有所下降,高污染省份有所减少,零污染省份有所增加,不过,黑龙江、甘肃、青海、重庆等省份也出现一定程度的反弹。

图 3.19 展示了全国 29 个省份的土壤沙化发生率的时间变化和空间分布。结果显示,第一,在 2017 年,全国土壤沙化最为严重的区域主要分布在内蒙古和青海,它们的土壤沙化发生率在 20% 以上,甘肃、陕西、四川、海南、福建、浙江、上海、北京、天津和辽宁没有出现土壤沙化的情况。第二,在 2019 年,除北京,全国土壤沙化发生率大都在 20% 以下,而且甘肃、宁夏、四川、海南、福建、上海、江苏、天津和黑龙江没有出现土壤沙化的情况。第三,相比 2017 年,2019 年全国土壤沙化的情况有所缓解,尤其是青海和内蒙古土壤沙化的情况得到较好改善,但不容忽视的是,仍有北京、河南、山东等省份出现

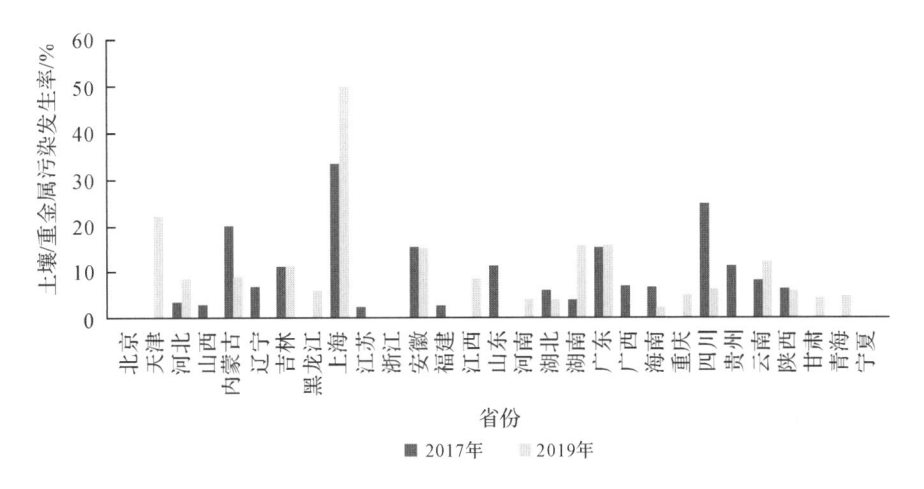

图 3.18 土壤/重金属污染发生率的时间变化与空间分布

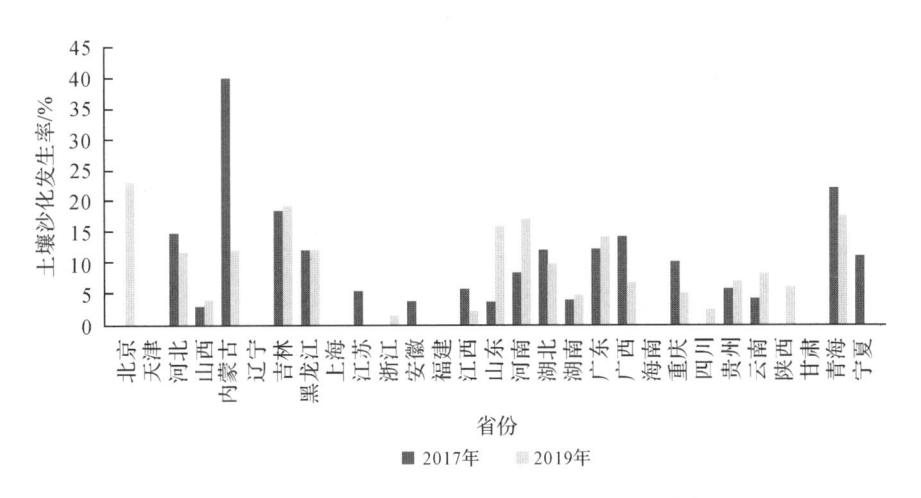

图 3.19 土壤沙化发生率的时间变化与空间分布

了较大程度的反弹。可见,总体上植树造林、种花种草对于防风固沙和保护耕地生态依然十分重要。

图 3.20 展示了全国 29 个省份土壤盐碱化发生率的时间变化和空间分布。结果显示,第一,在 2017 年,全国土壤盐碱化最为严重的区域主要分布在内蒙古、吉林、北京和天津,它们的土壤盐碱化发生率都在 15% 以上,上海、江苏、陕西和广西没有出现土壤盐碱化的情况。第二,在 2019 年,全国土壤盐碱化最为严重的区域主要分布在云南、青海、河北、黑龙江、吉林、北京和天津,它们的土壤盐碱化发生率都在 15% 以上,上海、江苏、福建没有出现土壤盐碱

化的情况。第三,相比 2017 年,2019 年全国土壤盐碱化问题有所加重,尤其是青海、云南、河北、黑龙江土壤盐碱化的情况迅速恶化。

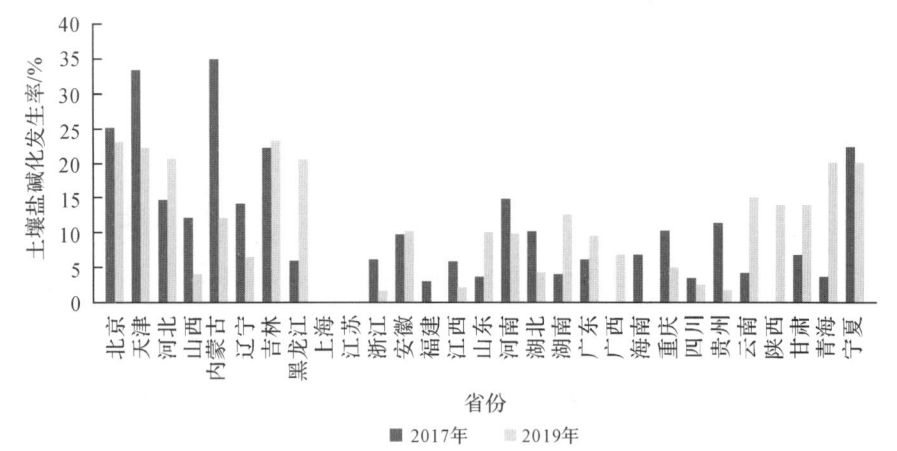

图 3.20 土壤盐碱化发生率的时间变化与空间分布

图 3.21 展示了全国 29 个省份的水土流失发生率的时间变化和空间分布。结果显示,第一,在 2017 年,全国水土流失最为严重的区域主要分布在甘肃、北京和贵州,它们的水土流失发生率都在 36％以上,青海、宁夏、内蒙古、安徽和浙江等省份水土流失发生率较低,都在 6％以下。第二,在 2019 年,全国水土流失最为严重的区域主要分布在北京和云南,水土流失发生率较低的省份主要包括青海、陕西、山东、江苏、上海。第三,相比 2017 年,2019 年全国水土流失发生率总体在下降,但广西也出现了一定幅度的反弹。

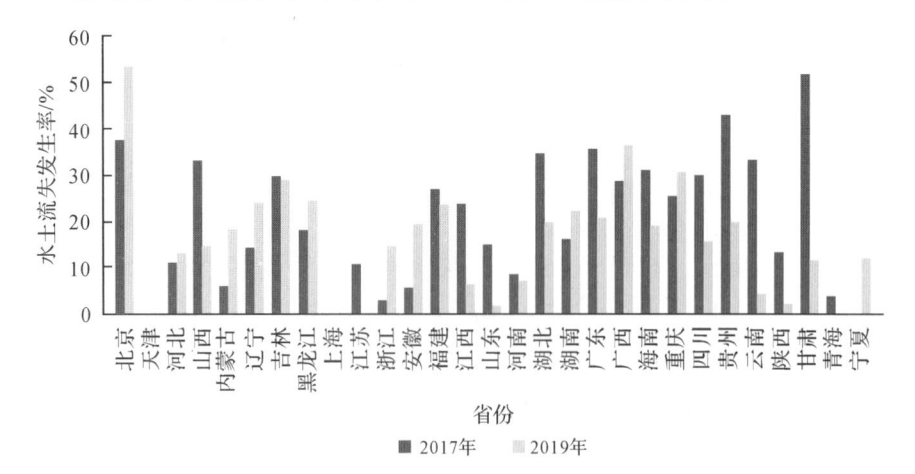

图 3.21 水土流失发生率的时间变化与空间分布

3.3 农地确权与耕地保护关系的描述统计

耕地保护的基础在于产权保护,农地产权制度是耕地保护的根本保障。农地确权作为农地产权制度改革的基础性内容,理论上有助于提高农地产权明晰性、稳定性和完整性,势必对中国耕地数量、质量和生态在内的"三位一体"保护产生十分深刻的影响。

3.3.1 农地确权与耕地数量保护的关系

耕地数量保护顾名思义就是要保证耕地面积不减少[①],这既包括农业生产经营过程中的耕地抛荒,也包括非农化过程中的土地征收,还包括农户家庭承包耕地面积的变化。为直观反映农地确权对耕地数量保护的影响,这里将以是否持有农村土地承包经营权证书为分组依据,全面比较已确权农户与未确权农户在耕地抛荒、土地征收以及耕地面积方面的差异。

1. 农地确权与耕地抛荒

图3.22展示了农地确权分组下的农户耕地抛荒行为差异。结果显示,2017年已确权农户和未确权农户在耕地抛荒方面相差不大,持有农村土地承包经营权证书的农户耕地抛荒的比例略高于未持有农村土地承包经营权证书的农户,但由于差异非常微小,因此这并不能简单说明农地确权不能改善农户耕地抛荒的状况。对比发现,2019年已确权农户和未确权农户在耕地抛荒方面的差异逐渐拉大,持有农村土地承包经营权证书的农户耕地抛荒的比例远低于未持有农村土地承包经营权证书的农户,农地确权可能对农户耕地抛荒行为起到一定的遏制作用。

图3.23展示了农地确权分组下的农户耕地抛荒面积差异。结果显示,第一,无论是2017年,还是2019年,已确权农户耕地抛荒的面积均低于未确权农户;第二,相比2017年,2019年已确权农户和未确权农户的耕地抛荒面积

---

① 当然,耕地面积完全不减少是不可能的,最为重要的是要控制耕地面积减少的规模和速度,维持基本的稳定,不能对粮食安全产生过大的威胁。

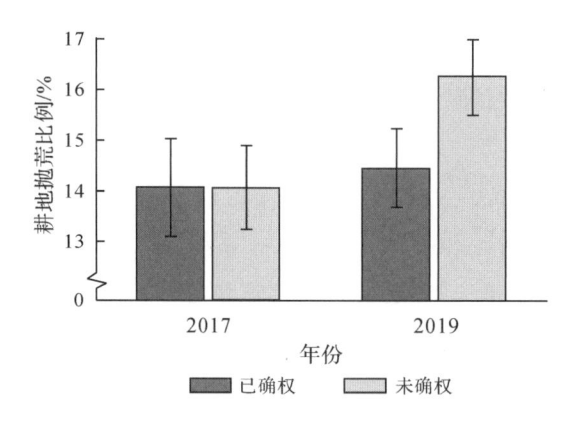

图 3.22 农地确权分组下的农户耕地抛荒比例比较

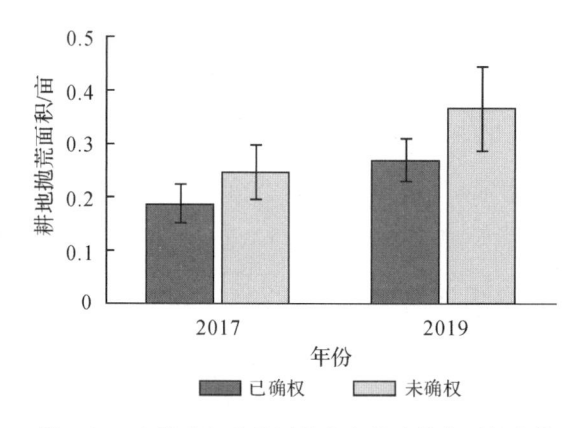

图 3.23 农地确权分组下的农户耕地抛荒面积比较

均有所增加,但已确权农户的耕地抛荒面积增加幅度略低于未确权农户。换言之,如果没有农地确权的作用,农户耕地抛荒面积将会更大程度地扩张,而正是有了农地确权的保护,耕地抛荒面积扩张的态势才得到一定程度的缓解。以上证据初步表明农地确权可能强化了农户层面的耕地数量保护,有助于遏制耕地抛荒面积的扩大。

进一步地,为检验该结果的稳健性,再次比较社区层面农地确权分组下的耕地抛荒面积差异,图 3.24 的结果依然支撑"农地确权对减少耕地抛荒面积起作用"的初步结论,不管数据调查时间是在哪一年,结果均显示,已确权社区的耕地抛荒面积都要低于未确权社区的耕地抛荒面积,农地确权确实可能有利于加强耕地数量保护,减少耕地抛荒面积。

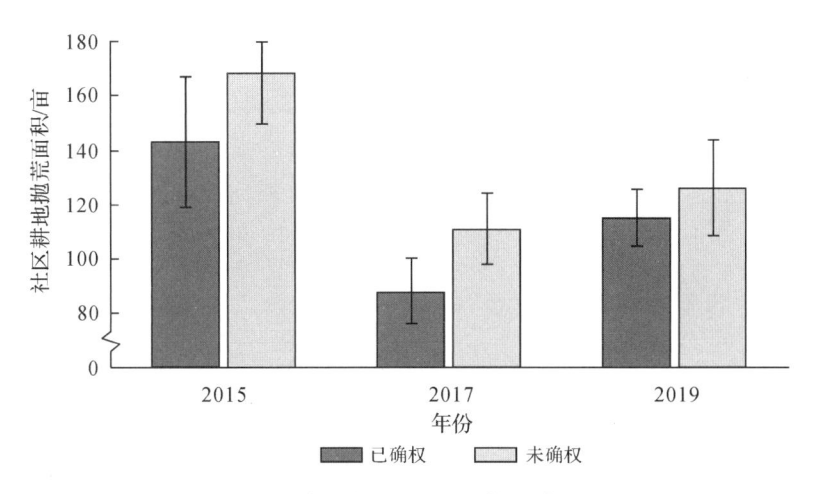

图 3.24 农地确权分组下的社区耕地抛荒面积比较

2. 农地确权与土地征收

工业化、城镇化过程中的土地征收是耕地面积减少的重要原因,那么农地确权之后,它是否保障了土地征收过程中农户合法的土地权益? 是否在一定程度上降低了农户土地被征收的概率? 图 3.25 展示了农地确权分组下的土地征收差异。结果显示,农地确权与土地征收的关系一时难以判断。一方面,在 2013 年和 2017 年,已确权农户土地征收的比例均高于未确权农户;另

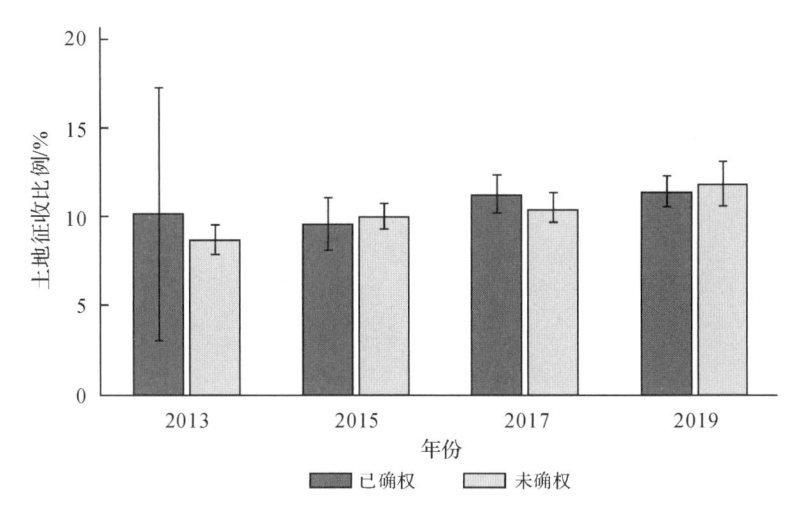

图 3.25 农地确权分组下的土地征收比较

一方面,在 2015 年和 2019 年,已确权农户土地征收的比例均低于未确权农户。可能的解释是,尽管土地产权证书在土地征收的过程中也许能够维护农户合法的土地权益,减少征收主体双方不合意的土地征收和耕地违法占用的概率,但是由于工业化、城镇化是必然趋势,它们扩张的态势不可逆转,土地征收并不以农户意志为转移,因此,即使是农地确权完成,但它也并不能阻挡农业社会、乡土文明向工业社会、城市文明转型的历史进程。

3. 农地确权与耕地面积

农地确权不仅体现为土地产权证书的颁发,它还表现为土地产权的重新界定。农地确权通过借用 GPS、无人机等现代通信技术和测绘技术,清晰界定土地的面积大小和空间四至,让过去因农业税费瞒报的耕地和因农业补贴虚报的耕地以及开发荒地新增的耕地计入账面(薛凤蕊,2014),使得农户所拥有的耕地面积更为精确。图 3.26 展示了农地确权分组下的农户承包地面积差异。结果显示,除了 2013 年已确权农户承包地面积高于未确权农户,其他年份已确权农户的承包地面积均低于未确权农户。因此,在耕地面积瞒报、虚报以及未利用地开荒等多方力量作用的条件下,农地确权与农户承包地面积的关系仍一时难以断定。

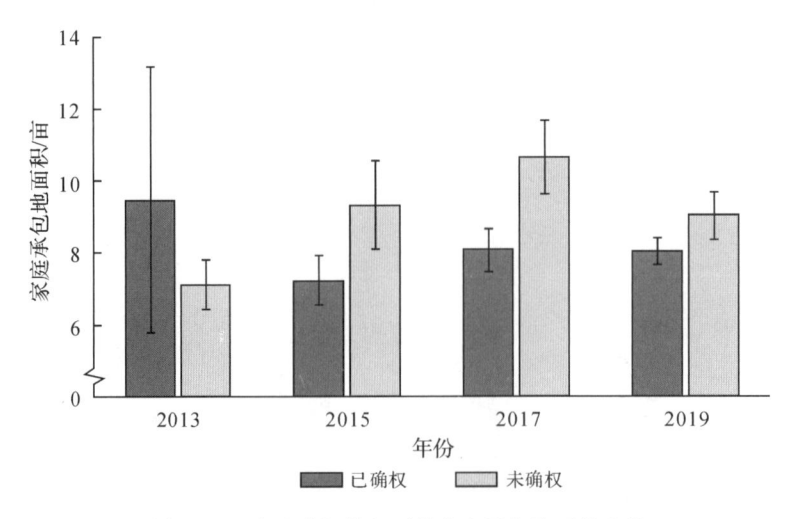

图 3.26 农地确权分组下的家庭承包地面积比较

进一步地,社区层面耕地总面积的变化再次印证了农地确权与耕地面积关系的复杂性。图 3.27 展示了农地确权分组下的社区耕地总面积差异。如

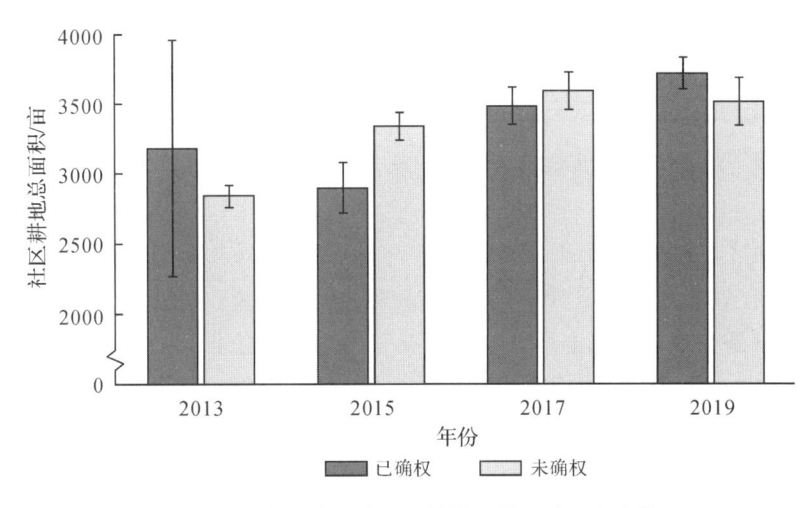

图 3.27　农地确权分组下的社区耕地总面积比较

结果所示,在 2013 年和 2019 年,已确权社区的耕地总面积均高于未确权农户,农地确权可能使得先前因农业税瞒报的耕地以及因开荒新增的耕地暴露出来,总体上增加了社区耕地面积;不过,在 2015 年和 2017 年,已确权社区的耕地总面积又低于未确权农户,这表明,农地确权也可能使得因农业补贴虚报的耕地面积暴露出来,总体上减少了社区耕地面积。此外,需要说明的是,尽管农地确权与耕地总面积的关系一时难以确定,但是由于瞒报和虚报都是只会引起账面上耕地面积的变化,除了开荒所得的新增耕地,它们对于实际上的耕地面积却没有多大影响。

综上,尽管耕地数量保护具有十分丰富的内涵,但是由于土地征收主要受工业化、城镇化影响,并不以农户意志为转移,并非单个农户力量所能左右,农户持有农村土地承包经营权证书也并不能绝对地阻止土地征收,因此,土地征收不太适宜作为农户层面的耕地数量保护指标。与此同时,由于二轮承包时期农业税费的收取使得农户耕地面积瞒报和农业税费取消后农业补贴的获取使得耕地面积虚报的现象同时存在,账面上耕地面积变化的方向一时仍难以确定,不过可以确定的是,即使账面上的耕地总面积有所增加,但这并不表明耕地的实际面积也有所增加,因此,农户承包地面积也不适合作为农户层面的耕地数量保护指标。鉴于上述情况,同时考虑到农户作为耕地的直接使用者,他们的行为实际上对于耕地数量保护有着更为直接的影响,尤其是对于中国这样人多地少的农业大国。因此,在人多地少的资源约束下,如何引导他们减少耕地抛荒,探讨农地确权对农户层面耕地数量保护的影响相对更为重要。

3.3.2 农地确权与耕地质量保护的关系

耕地质量保护顾名思义就是要维持耕地土壤肥力不下降,对于农户而言,最为有效的耕地质量保护措施就是使用有机肥来改善土壤肥力。为此,这里将以是否持有农村土地承包经营权证书为分组依据,系统考察已确权农户与未确权农户在农家有机肥、商品有机肥以及不区分农家有机肥和商品有机肥种类的广义有机肥等肥料使用上的差异。

1. 农地确权与农家有机肥

作为一种长期投资,秸秆还田和粪便还田等农家有机肥,在遥远的古代就成为东亚小农维持土壤肥力的必要手段,有力地支撑了东亚农耕文明的经久不衰。产权具有经济激励效应,农地确权改革后,由于农户合法的土地权益受到更有力的保障,理论上他们在土地上的长期投资也将会明显地增加。

图3.28和图3.29分别从农户和社区层面展示了农地确权分组下秸秆还田的使用差异。不难发现,来自农户层面和社区层面的证据均表明,已确权农户(社区)秸秆还田的比例远远高于未确权农户(社区),因此,在不考虑其他因素的条件下,农地确权能够有效地提升秸秆还田的概率。

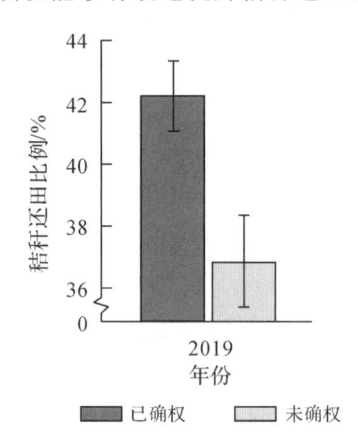

图 3.28 农地确权分组下的农户秸秆还田比例比较

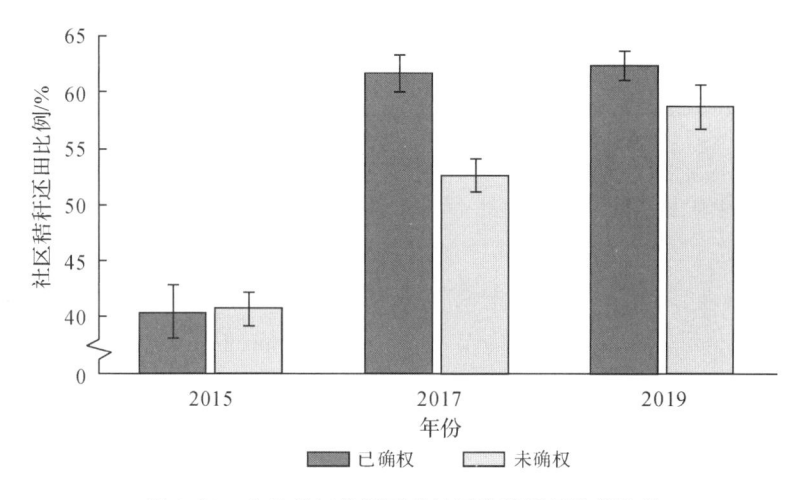

图 3.29 农地确权分组下的社区秸秆还田比例比较

图 3.30 展示了农地确权分组下农户粪便还田的行为差异。结果显示,在 2017 年,持有农村土地承包经营权证书的农户粪便还田的比例高于未持有农村土地承包经营权证书的农户;在 2019 年,持有农村土地承包经营权证书的农户粪便还田的比例略低于未持有农村土地承包经营权证书的农户。因此,总体而言,已确权农户的粪便还田比例略高于未确权农户,不过,两类农户在粪便还田方面并不存在非常明显的行为差异。可能的原因主要在于,一方面,粪便与秸秆相比,它的功能较为单一,不能生火做饭,还田比废弃相对更容易接受;另一方面,在中国农村社会,粪便还田已经形成一种长期的经验习惯,具有很强的使用惯性,这可能并不完全受农地确权的影响。

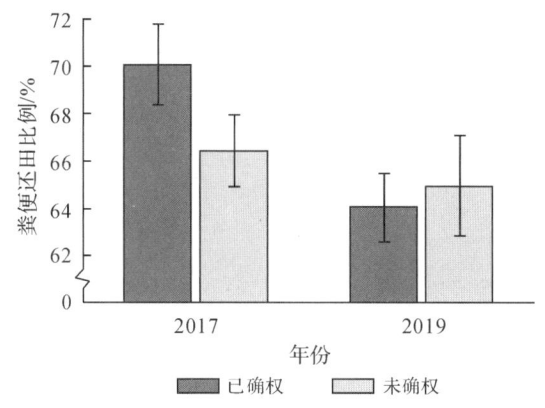

图 3.30 农地确权分组下的农户粪便还田比例比较

2. 农地确权与商品有机肥

与传统农家有机肥相比,商品有机肥肥效更强、使用更为方便,而且大多需要购买方可获得,因此,它更有可能反映农户耕地质量保护行为。图 3.31 展示了农地确权分组下农户商品有机肥使用的行为差异。结果显示,无论是 2017 年还是 2019 年,已确权农户使用商品有机肥的比例均略高于未确权农户[①]。该结果与农户粪便还田的结果略有不同,可能的解释主要在于,与农家有机肥相比,尽管商品有机肥需要花费额外的金钱,但是单位商品有机肥的效果更好,且只需投入更少的人力,深得农户喜爱。而且,伴随着农村沼气工程的深入推进以及农业机械化对铁犁牛耕的逐步替代,农家有机肥也渐渐被商品有机肥替代。因此,在农地确权的作用下,农户可能投入更多的商品有机肥。

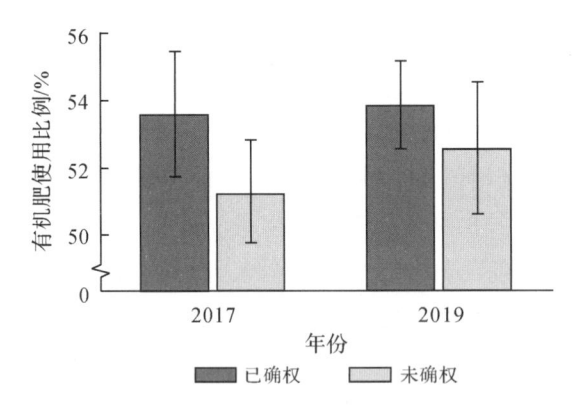

图 3.31 农地确权分组下的农户商品有机肥使用比例比较

由于政府以及涉农企业可能为农户无偿提供商品有机肥,因此,相比于是否使用商品有机肥,农户自身愿意为每亩耕地投入多少金钱以及使用多少量,这可能更能体现农户的耕地质量保护行为。图 3.32 展示了农地确权分组下农户商品有机肥亩均投入的行为差异。结果显示,与未持有农村土地承包经营权证书的农户相比,持有农村土地承包经营权证书的农户,他们每亩有机肥的投入相对更高,而且,有机肥的亩均投入从 2017 年的不到 20 元上升到 2019 年的接近 30 元。

---

① 除了农户自己花钱购买商品有机肥,政府以及部分企业也可能无偿提供商品有机肥给农户,这也可能是已确权农户和未确权农户在商品有机肥使用上相差不大的原因。

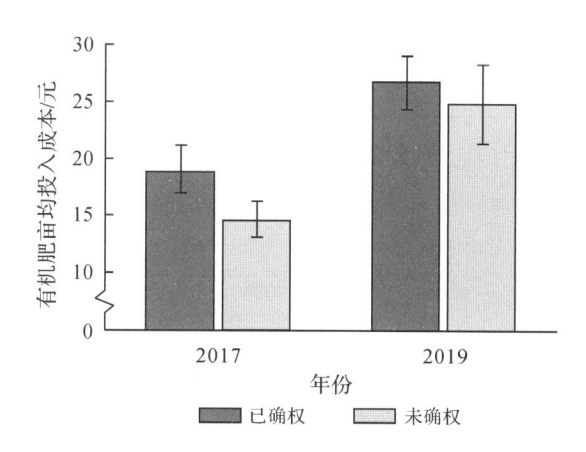

图3.32 农地确权分组下的农户商品有机肥亩均投入成本比较

图3.33进一步展示了农地确权分组下农户在商品有机肥亩均施用量上的行为差异。结果显示,持有农村土地承包经营权证书农户亩均有机肥施用量要高于未持有农村土地承包经营权证书的农户,而且,已确权农户每亩有机肥的施用量已接近140千克。以上证据表明,农地确权可能激励农户提升有机肥的使用概率和加大有机肥的使用力度,进而有利于土壤肥力的保持和耕地质量的维护。

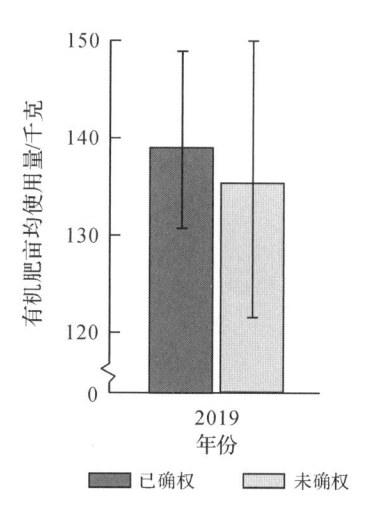

图3.33 农地确权分组下的农户商品有机肥亩均施用量比较

3. 农地确权与广义有机肥

上述证据表明,无论是农家有机肥,还是商品有机肥,农地确权都可能起到一定的经济激励作用。为进一步检验结论的稳健性,这里将不区分有机肥的种类,综合考虑农地确权对有机肥使用的可能影响。图3.34展示了农地确权分组下农户在广义有机肥使用上的行为差异。结果显示,无论是2017年还是2019年,持有农村土地承包经营权证书的农户使用有机肥的比例均高于未持有农村土地承包经营权证书的农户。这表明,农地确权会激励农户提高有机肥使用率,有利于土地的长期投资和土壤肥力的长期保持。

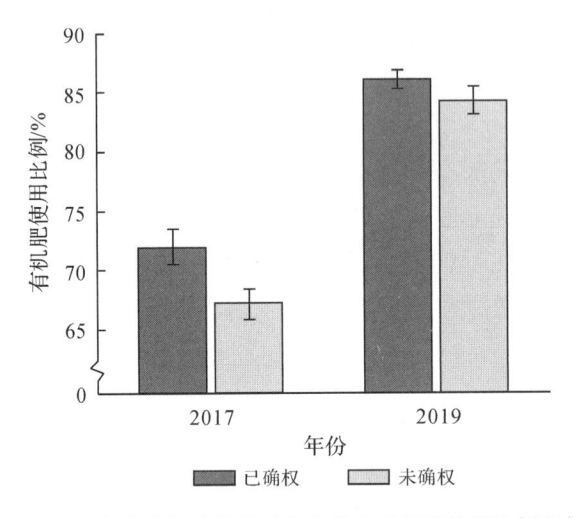

图3.34 农地确权分组下的农户广义有机肥使用比例比较

需要特别说明的是,由于本书缺乏诸如酸碱度、有机质含量、全氮含量等在内的土壤肥力指标(洪名勇、施国庆,2006),导致无法观察所涉地块的耕地质量,这不得不说是一个遗憾。但幸运的是,由于有机肥常被视为耕地的长期投资,它不仅能够有效提升土壤肥力,而且还会使得土壤肥力持续四五年之久(黄季焜、冀县卿,2012)。因此,借鉴已有研究,本书将使用有机肥作为耕地质量的间接测度。

3.3.3 农地确权与耕地生态保护的关系

耕地生态保护顾名思义就是要保障耕地生态不退化,防止环境污染和生态破坏。由于化肥和农药是造成耕地污染和耕地退化的主要因素,土壤污染/重金属污染、化肥/农地膜污染以及土壤沙化、土壤盐碱化和水土流失是耕地污染和耕地退化的具体表现。因此,这里将以农地确权为分组依据,考察已确权农户(社区)和未确权农户(社区)在以上方面的基本差异。

1. 农地确权与化肥使用

化肥在促进农作物增产的同时,也成为破坏耕地生态环境的重要因素(刘钦普,2017)。化肥的过度使用不仅会破坏耕地土壤结构,降低土壤可持续利用水平,而且还会损害农产品品质,对人类生态健康构成威胁(高晶晶等,2019)。图3.35展示了农地确权分组下农户在化肥亩均投入成本上的行为差异。结果显示,在2019年之前,持有农村土地承包经营权证书的农户每亩化肥的投入成本要低于未持有农村土地承包经营权证书的农户;在2019年,持有农村土地承包经营权证书农户每亩化肥的投入成本要略高于未持有农村土地承包经营权证书的农户。总体上,已确权农户每亩化肥的投入成本略低于未确权农户,农地确权可能会增强农户的耕地保护意识,在一定程度上削减化肥的投入成本。

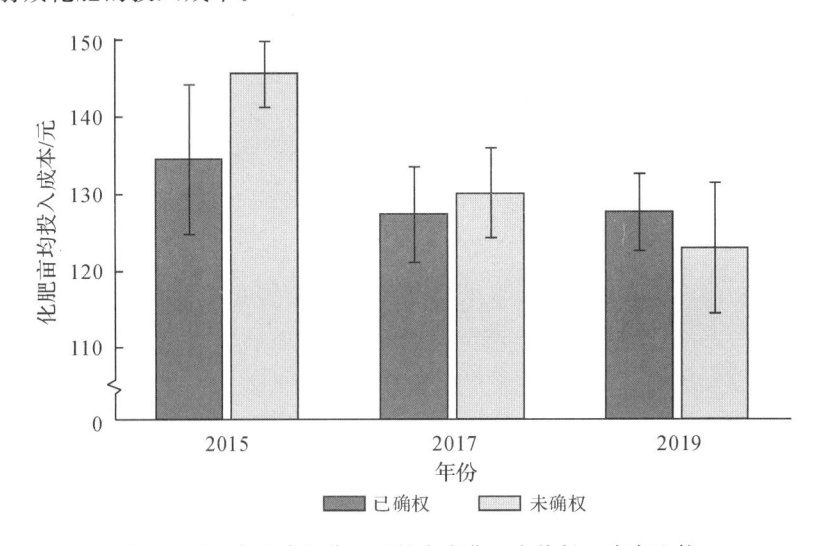

图3.35 农地确权分组下的农户化肥亩均投入成本比较

不过,由于农业利润的驱使和投入品使用惯性的客观存在,以及化肥购买决策与使用决策存在一定的时间间隔,因此,减少化肥投入就一定会减少化肥使用的可能性仍然存疑。图3.36展示了农地确权分组下农户化肥亩均施用量上的行为差异。结果显示,无论是2017年还是2019年,持有农村土地承包经营权证书的农户每亩化肥的施用量均略高于未持有农村土地承包经营权证书的农户。这表明,在不考虑其他因素的条件下,农地确权可能并不会激励农户减少化肥的使用。当然,这只是初步判断,更为可靠的结果还有赖于计量实证分析中的因果推断。

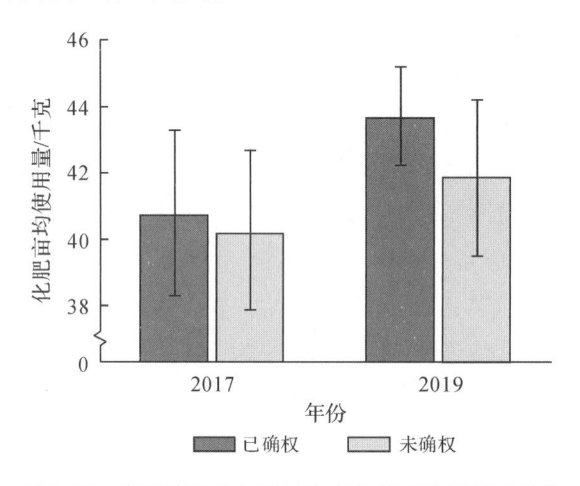

图 3.36 农地确权分组下的农户化肥亩均施用量比较

2. 农地确权与农药使用

与化肥较为相似,农药是破坏耕地生态环境的另一重要因素,已成为中国农业可持续发展的突出问题(陈晓明等,2016)。农药不仅可能会污染大气、水和土壤,更为严峻的是,它还会随着环境介质的扩散和食物链的传递,在不同生物体内富集,进而对整个生态系统的结构和功能产生潜在的危害(卜元卿等,2014)。图 3.37 展示了农地确权分组下农户农药亩均投入成本上的行为差异。结果显示,2015年以来,已确权农户的亩均农药投入成本均低于未确权农户,农地确权可能会减少农户农药投入成本,强化耕地的生态保护。

诚如减少化肥投入成本并不能必然导致化肥施用量减少一样,农药投入成本的减少也不一定意味着农药施用量的降低。图 3.38 展示了农地确权分组下农户农药亩均施用量上的行为差异。结果显示,与未持有农村土地承包经营权证书的农户相比,持有农村土地承包经营权证书的农户,他们的农药亩均施用量相对更少。因此,农地确权不仅可能减少农药的亩均投入成本,也可能减少农药的亩均施用量,减轻农药过度使用对土壤健康、耕地生态造成危害。

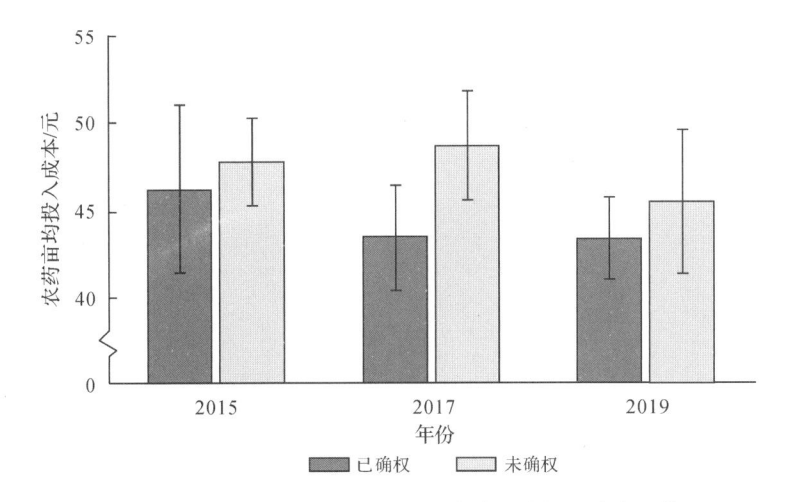

图 3.37　农地确权分组下的农户农药亩均投入成本比较

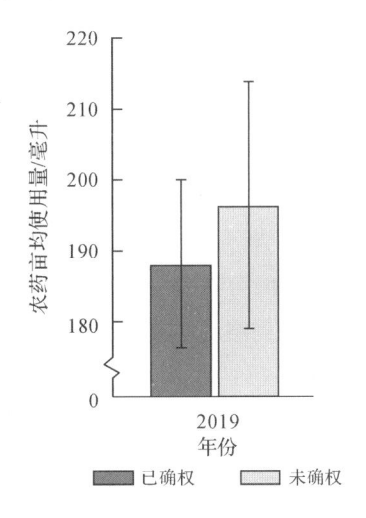

图 3.38　农地确权分组下的农户农药亩均施用量比较

3. 农地确权与耕地污染

化肥和农膜是农村面源污染的主要成因,它们对耕地生态环境具有重要的影响。图 3.39 展示了农地确权分组下农村社区在化肥污染和农膜污染方面的分布差异。结果显示,除了 2015 年已确权社区的化肥污染和农膜污染比例略低于未确权社区,在 2017 年和 2019 年,已确权社区的化肥污染和农膜污染比例均高于未确权社区。可能的解释主要在于,一方面,化肥对农作物的增产效果较为明显,诚如农地确权不一定减少农户层面的化肥施用量一样,农户也很可能在短时间内找到化肥的替代物,进而摆脱对化肥的依赖;另一方面,与化肥、农药在短时间内就可能破坏土壤健康不同,农膜对土壤的污染和破坏往往要经历较长一段时间,因此,农户对农膜可能带来的污染和破坏并未引起足够的重视。

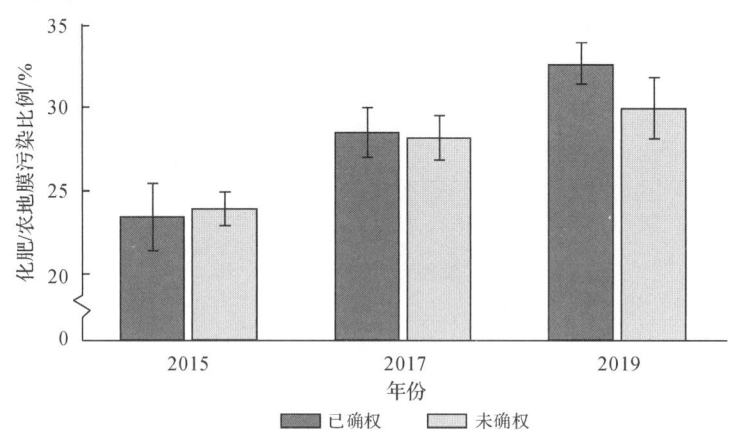

图 3.39　农地确权分组下的化肥/农膜污染比例比较

农药是造成土壤污染和重金属污染的重要来源,过度的农药使用及其残留会对土壤健康带来严重的伤害。图 3.40 展示了农地确权分组下农村社区在土壤污染和重金属污染方面的分布差异。结果显示,除了 2017 年已确权社区的土壤污染和重金属污染比例略高于未确权社区,在 2015 年和 2019 年,已确权社区的土壤污染和重金属污染比例均明显低于未确权社区。总体上来看,农地确权可能在一定程度上减轻了土壤污染和重金属污染,这与农户层面的农药投入和使用结果基本一致。

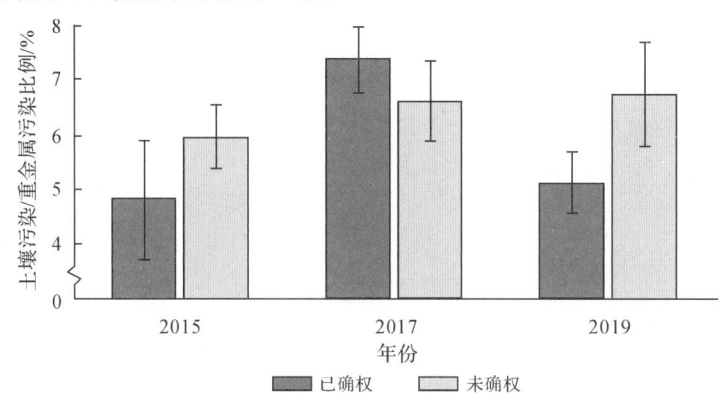

图 3.40　农地确权分组下的土壤/重金属污染比例比较

4. 农地确权与耕地退化

中国的土壤沙化主要分布在北方地区，北方降水稀少、植被稀疏，加之人类活动的破坏，土壤沙化时有发生，再加上全球气候变暖的影响，持续性的干旱少雨使得耕地面临更为严峻的土壤沙化挑战。图3.41展示了农地确权分组下农村社区在土壤沙化方面的分布差异。结果显示，在2015年，已确权社区土壤沙化的比例高于未确权社区；不过，在2017年和2019年，已确权社区土壤沙化的情形有所好转，而且，相比于未确权社区，已确权社区土壤沙化的比例相对更低。总体上，已确权社区土壤沙化的比例要低于未确权社区，农地确权可能使得农户种植果木等跨期作物（洪炜杰、罗必良，2018），在一定程度上缓解了土壤沙化问题。

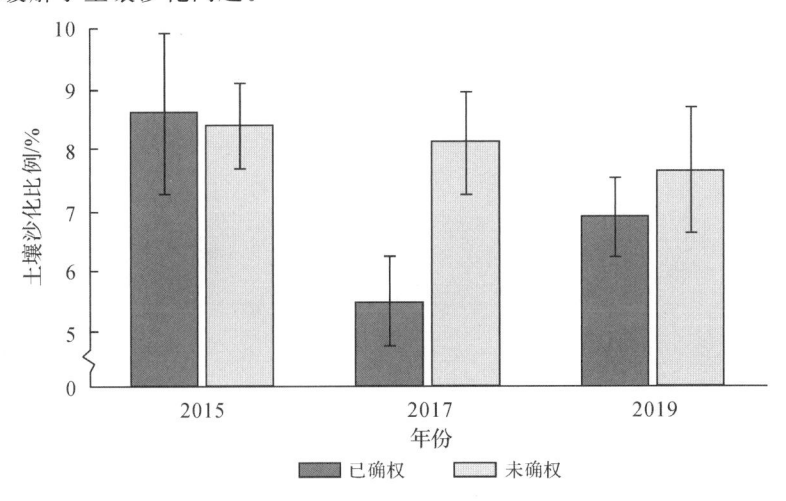

图3.41 农地确权分组下的土壤沙化比例比较

中国是盐渍土分布广泛的国家，土壤盐碱化问题也较为严重。图3.42展示了农地确权分组下农村社区在土壤盐碱化方面的分布差异。结果显示，除了2017年已确权社区发生土壤盐碱化问题的比例略高于未确权社区，在2015年和2019年，已确权社区有土壤盐碱化问题的可能性均明显低于未确权社区。而且，综合三年数据可以发现，已确权社区发生土壤盐碱化的概率总体上是低于未确权社区的。这表明，农地确权可能促使农户采取深翻松耕、施测土配方和施有机肥使用等措施解决土壤的盐碱化问题（钱龙等，2020）。

防止水土流失是生态建设的重要内容。水土流失往往发生在降水量较为丰富但植被相对稀疏的山坡地区。水土流失不仅会侵蚀和破坏土壤耕作层,致使土壤肥力日趋衰竭,而且也会导致水质污染,破坏生态平衡(王效科等,2001)。图3.43展示了农地确权分组下农村社区在水土流失方面的分布差异。结果显示,在2017年和2019年,已确权社区发生水土流失的概率略低于未确权社区;在2015年,已确权社区发生水土流失的概率略高于未确权社区。因此,总体上,农地确权是否缓解了水土流失的问题一时仍难以确定。可能的原因主要在于,不同于土壤沙化和土壤盐碱化比较容易找到针对性的解决措施,水土流失主要受自然环境和气候条件的影响,带有很大的不确定性,短期内即使农地确权可能激励农户增加植被的覆盖,但在强降雨甚至洪水条件下仍然难以避免水土流失的发生。

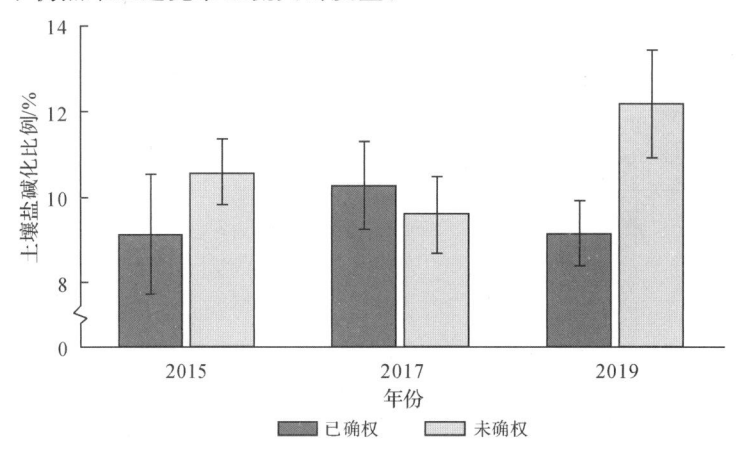

图3.42 农地确权分组下的土壤盐碱化比例比较

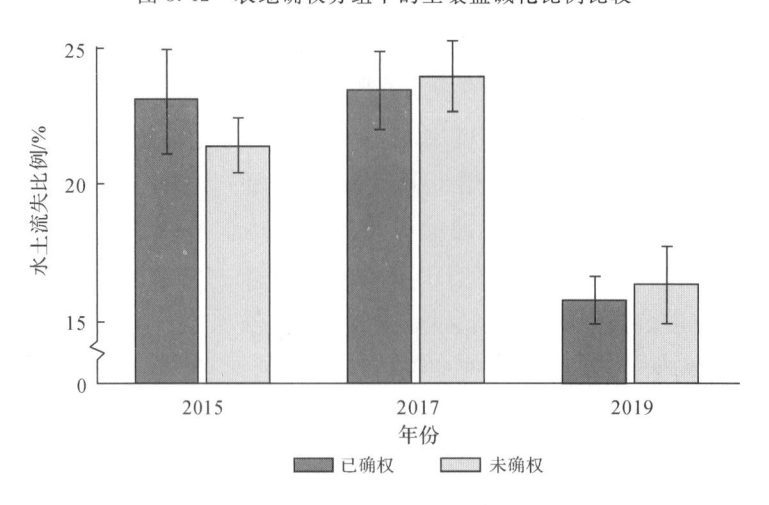

图3.43 农地确权分组下的水土流失比例比较

4 新一轮农地确权对农户耕地数量保护的影响[①]

耕地数量保护是耕地保护的前提和基础,它旨在维护耕地面积的基本稳定,其核心内容包括两个方面,一是非农化过程中的耕地数量保护,要求符合用途管制、城乡规划等相关用地计划,防止耕地的非法占用与征用;二是农业生产过程中的耕地数量保护,要求节约和合理利用每一寸耕地,尽量减少耕地的闲置与浪费,最大程度地遏制耕地抛荒现象。与耕地的非农化主要受城镇化进程驱使不同,耕地抛荒主要取决于农户的主观选择。相形之下,通过农地确权改革撬动以耕地抛荒为核心的耕地数量保护更具现实可行性。鉴于此,这部分将借鉴郑沃林和罗必良(2019)、Zheng 和 Qian(2022)等人的相关研究,以农户耕地抛荒面积为例,主要探讨新一轮农地确权对农户耕地数量保护的影响,以期为深化农地产权制度改革、强化耕地数量保护提供经验证据。

4.1 问题的提出

在 21 世纪,人类面临的最大挑战就是如何解决日益增长的人口与充足的粮食供应之间的矛盾(Ward and Pulido-Velazquez,2008)。据联合国粮农组织 2020 年发布的《世界粮食安全和营养状况》最新估计,从 2014 年到 2019 年,每年饱受饥饿的人数增长近千万,在短短的五年时间内,处于长期食物不

[①] 本节的核心内容已经发表:Zheng L Y and Qian W R. The impact of land certification on cropland abandonment:Evidence from rural China. China Agricultural Economic Review,2022,14(3):509-526.

足状态的人数增加了大约6000万,2019年有近6.9亿人遭受饥饿,全球食物不足发生率基本维持在8.9%左右。随着经济社会的进一步发展,全球人口增长将不可逆转(Lambin and Meyfroidt,2010),人地关系矛盾将更加紧张(Xu et al.,2019),全球粮食安全将面临更加严峻的挑战。耕地是人类赖以生存的自然资源和公共物品,是粮食生产最为重要的物质载体(Zavalloni et al.,2021)。为保障粮食安全,必须维持一定数量的可利用耕地,严防并遏制耕地抛荒(Queiroz et al.,2014;Alonso-Sarría et al.,2016;Xin and Li,2018)。然而,不容忽视的是,最近几十年来,耕地抛荒已逐渐成为一个全球社会经济现象(Gellrich et al.,2007;Levers et al.,2018),不仅发生在美国、澳大利亚、日本以及部分西欧发达国家(Caraveli,2000;Rudel et al.,2005;Sluiter and De Jong,2007),也出现在中国、东欧以及东南亚部分发展中国家(Baumann et al.,2011;Alcantara,2013;Queiroz et al.,2014;Alonso-Sarría et al.,2016;Ito et al.,2016)。据统计,20世纪以来,世界耕地抛荒面积已经达3850000—4720000平方千米(Campbell et al.,2008),这对国家的粮食安全产生了较大的负面影响。

中国是世界上人口最多的发展中国家,14亿左右人口的粮食需求对全球粮食市场具有举足轻重的影响(Lichtenberg and Ding,2008)。如果中国不能保证自己的粮食安全,大量食物依赖外国进口,势必对世界粮食市场造成巨大的冲击,甚至引发世界各国的食物恐慌(Yan et al.,2009)。为此,中国一直强调粮食的自给自足,大力推行"米袋子"省长负责制和"菜篮子"市长负责制。与此同时,作为一个人多地少的农业大国,中国也历来重视耕地数量的保护,不仅严格控制耕地用途的转换,而且还设立基本农田保护,划定18亿亩耕地红线,实施最为严格的耕地保护制度(Yan et al.,2016)。当然,更为重要的是,中国非常重视农地产权制度建设。产权制度是基础性经济制度(North,1990),具有激励效应、稳定性效应和完整性效应等多重经济效应(Demsetz,1967),产权以其强度、长度、广度对人的经济行为和资源的有效配置产生深远影响(Place et al.,1994)。农地确权属于产权制度改革的范畴,其本质是产权界定,在耕地数量保护中扮演着十分重要的角色(Saint-Macary et al.,2010;Alix-Garcia et al.,2012)。然而,一方面,已有关于农地产权制度改革的研究主要聚焦于农地确权改革的经济效应(丰雷等,2019),多集中在农地流转、农业投资和农户信贷等领域(Feder and Nishio,1998),对于农地确权改革的生态效应却付之阙如;另一方面,目前大多数关于耕地数量保护的研究,主要探讨耕地非农化过程中的耕地保护,具体涉及耕地的征用与占用,尽管农业生产经营过程中的耕地抛荒也是耕地数量保护的重要内容,但是它却并未引起学界的广泛关注。

幸运的是,中国的农地产权制度改革为农地确权对耕地数量保护的影响提供了一个很好的观察窗口。2013年,以"中央一号文件"为标志,中国政府启动了新一轮全国性的农地确权改革项目,旨在强化农户耕地的物权保护和赋予农户更多的财产权利。相较于其他国家的农地确权改革,中国新一轮农地确权改革主要有两大特点:一是规模浩大。据第三次全国农业普查统计,2016年全中国农业经营户仍高达20743万户,而农地确权改革要求全面开展农村土地确权登记颁证工作,确保承包地块的面积、空间位置和权属证书落实到每一家农户。二是国家主导。农地确权改革由中国农业农村部牵头、地方各级政府主导,设有严格的时间表,要求全国用五年时间基本完成农村土地确权登记颁证工作,对于农户面板数据而言,这不仅能够有效规避计量模型推断中的反向因果问题,而且也能够降低由选择性偏误引起的内生性问题。理论上讲,以农地确权改革为核心的农地产权制度改革在强化耕地保护和促进耕地可持续利用的过程中具有不容忽视的作用(洪名勇、施国庆,2006)。具体地,就以耕地抛荒为核心的耕地数量保护而言,中国新一轮农地确权改革是否有利于减少耕地抛荒呢?如果可以,那么农地确权减少耕地抛荒的作用机制是什么?农地确权减少耕地抛荒又是否存在异质性?这些问题构成本项研究的主要研究目标。

与已有研究相比,本项研究主要在以下方面对已有文献进行了补充:一是研究视角方面,与目前国内耕地数量保护主要强调非农化过程中的耕地占用与征用不同,本项研究重点关注耕地的闲置与浪费,主要考察农地确权对耕地抛荒面积的影响,将遏制耕地抛荒视为耕地数量保护的重要组成部分。二是研究内容方面,本项研究较为全面系统地研究了农地确权对耕地抛荒的影响及其作用机制,并且从社区和家庭两个层面考察了农地确权对耕地抛荒影响的异质性。三是研究方法方面,除了采用双向面板固定效应模型、PSM-DID模型以及运用逐步回归法和代理变量法,本项研究还以社区层面的农地确权工作为家庭层面农地确权颁证的工具变量,使用IV估计方法处理可能存在的内生性偏误,使得估计结果更为可信。四是研究数据方面,与国内仅有的两篇使用部分省市横截面数据的相关研究不同,本项研究使用具有全国代表性的中国农村家庭追踪调查面板数据,不仅数据样本较新,而且也能够较好地处理遗漏变量可能引致的内生性问题。

4.2 文献回顾与理论分析

产权是一种社会工具,它不仅能够将外部性内部化,提高产权主体的经济激励,也能够降低信息不对称,促进资源要素的优化配置。理论上讲,农地确权主要通过改善土壤肥力、促进农地转出、提高农业补贴可得性和提升农业收入水平等渠道抑制农户的耕地抛荒行为。

4.2.1 农地确权、土壤肥力与耕地抛荒

土壤肥力较差是农户耕地抛荒的直接因素(Bakker et al.,2005;Alix-Garcia et al.,2012)。一般而言,在土壤肥力比较差的地块,农作物的产量也相对较低(Sluiter and De Jong,2007),为得到平均意义上的产量,农户不仅投资更多,也需要花费更多的时间精力(Rudel and Fu,1996;Gallart and Llorens,2003)。因此,对于理性的农户来讲,相较于在土壤肥力较差的地块上耕种,抛荒可能在经济上更为合算(MacDonald et al.,2000;Benayas et al.,2007)。当农户面临农地产权不稳定时,耕地抛荒的可能性甚至更高(Saint-Macary et al.,2010),主要原因在于,产权长度往往与长期行为正向相关,如果农户预期到他们不能收回投资所产生的全部收入流(Roth and Haase,1998),那么他们极有可能采取抛荒等短期行为(姚洋,2000b)。农地确权可以改善产权的不稳定状况,通过物理边界和权属边界的清晰界定(郑淋议等,2020),固化农户地权身份,增强地权稳定性(Kassa,2014)。产权具有激励效应,经由农地确权的调节,农户的经营预期将更加稳定(Wang et al.,2015),他们使用有机肥改善土壤肥力的可能性会大大增加(黄季焜、冀县卿,2012),耕地抛荒的概率也会相应降低。

4.2.2 农地确权、农地转出与耕地抛荒

农地转出不畅是农户耕地抛荒的间接因素(Deininger et al.,2012)。在真实世界中,农户对于自家耕地的利用方式主要有三种:一是自己耕种,二是

自己不耕种但将耕地流转给他人耕种,三是耕地抛荒,既不自己耕种也不流转给他人。相较于前两种选择,耕地抛荒是不可持续的、非效率的利用方式。从农地流转视角来理解耕地抛荒,可能的原因主要有三点:一是农地流转市场不发达(Zhang et al.,2014);二是农地流转交易成本大于流转租金(Deininger and Jin,2009);三是农户担心在流转过程中失去耕地(Benjamin and Brandt,2002)。产权界定是市场交易的前提和基础,农地确权通过法律赋权的形式,向农户颁发具有法律效力的土地产权证书,为农地提供物权意义上的产权保护,为农地流转提供可交易的产权凭证(程令国等,2016),这有利于降低信息不对称和交易成本(Holden et al.,2007),消除农户在流转过程中失去耕地的顾虑(Wang et al.,2015),促进农地流转市场的发育(Yami and Snyder,2016),使得农户自己不耕种的耕地由抛荒转向流转,提高土地资源利用效率。

4.2.3 农地确权、农业补贴与耕地抛荒

农业补贴可得性是农户耕地抛荒的外在动因(Díaz et al.,2011;Prishchepov et al.,2013)。在中国农村社会,除农机购买和农资综合补贴之外,其他诸如粮食直接补贴和良种补贴等农业补贴一般是以耕地种植面积为依据(冯海发,2015)。然而,实践来看,受制于信息不对称和交易成本的限制,农业补贴所依据的耕地种植面积又基本以土地产权证书上的标注面积为准①。在此情况下,若农户缺乏相应的土地产权证书,他们获取农业补贴的可能性会有所降低(Díaz et al.,2011)。农业补贴本身是一种激励约束机制(Strijker,2005),农业补贴的获取能够降低耕地抛荒行为的发生,诚如 2014 年《关于引导农村土地经营权有序流转发展农业适度规模经营的意见》指出,"可以通过停发粮食直接补贴、良种补贴等办法遏制撂荒耕地的行为"。农业补贴的停发也会增加耕地抛荒的可能。农户若得不到农业补贴,他们耕地抛荒的概率也将会有所增加(Estel et al.,2015)。农地确权改革的一个重要目标就是通过清晰界定农地的空间四至、面积大小和权能配置,将具有法律效力的土地产权证书发放到每一位农户的手中(郑淋议等,2020),使之成为流

---

① 为此,农业农村部 2020 年出台的《农业生产发展资金项目实施方案》专门鼓励各地逐步将农业补贴发放与土地确权面积挂钩。

转交易、抵押贷款、征地补偿、农地纠纷以及农业补贴的法律凭证(De Soto,2000),进而维护农户合法的土地权益(罗明忠等,2017)。从这个意义上讲,农地确权不仅能够使得政府于法有据、有法可依,降低农业补贴政策实施的信息不对称和交易成本(Deininger and Feder,2009),而且也能够维护农户获取农业补贴的正当权益,提高他们的农业生产经营积极性(Nordin,2014),减少耕地抛荒的可能。

4.2.4 农地确权、农业收入与耕地抛荒

农业收入相对较低是农户耕地抛荒的内在动因(Chen et al.,2014)。与发达国家的经济结构转型类似,中国目前正经历着快速的工业化、城镇化和经济全球化(Robinson and Carson,2015;Yang et al.,2018)。在此背景下,要素价格不断攀升(Rudel and Fu,1996;Lieskovský et al.,2015),国际农产品大量进口(Aide and Grau,2004;Sikor et al.,2009),非农就业渐成趋势(Baumann et al.,2011;Han and song,2019),农村劳动力不断外出(Gellrich et al.,2007;Abolina and Luzadis,2015),农业的比较收益越来越低(MacDonald et al.,2000;Mullan et al.,2011),由此导致农户耕地抛荒的可能性大大提高。不难判断,如果农户的农业收入和非农收入大致相当,甚至高于非农收入,那么农户耕地抛荒的可能性将会大大降低(Deininger et al.,2012)。明晰的产权能够改善产权主体的行为预期,形成生产性活动的内在动力(罗必良,2016)。农地确权通过产权的清晰界定和有效保护,保障使用权排他、收益权独享以及交易自由化(Cheung,1973),有利于形成正向的产权激励(郑沃林、罗必良,2019),激发农户农业生产经营积极性。经由产权的经济激励,农户或增加农业投资(Besley,1995),或扩大农业规模(Holden et al.,2011),或改善农业生产条件(Shively and Martinez,2001),进一步提高农业生产率(Holden et al.,2009),从而提升农业收入水平,降低农户耕地抛荒的概率。

4.3 数据来源、变量选取与研究设计

4.3.1 数据来源

本项研究使用的数据来源于西南财经大学和浙江大学联合开发的中国农村家庭追踪调查(China Rural Household Panel Survey, CRHPS)数据库,包含 2017 年和 2019 年两期非平衡面板数据。该数据采用分层、三阶段与人口规模成比例(PPS)的抽样方法,拥有包含除港澳台、新疆、西藏的全国 29 个省份的样本,具有农村、城镇、省级和全国等多个层面的数据代表性(Qian,2020)。为刻画新一轮农地确权对耕地数量保护的影响,在对数据进行系列清洗的基础上,本项研究保留了农地确权、耕地抛荒、个体特征、家庭特征和社区特征等关键变量,最终获得分布在全国 29 个省份的 14489 个农户家庭样本。

4.3.2 变量选取

结合前述研究目标,同时借鉴已有研究成果,拟选取如下变量。

被解释变量:农户耕地数量保护。与非农化过程中的耕地数量保护主要强调耕地的占用与征用不同,本项研究主要考察农业生产过程中的耕地数量保护,重点探讨耕地的闲置与浪费。主要原因在于,一方面,耕地的非农化主要受城镇化进程驱使,不以个人意志为转移,而耕地抛荒主要取决于农户的主观选择,属于农户自发行为;另一方面,从土地资源的利用效率来讲,耕地的非农化利用相对来说比耕地的闲置与浪费要强,因而如果不考虑耕地的非农用途管制,那么遏制耕地抛荒对于耕地数量保护就显得更为必要。鉴于此,本项研究具体使用农户耕地抛荒面积作为农业生产过程中耕地数量保护的代理指标,同时使用耕地抛荒程度和耕地抛荒比率做稳健性检验。此外,需要说明的是,抛荒不同于休耕,前者往往是被动放弃耕地的耕种,负面影响居多;而后者通常是主动在短期内放弃耕地的耕种,积极效应占主导。

核心解释变量:农地确权。考虑到 2013 年"中央一号文件"要求在全国范围内全面推开新一轮农地确权改革,并要求在五年之内基本完成农地确权工

作,因此,借鉴郑淋议等(2020)的研究,本项研究的核心解释变量——农地确权,主要根据问卷中"您家耕地是否有农村土地承包经营权证?"和"您家耕地的承包经营权证是哪一年发放的?"两个问题的答案来识别,最终以2013年以来农户是否取得农村土地承包经营权证为新一轮农地确权的分组标准。

控制变量:参考现有相关研究成果,本项研究主要控制个体特征、家庭特征和社区特征,这些特征被认为对农地确权和耕地抛荒都有影响。具体而言,个体特征为户主的年龄和年龄平方(郑沃林、罗必良,2019;Xu et al.,2019),主要判断年龄与耕地抛荒是否存在非线性关系,还包括户主的健康状态和文化程度(Deng et al.,2019;Xu et al.,2019),以此反映户主人力资本水平对耕地抛荒的潜在影响。家庭特征主要包括家庭的抚养比(Zhang et al.,2018;Zavalloni et al.,2021),非农就业率(Xu et al.,2019;Deng et al.,2019)、人均承包耕地面积(Zhang et al.,2018)、地块数量(Yan et al.,2016;罗必良等,2017)。为了排除社区层面部分时变因素的影响,本项研究还采用新型农业经营主体数量和社区人均可支配收入范围,分别反映社区农地流转市场发育情况和社区经济发展情况(郑淋议,2022;Zheng and Qian,2022)。各主要变量的定义和描述如表4.1所示。

表 4.1 变量定义与描述统计

变量	变量定义	均值	标准差
抛荒面积	农户抛荒耕地面积(亩)	0.258	1.551
抛荒比率	农户抛荒耕地面积占承包地总面积的比例(0—1)	0.039	0.146
抛荒程度	您家的承包耕地现在是否全部有人在种(没有抛荒=1,部分抛荒=2,全部抛荒=3)	1.089	0.296
农地确权	2013年以来,家庭是否领取承包经营权证书(是=1,否=0)	0.558	0.497
年龄	户主年龄(岁)	53.581	10.651
年龄平方	户主年龄平方(岁)	2984.332	1069.204
健康	户主身体状态(非常不好=1,不好=2,一般=3,好=4,非常好=5)	2.851	1.053
教育	户主是否完成高中(是=1,否=0)	0.124	0.329
家庭抚养比	老人和小孩抚养比之和(0—1)	0.350	0.476
非农就业率	家庭非农就业比例(0—1)	0.222	0.260

续表

变量	变量定义	均值	标准差
人均耕地面积	人均承包地面积(亩)	3.061	6.323
地块数量	经营耕地的地块数量(块)	5.502	5.967
新型农业经营主体数量	本社区新型农业经营主体有多少(家)	7.777	83.860
社区人均可支配收入	去年,本社区居民的人均可支配收入范围(1000元以下=1,1000—3000元=2,3000—5000元=3,0.5万元—1万元=4,1万元—1.5万元=5,1.5万元—2万元=6,2万元—3万元=7,3万元—5万元=8,5万元—10万元=9)	3.898	1.290

为进一步考察农地确权与耕地抛荒之间的联系,这里将以农地确权为分组变量,并使用 T 检验方法,比较已确权农户和未确权农户在耕地抛荒方面的差异。表 4.2 显示,相较于未确权农户,已确权农户的耕地抛荒面积更少,并通过了 T 检验。抛荒程度和抛荒比率虽未通过 T 检验,但是农地确权分组的差值依然显示,确权农户发生耕地抛荒的可能性仍然较未确权农户要低。上述证据粗略表明,农地确权可能在减少农户耕地抛荒行为、强化耕地数量保护方面具有积极的正向作用。

表 4.2 农地确权与耕地抛荒:相关关系检验

变量	样本分组		差值
	已确权	未确权	
抛荒面积	0.235 (1.131)	0.286 (1.811)	−0.051**
抛荒程度	1.088 (0.295)	1.090 (0.296)	−0.002
抛荒比率	0.039 (0.144)	0.040 (0.150)	−0.001

注:括号内为标准误;*** 表示显著性为 1%,** 显著性为 5%,* 显著性为 10%。

4.3.3 研究设计

为探究农地产权制度改革与耕地数量保护的关系,结合农户层面的面板数据优势,本项研究使用面板双向固定效应模型估计农地确权对农户耕地抛荒面积的影响。具体的基准模型设定如下：

$$\text{Abandonment\_area}_{it} = \alpha_0 + \beta \text{Certification}_{it} + \gamma Z_{it} + \delta_i + \lambda_t + \varepsilon_{it} \quad (4.1)$$

其中,i表示农户,t表示时间。Abandonment_area 表示农户耕地抛荒面积,Certification 为农地确权变量。α_0为截距项,β和γ为待估计的变量参数,Z表示系列控制变量。δ_i表示农户固定效应,主要控制农户层面诸如能力、偏好等潜在因素;λ_t表示年份固定效应,主要控制与耕地数量保护有关的全国性政策或宏观经济状况等随时间但是不随农户变化的不可观测因素,ε_{it}为随机扰动项。

4.4 实证结果

4.4.1 基准回归

表 4.3 报告了农地确权对耕地抛荒的回归结果。该部分主要根据(4.1)的模型设定,使用逐步回归方法估计农地产权改革对耕地数量保护的潜在影响。其中,第(1)列,不加任何控制变量,第(2)到第(4)列分别在第(1)列的基础上逐步加入户主个体特征、家庭特征和社区特征,以此对比和检验估计结果是否受到可观测因素的干扰。结果初步显示,无论是否加入控制变量,农地确权的估计系数均在 5% 的统计水平上负向显著,且始终稳定在 0.2 左右,基本不受可观测因素的影响。这意味着,新一轮农地确权均对耕地数量保护具有显著的强化作用,它使得农户每年的耕地抛荒面积平均减少 0.2 亩左右。以上结果表明,以还权赋能和物权保护为核心的农地确权改革对耕地数量保护具有积极的效果,农地确权能够显著抑制农户耕地抛荒面积的扩张,它在减少耕地抛荒方面具有正向的作用。

进一步地,考虑到同一社区的不同农户间的随机扰动项可能存在相关性,一方面,中国的农地确权改革往往是整村推进的,土地产权证书的发放基本是同时进行的,农地确权改革与耕地保护可能都会受到村集体治理能力和地权控制能力的影响,因此,农户层面的农地确权可能也存在相互关联;另一方面,农村社区本质上属于熟人社会,社区成员之间的耕地抛荒行为也可能存在同伴效应(peer effect)。为此,这里假定同一社区内部的农户耕地抛荒行为是相互关联的,而不同社区之间农户耕地抛荒行为没有直接关系,进一步将农户面板数据聚类(cluster)到更高维度的社区层面。第(5)列结果显示,与聚类到农户层面相似,回归结果依然表现得相当稳健,农地确权对耕地抛荒依然存在显著的抑制作用。

表 4.3 农地确权与耕地抛荒:基本结果

变量	耕地抛荒面积				
	(1)	(2)	(3)	(4)	(5)
农地确权	−0.228** (0.104)	−0.222** (0.103)	−0.212** (0.099)	−0.206** (0.098)	−0.206** (0.099)
年龄		−0.063** (0.027)	−0.067** (0.026)	−0.067*** (0.026)	−0.067*** (0.024)
年龄平方		0.001** (0.000)	0.001** (0.000)	0.001*** (0.000)	0.001*** (0.000)
健康		0.102** (0.051)	0.111** (0.052)	0.112** (0.053)	0.112** (0.062)
教育		−0.100 (0.116)	−0.102 (0.117)	−0.113 (0.115)	−0.113 (0.113)
家庭抚养比			0.161** (0.071)	0.163** (0.072)	0.163** (0.069)
非农就业率			0.043** (0.018)	0.043** (0.018)	0.043** (0.018)
人均耕地面积			0.046** (0.019)	0.048** (0.020)	0.048* (0.025)
地块数量			0.024*** (0.008)	0.025*** (0.008)	0.0245*** (0.009)
新型农业经营主体数量				−0.001* (0.000)	−0.001* (0.000)
社区人均可支配收入				−0.067*** (0.022)	−0.067*** (0.028)
农户固定效应	控制	控制	控制	控制	控制
时间固定效应	控制	控制	控制	控制	控制
观测值	14489	14489	14489	14489	14489
聚类层次	农户	农户	农户	农户	社区
$Adj\text{-}R^2$	0.078	0.081	0.095	0.096	0.096

注:括号内为标准误;*** 表示显著性为1%,** 显著性为5%,* 显著性为10%。

4.4.2 稳健性检验

1. 加入时间固定效应与省份的交乘项

不过,以上结果并未考虑到各个省份有关耕地抛荒试点政策以及极端天气、自然灾害等因素的影响。表4.4报告了加入时间固定效应与省份交乘项的估计结果。第(1)列结果显示,在控制既随时间又随省份变化的因素之后,农地确权对耕地抛荒的抑制效果将更加明显,它使得农户耕地抛荒面积减少0.255亩,若不控制时间固定效应与省份的交乘项,农地确权对减少耕地抛荒的正向效果可能会被低估。

表4.4 农地确权与耕地抛荒:稳健性检验一

变量	耕地抛荒面积	
	(1)	(2)
农地确权	−0.255**	−0.255**
	(0.111)	(0.112)
控制变量	控制	控制
农户固定效应	控制	控制
时间固定效应	控制	控制
省份×时间固定效应	控制	控制
观测值	14489	14489
聚类层次	农户	社区
$Adj\text{-}R^2$	0.093	0.093

注:括号内为标准误;*** 表示显著性为1%,** 显著性为5%,* 显著性为10%。

2. 使用耕地抛荒比率和耕地抛荒程度作为被解释变量

在前面的估计当中,笔者主要使用耕地抛荒的绝对量——农户耕地抛荒面积作为耕地数量保护的代理变量。为排除衡量偏误对本项研究估计结果的潜在干扰,这里将尝试使用耕地抛荒的相对量——耕地抛荒比率和耕地抛荒程度作为被解释变量,使用代理变量法对农地确权进行回归。表4.5结果显示,无论是否添加家庭特征和社区特征,农地确权的回归系数仍然显著为负,它对耕地抛荒具有明显的抑制作用。

表 4.5　农地确权与耕地抛荒:稳健性检验二

变量	耕地抛荒比率		耕地抛荒程度	
	(1)	(2)	(4)	(5)
农地确权	−0.014** (0.007)	−0.013* (0.007)	−0.029** (0.014)	−0.027** (0.014)
控制变量		控制		控制
农户固定效应	控制	控制	控制	控制
时间固定效应	控制	控制	控制	控制
观测值	14489	14489	14489	14489
$Adj\text{-}R^2$	0.349	0.356	0.335	0.345

注:括号内为标准误;*** 表示显著性为1%,** 显著性为5%,* 显著性为10%。

3. 主要考虑以农业为主的区域样本

中国地域广阔、植被多样,不同区域的耕种方式千差万别,尤其是农区和牧区存在较大的差异。故而,考虑到内蒙古、青海、山西和甘肃等省份多为草地植被,其农业类型也以牧业居多,这使得农地确权的作用机制可能不尽一致,因此,这里将剔除上述省份,只保留以种植业为主的农业样本。表 4.6 结果显示,无论是否添加个体特征、家庭特征和社区特征,农地确权的回归系数显著为负,它在减少耕地抛荒面积方面依然发挥出正向的作用,能够明显抑制耕地抛荒面积的扩张。

表 4.6　农地确权与耕地抛荒:稳健性检验三

变量	耕地抛荒面积			
	(1)	(2)	(3)	(4)
农地确权	−0.240** (0.111)	−0.234** (0.108)	−0.226** (0.105)	−0.225** (0.104)
个体特征		控制	控制	控制
家庭特征			控制	控制
社区特征				控制
农户固定效应	控制	控制	控制	控制

续表

变量	耕地抛荒面积			
	(1)	(2)	(3)	(4)
时间固定效应	控制		控制	控制
观测值	12959	12959	12959	12959
$Adj\text{-}R^2$	0.129	0.126	0.116	0.115

注：括号内为标准误；*** 表示显著性为1%，** 显著性为5%，* 显著性为10%。

4. 使用PSM-DID模型

考虑到新一轮农地确权改革具有先行试点、逐步推开的性质，因而本项研究的双向固定效应模型设定实际上也是多期DID模型的常用形式。不过，由于本项研究可利用的数据只有两期，难以直观地检验平行趋势假设是否存在以及实验组和控制组的选择是否随机（程令国等，2016），因而，借鉴Zheng和Qian(2022)和孙琳琳等（2020）等人的相关研究，本项研究进一步使用PSM-DID模型对方程(4.1)进行估计。

具体地，本项研究首先选择常用的"一对一"近邻匹配方法，并将卡尺范围设置为0.05；其次，将农地确权指定为处理变量(treatment variable)，将耕地抛荒面积指定为结果变量(outcome variable)；最后，在添加表4.1中的所有控制变量(covariates)后，使用Logit模型估计倾向得分。从图4.1可以直观地发现，在倾向得分匹配之后，所有控制变量的标准偏差都有相应程度的减少，标准化偏差均小于10%，并且大部分变量甚至接近于0值。这表明，使用PSM模型之后，可以在一定程度上排除由户主年龄、年龄平方、健康、教育以及家庭抚养比、非农就业率、人均耕地面积、地块数量，新型农业经营主体数量和社区人均可支配收入等可观测因素带来的样本自选择问题。与此同时，图4.2倾向得分结果进一步显示，模型的匹配结果整体较好，大多数观测值均处于共同支撑域范围内(on common support)。这表明在倾向得分匹配时只会损失少量样本，不太会影响本项研究的估计结果有效性。

表4.7展示了分别使用共同支撑域样本和匹配成功样本的PSM-DID模型估计结果。不难发现，无论是否加入户主个体特征、家庭特征和社区特征，使用共同支撑域样本的估计结果与表4.2中的估计结果几乎完全一致，而且，仅使用匹配成功样本的样本也显示，使用PSM-DID模型之后，农地确权的估

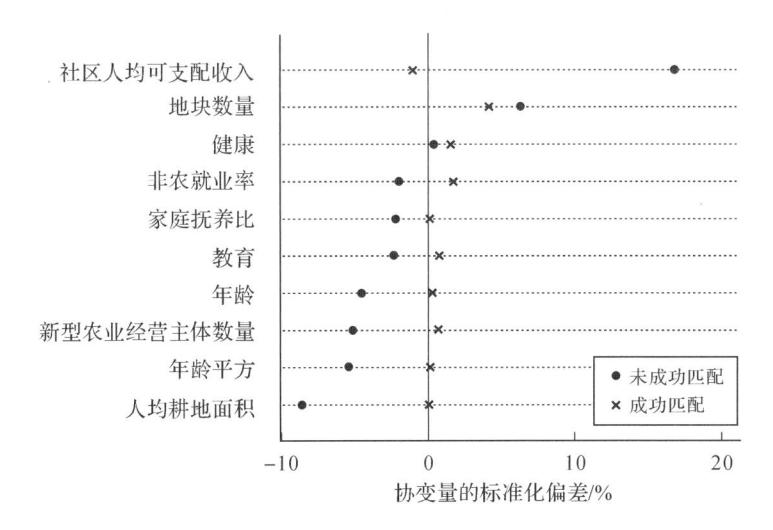

图 4.1 各变量匹配前后的标准化偏差

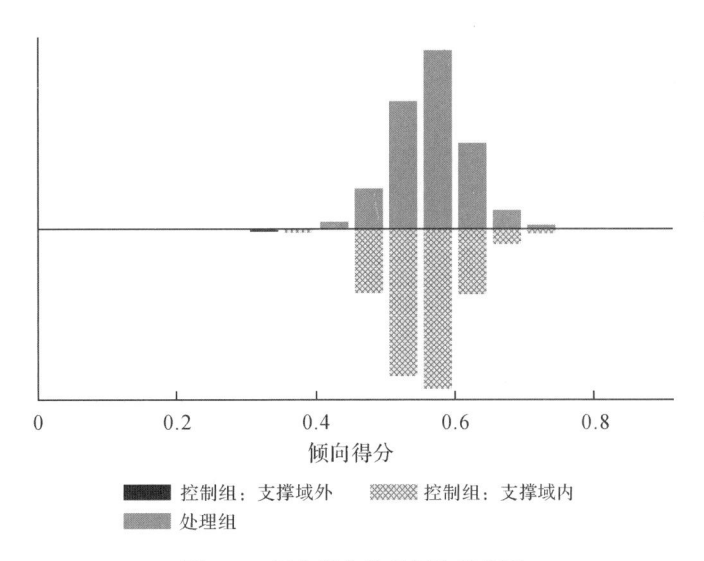

图 4.2 倾向得分的共同取值范围

计系数在经济显著性和统计显著性方面均有明显的提升。以上结果再次证明农地确权确实有助于强化农户层面的耕地数量保护，它大大减少了农户耕地抛荒面积，本项研究的估计结果具有很强的稳健性。

表 4.7　农地确权与耕地抛荒:稳健性检验四

变量	耕地抛荒面积							
	共同支撑域样本				匹配成功样本			
	(1)	(2)	(3)	(4)	(5)	(6)	(7)	(8)
农地确权	-0.228** (0.104)	-0.222** (0.103)	-0.210** (0.099)	-0.225** (0.104)	-0.315*** (0.113)	-0.308*** (0.113)	-0.321*** (0.114)	-0.323*** (0.115)
个体特征		控制	控制	控制		控制	控制	控制
家庭特征			控制	控制			控制	控制
社区特征				控制				控制
农户固定效应	控制	控制	控制	控制	控制	控制	控制	控制
时间固定效应	控制	控制	控制	控制	控制	控制	控制	控制
观测值	11484	11484	11484	11484	7805	7805	7805	7805
$Adj\text{-}R^2$	0.077	0.080	0.095	0.115	0.201	0.200	0.204	0.202

注:括号内为标准误;*** 表示显著性为 1%,** 显著性为 5%,* 显著性为 10%。

4.4.3　安慰剂检验

为了进一步验证本项研究的估计结果是否由省份、社区、家庭和年份等层面的不可观测因素驱动,借鉴 Cai 等(2016)和 Zheng 和 Qian(2021)的检验方法,这里将对省份随机分配"虚拟"的确权时间进行安慰剂检验。具体地,本项研究针对全国 29 个样本涵盖到的省份,随机抽取 2009—2019 年的任意一年作为其确权的年份,然后进行 500 次随机抽样,在控制年龄、年龄平方、健康、教育、家庭抚养比、非农就业率、人均耕地面积、地块数量、新型农业经营主体数量、社区人均可支配收入等变量以及农户固定效应和时间固定效应之后,对其进行双重差分估计,并绘制出 500 个回归系数及其相关的 p 值的分布,结果如图 4.3 所示。不难发现,大多数农地确权的估计系数均值都集中在 0 点附近,明显地有别于-0.206 左右的真实估计值,且大多数系数估计值对应的 p 值也都大于 0.1,拒绝与真实估计结果不存在差异的假设。这表明,本项研究的估计结果不存在太大的偏差,不太可能受到省份、社区、家庭和年份等层面的不可观测因素影响。

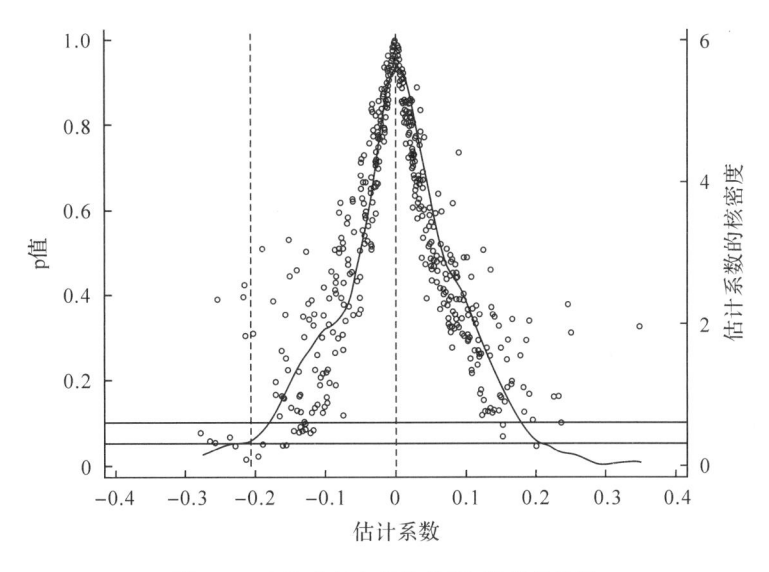

图 4.3　农地确权与耕地抛荒：安慰剂检验

注：图中为确权估计系数与其对应 p 值的散点图和系数的核密度估计曲线的组合图；回归中控制了年龄、年龄平方、健康、教育、家庭抚养比、非农就业率、人均耕地面积、地块数量、新型农业经营主体数量、社区人均可支配收入等变量以及农户固定效应和时间固定效应，并采用农户层面的聚类稳健标准误。

4.4.4　内生性讨论

内生性问题主要由反向因果、选择性偏误、遗漏变量和测量误差引起。对于前两种因素，由于中国的农地确权改革是国家主导、强制推动，因此，农户层面的反向因果和选择性偏误存在的可能性较小，这在 PSM-DID 模型当中也得到检验；对于后两种因素，前文通过在面板双向固定效应模型中添加控制变量和替换被解释变量分别尝试解决。此外，由于本项研究的面板固定效应模型设定本质上等价于多期 DID 模型，因此，从理论上讲，本项研究的内生性已得到一定程度的控制。考虑到工具变量法是解决内生性问题的不二法宝，为进一步处理可能存在的内生性问题，这里也尝试以社区层面的农地确权工作（2013 年以来本社区是否开展农村土地确权登记颁证工作）作为家庭层面农地确权颁证（2013 年以来农户是否取得农村土地承包经营权证）的工具变量。工具变量的选取主要基于以下考量：一方面，社区层面的农地确权开展在先，然后才有家庭层面的确权颁证，因此社区层面农地确权工作的开展直接决定了后续家庭层面农户是否将获得农村土地承包经营权证，满足工具变量的相关性；另一方面，社区层面的农地确权工作由国家主导、强制推动，与家庭层面的农户耕地数量保护行为无关，社区层面的农地确权工作只通过家庭层面的农地确权颁证来影响农户耕地抛荒，满足工具变量的外生性。

表 4.8 展示了工具变量的回归结果。不难发现，第一，从第一阶段工具变量对农地确权的估计结果来看，工具变量与农地确权在 1% 的显著性水平上正向相关，满足工具变量的相关性；第二，从半简化式回归（semi-reduced form regression）的估计结果来看，如果用工具变量替代农地确权对耕地抛荒面积进行回归，那么工具变量将变得不再显著，这佐证了工具变量的外生性条件；第三，工具变量法第二阶段的估计结果显示，考虑内生性问题之后，农地确权依然对耕地抛荒面积起到良好的抑制作用，确权使得农户耕地抛荒面积平均下降 0.305 亩，与前文的估计结果基本一致，这表明农地确权并不存在明显的内生性问题。

表 4.8　农地确权与耕地抛荒：工具变量法

工具变量： 社区农地确权工作	耕地抛荒面积		
	IV 估计 （第一阶段）	IV 估计 （第二阶段）	半简化式回归
农地确权		−0.305** (0.139)	
工具变量	0.194*** (0.010)		−0.020 (0.072)
控制变量	控制	控制	控制
农户固定效应			控制
时间固定效应	控制	控制	控制
观测值	13756	13756	13756
R^2	0.346	0.017	0.019
F 统计量	97.52	—	—

注：括号内为标准误；*** 表示显著性为 1%，** 显著性为 5%，* 显著性为 10%。

4.4.5 作用机制检验

结合已有文献和前文理论分析,不难得知,耕地质量提升、农地流转市场发育、农业补贴可得性和农业收入水平提升将有助于减少耕地抛荒面积,强化耕地数量保护。既然如此,那么农地确权是否能够改善土壤肥力、促进农地转出、提高农业补贴可得性和提升农业收入水平呢?考虑到上述机制对农户耕地抛荒面积的影响较为直接,而且农地确权确实有助于遏制耕地抛荒面积的扩张,因此,这里将借鉴周广肃等(2017)的机制检验方法,分别使用有机肥使用、农地转出、农业补贴和农业收入作为被解释变量进行回归。

表 4.9 的估计结果显示,第一,农地确权能够显著增加农户有机肥的使用,提高土壤肥力,提升耕地质量;第二,农地确权能够显著促进农地转出,提高土地资源配置效率;第三,农地确权能够显著提高农业补贴可得性,强化农户耕地的物权保护;第四,农地确权也能够显著提升农业收入水平,增强农户农业生产经营积极性。以上结果表明,农地确权主要通过改善土壤肥力、促进农地转出、提高农业补贴可得性和提升农业收入水平来抑制耕地抛荒面积的扩张,起到保护耕地数量的积极作用。

表 4.9 农地确权对耕地抛荒的作用机制

作用机制	被解释变量	计量模型	农地确权	控制变量	观测值	Wald chi2	$Adj\text{-}R^2$
有机肥使用	是否使用有机肥 (是=1,否=0)	Logit	0.077*** (0.007)	控制	14489	373.65	—
农地转出	是否转出农地 (是=1,否=0)	Logit	0.035*** (0.006)	控制	14489	486.33	—
农业补贴	是否获得农业补贴 (是=1,否=0)	Logit	0.077*** (0.009)	控制	14489	269.25	—
农业收入	农业收入 (元,取对数)	FE	0.270* (0.143)	控制	14489	—	0.537

注:括号内为标准误;*** 表示显著性为 1%,** 显著性为 5%,* 显著性为 10%;Logit 模型汇报的是平均边际效应。

4.5 异质性分析

考虑到社区和家庭的异质性,农地确权对耕地抛荒面积的影响可能存在差异,农地确权在什么情况下会发生作用需要进一步探究。为此,这里将主要以地形特征、村民公约和农地流转为分组变量分别考察社区层面不同自然、政治文化以及经济等条件下农地确权对耕地抛荒面积的影响差异。与此同时,也将以农地转入、农地转出和农地调整为分组变量分别考察不同地权状态下农地确权对耕地抛荒面积的作用差别。

4.5.1 不同社区条件下农地确权对耕地抛荒面积的影响

表 4.10 报告了农地确权对耕地抛荒面积影响的社区异质性。结果显示,第一,农地确权会显著抑制位处平原地区的耕地抛荒,而对于处于山区的社区,却没有显著的作用效果。可能的原因主要在于,山区的耕地改造难度较大,不仅耕地质量相对较低,而且耕地也相对不方便,无论是否农地确权,山区的耕地利用方式短时期难以改变。相形之下,平原地区的耕地本身质量较高,土壤较为肥沃,而且耕作也相对方便,一旦经由农地确权稳定地权,那么就能够显著增强农户的经营预期,进而减少耕地抛荒面积的可能。第二,农地确权会显著抑制没有村民公约社区的耕地抛荒,而对于有村民公约的社区没有显著的影响。可能的解释主要是,有村民公约的社区的制度建设较好,村域社区共同体意识较强,不论是否完成农地确权,农户都会遵守村民公约,坚决制止耕地抛荒行为;而对于没有村民公约的社区,农户的耕地抛荒行为平日缺乏共同的规制来约束。农地确权本质上是国家主导的一套正式制度,当农地确权工作完成,农户的经济行为便有了可以遵循的制度规则和产权约束,从而更加珍惜和爱护耕地,减少耕地抛荒面积。第三,农地确权会显著抑制经济落后社区的耕地抛荒,而对于经济发达的社区,农地确权对于耕地抛荒没有显著的影响。这可能是由于,对于生活在经济发达社区的农户来说,他们务农的机会成本相对较高,务农带来的收入微乎其微,无论是否完成农地确权,都不会轻易改变他们的耕地利用行为;而对于生活在经济落后社区的农户来说,农地确权不仅提高了耕地的经济价值,而且增加了产权的经济

用途,从而更能够显著抑制他们的耕地抛荒行为,减少耕地抛荒面积。

表 4.10 农地确权与耕地抛荒:社区异质性

变量	地形特征		村民公约		集体经济	
	山区	平原	有公约	无公约	经济发达	经济落后
农地确权	−0.358 (0.381)	−0.158** (0.075)	−0.090 (0.093)	−0.637** (0.317)	−0.211 (0.270)	−0.257* (0.143)
控制变量	控制	控制	控制	控制	控制	控制
农户固定效应	控制	控制	控制	控制	控制	控制
时间固定效应	控制	控制	控制	控制	控制	控制
观测值	3989	10500	12652	1837	3511	10978
$Adj\text{-}R^2$	0.019	0.365	0.350	0.227	0.303	0.040

注:括号内为标准误;*** 表示显著性为 1%,** 显著性为 5%,* 显著性为 10%。集体经济为社区人均集体资产是否大于其均值。

4.5.2 不同家庭条件下农地确权对耕地抛荒面积的影响

表 4.11 报告了农地确权对耕地抛荒面积影响的家庭异质性。结果显示,第一,农地确权会显著减少非转入户的耕地抛荒面积,而对转入户没有显著影响。这主要是因为,转入户面临的耕地抛荒成本远远高于非转入户,他们必须支付转入耕地的地租,无论是否完成农地确权,他们都会大概率选择耕种而非抛荒。第二,农地确权会显著减少非转出户的耕地抛荒面积,而对转出户没有显著影响。主要原因可能是,转出户相较于非转出户,他们可以将家里无法耕种的剩余耕地流转给第三方,因此,不论是否完成农地确权,由于农地转出通道敞开,农户都不会存在耕地抛荒的情况。

进一步地,从农地调整分组来看,农地确权会显著减少未经历过农地调整的农户的耕地抛荒面积,而对于经历过农地调整的农户则没有显著影响。可能的解释主要在于,对于经历过农地调整的农户而言,无论是否完成农地确权,他们可能对农地的产权状态抱有不信任的态度,既然之前存在农地调整的案例,那么未来也具有农地调整的可能性,因此,农地产权在某种程度上依然是不稳定的。而对于未经历过农地调整的农户来说,他们的农地产权一直是稳定的,农地确权通过产权身份固化只会增加而非削减农地产权的稳定性和安全性。从这个意义上讲,农地确权改革可能有利于降低土地调整的制度风险,增强农地产权的稳定性和安全性,进而在一定程度上抑制了农户耕地抛荒面积的扩张,有效地强化了耕地数量保护。

表 4.11 农地确权与耕地抛荒:家庭异质性

变量	农地转入		农地转出		农地调整	
	转入户	非转入户	转出户	非转出户	调整户	非调整户
农地确权	−0.201 (0238)	−0.250** (0.117)	−0.059 (0.188)	−0.317** (0.141)	−0.227 (0.171)	−0.321* (0.190)
控制变量	控制	控制	控制	控制	控制	控制
农户固定效应	控制	控制	控制	控制	控制	控制
时间固定效应	控制	控制	控制	控制	控制	控制
观测值	2428	12061	3109	11378	7668	5433
$Adj\text{-}R^2$	0.200	0.152	0.220	0.043	0.068	0.257

注:括号内为标准误;*** 表示显著性为 1%,** 显著性为 5%,* 显著性为 10%。

4.6 本章小结

中国的耕地数量保护对于维护粮食安全和推动农业可持续发展具有深远的影响,探讨农地产权制度改革与耕地数量保护的关系具有现实必要性。作为农地产权制度的基础性内容,农地确权无疑在抑制耕地抛荒、强化耕地保护方面具有不可替代的作用。本章利用中国农村家庭追踪调查 2017 年、2019 年数据,运用面板双向固定效应模型、PSM-DID 模型和工具变量法,以耕地抛荒为例,实证检验了农地确权对农户耕地数量保护的影响。研究结果表明,农地确权会显著地抑制农户的耕地抛荒行为,使得农户的耕地抛荒面积至少下降 0.2 亩左右。而且,这一结果在经过系列稳健性检验之后仍表现得相当稳健,使用社区层面农地确权工作作为工具变量的 IV 估计也再次证明了该结论。机制检验表明,农地确权对耕地抛荒面积的抑制作用主要通过改善土壤肥力、促进农地转出、提高农业补贴可得性和提升农业收入水平来实现。进一步分析发现,农地确权对耕地抛荒面积的影响在社区和家庭层面存在异质性。从社区层面来看,农地确权会显著抑制位处平原、没有村民公约、经济落后社区的耕地抛荒,而对处于山区、有村民公约、经济发达社区没有显著的影响。从家庭层面来看,农地确权会显著减少非转入户、非转出户以及未经历过农地调整农户的耕地抛荒面积,而对存在农地流转、发生过农地调整的农户没有显著的影响。

根据上述主要结论,本书提出以下具有针对性的政策启示。第一,农地确权的本质是产权界定,以还权赋能和物权保护为核心的农地确权对耕地数量保护具有显著的正向效果,这要求要继续巩固和推动农地确权工作,确保每一户家庭都能领到农村土地产权证书。第二,农地确权不是农地产权改革的终点,而是深化农地产权改革新的起点。在农地确权工作完成之后,要努力推动确权成果的多元化利用,充分发挥农地确权在提升土壤质量、促进农地流转、作为补贴依据、提升农业收入方面的积极作用。第三,考虑到不同社区和不同家庭存在异质性,因此有必要因地制宜、因户施策,比如:一是可以尝试加大丘陵山区耕地数量保护的扶持力度,开展土地整治,实施沃土工程;二是加强农村社区制度文化建设,培育相互监督、人人有责的社区共同体意识,制定惜土如金、爱护耕地的村民公约;三是积极培育农村土地流转市场,提高土地资源配置效率,减少农户耕地抛荒行为;四是努力确保农村土地政策的延续性和稳定性,尽量减少农地调整的频次,维护农地产权的稳定性和安全性。

5 新一轮农地确权对农户耕地质量保护的影响[①]

耕地质量保护是耕地保护的核心手段,通常而言,耕地质量保护的措施主要包括政府主导的灌溉、打井以及修渠、挖沟、土地整治等公共投资行为,也包括农户自发的秸秆还田、粪便还田以及配方肥、绿肥、有机肥使用等私人投资行为。而且,由于农户本身是耕地的利用主体和受益主体,通过农地确权改革提升他们的经济激励,更有利于耕地的长期投资和耕地的可持续利用。事实上,有机肥作为一种非常重要的长期投资,一直被视为培肥地力、永续发展的密钥。数千年以来,中国以秸秆还田和粪便还田为核心的有机肥施用策略,成为东亚农耕文明的典范(金,2011)。鉴于此,这部分将借鉴黄季焜和冀县卿(2012)、周力和王镱如(2019)以及钱龙等(2020)的相关研究,以农户有机肥使用为例,主要探讨新一轮农地确权对农户耕地质量保护的影响,以期为深化农地产权制度改革、强化耕地质量保护提供经验证据。

5.1 问题的提出

"洪范八政,食为政首。"几千年来,无论中外,粮食问题始终是治国安邦的头等大事。耕地作为粮食生产的物质载体和禀赋基础,在维护国家粮食安全方面发挥着不可替代的作用。中国是一个人多地少的农业大国,人均耕地面积甚至不足世界平均耕地面积的一半,就十几亿人的吃饭问题而言,立足

[①] 本章的核心内容已经发表:Zheng L Y, Li L L, Zhao Z Y, Qian W R. Does land certification increase farmers' use of organic fertilizer? Evidence from China. Journal of Land Use Science,2023,18(1):39-54.

于粮食安全的耕地保护至关重要。为此,中央高度重视耕地保护问题,不仅要求坚守18亿亩耕地红线,也要求严格遏制耕地抛荒,实施最为严格的耕地保护制度。然而,耕地保护过程中,由于长期存在重数量而轻质量的倾向,导致中国耕地质量不容乐观,土壤肥力明显下滑,耕地的可持续利用受到严峻挑战(郭文华,2012)。2019年的《全国耕地质量等级情况公报》显示,全国优等耕地面积仅为6.32亿亩,只占全部耕地构成的30%左右,大量耕地仍处于中低等水平,肥沃土地相对稀缺,耕地质量较为堪忧。积肥如积粮,耕地质量是耕地可持续利用的前提和基础,只有确保良好的耕地质量,农业可持续发展才有希望。否则,耕地的可持续利用、农业的可持续发展,以及国家粮食安全将无从谈起(王军等,2019)。

中国的农耕实践证明,有机肥施用是提高土壤肥力、提升耕地质量的有效举措。诚如美国土壤物理学之父——富兰克林·H.金在其专著《四千年农夫:中国、朝鲜和日本的永续农业》一书所指出,数千年以来,中国以秸秆还田和粪便还田为核心的有机肥施用策略,不仅保证了耕种当年的农作物产量,也促进了耕地的可持续利用,更使中国成为东亚农耕文明的典范(金,2011)。然而,伴随着城乡经济社会的历史转型,耕地抛荒的普遍存在,农药、化肥的大量使用,使得中国同欧美等先行工业化国家一样也面临着耕地不合理利用的问题。并且,更为严峻的是,现阶段中国土壤表层的有机质含量已低于欧美发达国家水平(Fan et al.,2012),在农业增产增收的利益导向驱使下,农户耕地质量提升由于缺乏足够的经济激励,有机肥使用行为已经大大减少(刘丹等,2018),有机肥施用量出现显著下降的趋势(黄季焜、冀县卿,2012),由此导致土壤肥力不断衰减。有机肥是一项培植地力的长期投资,不但能够改善土壤结构,而且能够使得土壤肥力持续四五年之久(Jacoby et al.,2002)。因此,在城乡转型背景下,如何传承和发扬农耕文明时代留下的宝贵经验,引导农户提高有机肥使用率对于促进耕地的可持续利用和农业的可持续发展依然具有十分重要的现实必要性和理论必然性。

农地产权制度是农村经济社会最为基础的制度安排,长期以来,产权的清晰界定和有效保护对农户耕地质量保护行为具有重要影响(钱龙等,2019)。实际上,改革开放初期,正是通过土地使用权的下放以及集体与农户之间的合约议定,才形成了农业农村经济快速增长的制度力量(刘守英,2018b)。不过,合约议定的农村土地承包经营权本质上属于债权意义上的产权保护(刘振伟,2017),家庭承包制度下的农地产权制度不可避免地存在产权不明晰、产权不稳定和产权不完整等问题,农地产权对农户的经济激励仍然有限,推动农村土地承包经营权由债权意义向物权意义转变任重而道远(叶兴庆,2018)。相较于先前的农村土地承包合同,2013年以来的新一轮农地确权改革在清晰界定土地物理边界和权属边界的基础上,向农户发放具有法律效力的土地产权证书,无疑将为农户提供更为清晰的产权界定和更为完整的法律保护(钱龙等,2020),理论上有助于增加农户有机肥使用,强化农户耕地质量保护行为(周力、王镱如,2019)。截至目前,新一轮农地确权改革基本结束,据农业农村部统计,截至2019年底,全国农村承包土地确权登记发证率已经超过94%(韩长赋、吴宏耀,2019)。在此背景下,新一轮农地确权是否提升了农户使用有机肥的可能性?如果答案是肯定的,那么农地确权提升有机肥使用的作用机制又是什么?进一步地,新一轮农地确权能够在多大程度上提高农户有机肥的投入和使用水平,新一轮农地确权对有机肥使用的影响是否存在异质性等,这些核心问题构成本项研究的主要研究目标。

与已有研究相比,本项研究可能的边际贡献主要表现在:第一,研究视角方面。已有农地确权的相关研究主要集中在流转、投资和信贷等领域(郑淋议等,2020),且为数不多的有关农地确权对农户有机肥使用行为的研究又均以农家有机肥为研究对象(黄季焜、冀县卿,2012;周力、王镱如,2019)。事实上,由于农家有机肥几乎每家每户都有,无论农地确权与否,农户都可能会部分地使用。相形之下,商品有机肥需要额外的投入成本,在一定程度上更能表达农户的耕地质量保护行为。因此,本项研究将具体考察新一轮农地确权对商品有机肥的影响,并使用农家有机肥作为稳健性检验对话已有研究结论的科学性。第二,研究内容方面。本项研究在探讨农地确权对耕地质量保护影响的基础上,一是尝试探讨了农地确权与农户有机肥使用行为之间可能的作用机制;二是综合考虑了农户是否使用有机肥的存在性问题和农户每亩耕地有机肥投入多少的程度性问题。第三,研究数据方面。与已有农地确权的相关研究使用部分省市的截面数据不同(周力、王镱如,2019;钱龙等,2020),本项研究将使用涵盖新一轮农地确权改革全过程、具有全国代表性的最新中国农村家庭追踪调查(CRHPS)数据,结论可能更加具有外部有效性。

5.2 文献回顾与理论分析

现有研究主要考察了2013年之前的农地确权效果,而新一轮农地确权对耕地质量保护的研究成果相对较为匮乏(周力、王镱如,2019),对于农地确权如何提升耕地质量保护的作用机制探讨更是付之阙如。理论上讲,农地确权主要通过改善产权预期(意愿)、减少化肥投入(行为)和提高农业补贴可得性(收入)等渠道促进有机肥的使用。

5.2.1 农地确权、产权预期与有机肥使用

在计划行为理论看来,任何行为的改变都是基于主观意愿做出的变化(Ajzen,1988)。农地确权之所以能够促进有机肥的使用,很大程度上就在于农地确权改善了农户的产权预期,增强了农户的产权安全性感知(钱龙等,2019)。有机肥的使用作为一种长期投资,它是建立在拥有稳定的农地产权基础之上的(Besley,1995)。如果农户预期到自己所占有的农地产权是不稳定的,那么他就很可能放弃有机肥的投资(Abdulai et al.,2011),甚至对农地实施掠夺性经营(郑淋议等,2021)。个中缘由主要在于,不稳定的农地产权意味着产权主体很难有十足的信心收回投资所产生的全部收入流(Roth and Haase,1998)。新一轮农地确权在清晰界定农地物理边界和权属边界的基础上,向农户颁发具有法律意义的产权证书,这有利于固化农户的产权主体身份,增强农地产权的稳定性、安全性与排他性(Kassa,2014),稳定农户生产经营预期(黄季焜、冀县卿,2012),这无疑会加大农户对于农地产权的主观效用,提高他们投资农地的经济激励(Saint-Macary et al.,2010)。因此,以法律保护和还权赋能为核心的新一轮农地确权将有利于帮助农户树立正向的产权预期,进而引导农户增加有机肥使用等长期投资的可能性。

5.2.2 农地确权、化肥投入与有机肥使用

有机肥和化肥都是农作物所需的肥料,一般而言,两者存在相互替代的消费关系。在农户预算约束下,为保持稳定的产出水平,在肥料的可选择范

围内,化肥投入的增加意味着有机肥投入的减少,反之,化肥投入的减少则意味着有机肥投入的增加(马骥,2006)。合理的化肥使用不仅能够节约劳动力,而且还能够大幅度地提升农业产量(张舰等,2017)。但是,化肥本身对耕地有严重的伤害(Liu et al.,2011),长期使用化肥会改变土壤微生物群落结构并且降低土壤生物活性(杨林生等,2016),会导致耕地地力的下降。而有机肥具有改善土壤肥力的长期功效,但是它单位养分含量低,肥效慢,对农作物的增产效果不如化肥明显(Zhu and Chen,2002)。在产量最大化和收入最大化的利益诱导下,农户极有可能使用化肥,以短期投入挤兑土壤保护性投资(马贤磊,2009)。农户选择有机肥还是化肥,农地产权是重要的影响因素之一。农地产权对经济主体的耕地保护行为至关重要,它对农户的经济激励取决于农户付出的努力与相应的收益相一致的程度(邰亮亮等,2013)。如果农地产权缺乏清晰的界定和有效的保护(Coase,1960),经济主体便会产生过度使用化肥的短期行为而非使用有机肥的长期行为(Alchian and Demsetz,1972)。农地产权对农户的经济激励取决于农户付出的努力与相应的收益相一致的程度。换言之,农地产权稳定,农户使用有机肥的概率才有可能增加。理论上讲,新一轮农地确权通过向农户颁发具有法律效力和多种经济用途的土地产权证书,赋予农户长期而稳定的使用权,可以减少不确定性(Feder and Nishio,1998),稳定农户的生产经营预期(Holden et al.,2011),增强农户的耕地保护意识(姚柳杨等,2016),诱导农户减少化肥的使用,增加有机肥的投资(黄季焜、冀县卿,2012),进一步提高耕地质量水平和促进耕地资源的可持续利用(曲福田、陈海秋,2000)。

5.2.3 农地确权、农业补贴与有机肥使用

农业补贴是一种激励与约束机制,农民的生产积极性与农业补贴可得性正向相关(Strijker,2005)。中国情景下,除农机购买和农资综合补贴,其他诸如粮食直接补贴和良种补贴等在内的农业补贴一般是以农村土地承包经营权证上标注的耕地面积为依据(冯海发,2015),而农村土地承包经营权证的缺失将可能导致农户的农业补贴被侵吞或截留。若农户缺乏相应的土地产权证书,他们获取农业补贴的可能性也会有所降低,这无疑会降低农户有机肥使用概率。相较于新一轮农地确权改革之前土地产权证书发放不全的情况(叶剑平等,2000),当下的农地确权通过全面向农户颁发面积准确、四至清

楚和归属清晰的农村土地承包经营权证书,使之成为包括农业补贴发放在内的凭证和依据(郑淋议等,2020)。因此,农村土地承包经营权证书的全面发放理论上有助于提高农业补贴的可得性,减少农业补贴发放不准确以及防止行政机构及其人员对农业补贴的侵吞或截留的情况,进而维护农户合法的土地权益,提高农户长期投资的经济激励,增强农户有机肥使用的可能性(Saint-Macary et al.,2010)

5.3 数据来源、变量选取与研究设计

5.3.1 数据来源

本项研究使用的数据来自中国农村家庭追踪调查(CRHPS)数据库。该调查数据内容全面、信息丰富,涉及农村家庭的基本结构、收入与支出、农业生产经营、土地利用与流转等各个方面,尤其是与本项研究最为相关的农地确权与有机肥信息也分别于2013年和2017年开始收集。由于本项研究旨在探讨新一轮农地确权对耕地质量保护的影响,因此,在对数据进行系列清理的基础上,我们主要保留了农地确权、有机肥使用以及个体特征、家庭特征等基础变量,最终形成2017年和2019年两期非平衡面板数据,拥有分布在全国29个省份的21176个农户家庭样本。

5.3.2 变量选取

被解释变量:农户耕地质量保护。与灌溉、打井以及修渠等政府主导的耕地质量提升项目不同,有机肥使用更多是农户自发行为,属于自主收集、自主投入的长期投资,更能真实体现农户的耕地质量保护行为和评价农地产权制度改革的投资效应(郗亮亮等,2011)。与此同时,相较于秸秆和粪便在内的传统农家有机肥,利用各种动物废弃物和植物残体加工而成的符合国家相关标准的商品有机肥需要更高的成本支出,在一定程度上更能表达农户的耕地质量保护行为。因此,本项研究主要使用秸秆还田和粪便还田之外的商品有机肥(狭义)作为被解释变量,同时使用秸秆还田和粪便还田等农家有机肥

以及不考虑有机肥种类的有机肥作为农户耕地质量保护行为的辅助衡量指标。

核心解释变量：农地确权。考虑到本项研究主要探讨新一轮农地确权改革与农户层面耕地保护行为的关系，因此，这里借鉴郑淋议等（2020）的研究，使用2013年以来家庭是否领取承包经营权证书的虚拟变量来反映新一轮农地确权改革。之所以要识别新一轮农地确权，主要是因为新一轮农地确权改革对有机肥使用的影响研究相对较少，而且目前学术界也并没有明确界定新一轮农地确权，既没有区分农地确权的层次，也没有区分农地确权的起始时间，不少研究都是在笼统谈新一轮农地确权。事实上，家庭层面的证书发放与社区层面的确权工作是有区别的，一是家庭层面的证书发放时间晚于社区层面的确权工作，二是社区确权完成并不意味着每一户都能领到承包经营权证书，存在农地纠纷可能的农户，其产权证书发放的时间相对更晚。与此同时，不同时间段的农地确权改革也是有区别的，虽然早在2008年，"中央一号文件"提出"加快建立土地承包经营权登记制度"，2009年中央出台《农村土地承包经营权登记试点工作方案》，2011年中央又出台《关于开展农村土地承包经营权登记试点工作的意见》，但是中央全面启动新一轮农地确权改革是在2013年，当年的"中央一号文件"提出，要"健全农村土地承包经营权登记制度"，并"用5年时间基本完成农村土地承包经营权确权登记颁证工作"。而且，2013年之后，以农地确权为基础的"三权分置"改革、"三块地"改革以及经营权抵押贷款等农地产权制度改革也加快推进，农地产权的权能赋予较2013年之前的农地确权改革更为完整。

借鉴周力和王镱如（2019）以及钱龙等（2020）的相关研究，本项研究的控制变量主要包括个体特征、经济特征、人力特征和地块特征。其中，个体特征主要由户主的年龄、性别和文化程度构成。经济特征主要选取家庭的总收入以反映家庭的经济状况，需要说明的是，由于不少农户的家庭总收入存在负值现象，采用取对数方式处理容易直接替换为缺失值，因此，这里采用万元为单位的做法。人力特征主要使用务农劳动力数量和非农就业率来反映家庭劳动力的配置状况。地块特征主要包括家庭人均耕地面积、平均地块面积以及承包地市场价值，分别用来反映家庭的耕地资源禀赋、地块细碎化程度和耕地的经济价值。各主要变量的定义和描述统计如表5.1所示。

表 5.1 变量定义与描述统计

变量	变量定义	均值	标准差
有机肥(狭义)	是否使用商品有机肥(是＝1,否＝0)	0.559	0.497
粪便还田	是否粪便还田(是＝1,否＝0)	0.668	0.471
秸秆还田	是否秸秆还田(是＝1,否＝0)	0.397	0.489
有机肥(广义)	是否使用有机肥(是＝1,否＝0)	0.792	0.406
农地确权	2013 年以来,家庭是否领取承包经营权证书(是＝1,否＝0)	0.536	0.499
年龄	户主年龄(岁)	52.690	11.251
性别	户主性别(男＝1,女＝0)	0.829	0.377
文化程度	户主受教育程度(文盲＝1,小学＝2,初中＝3,高中＝4,中专或职高＝5,大专或高职＝6,大学本科＝7,硕士生＝8)	2.735	1.125
劳动力数量	家庭务农成员数量(人)	1.485	0.968
非农就业率	家庭非农就业比例(0—1)	0.275	0.288
家庭收入	家庭总收入(万元)	5.384	9.823
人均耕地面积	家庭人均耕地面积(亩)	2.628	5.637
平均地块面积	每块耕地的经营面积(亩)	2.992	16.251
承包地市场价值	您估计您家的承包地值多少钱(元,取对数)	7.491	2.353
产权预期	农地确权是否能够带来好处(是＝1,否＝0)	0.893	0.309
化肥投入	每亩化肥投入金额(元)	128.538	204.222
农业补贴	是否获得农业生产经营补贴(是＝1,否＝0)	0.732	0.443

5.3.3 研究设计

考虑到本项研究的被解释变量有机肥使用为二元离散变量,同时数据类型为两期非平衡面板数据,因此,可供的模型选择为离散面板数据模型,即面板 Logit 模型和面板 Probit 模型。其中,前者要求随机误差项服从逻辑分布,后者要求随机误差项服从正态分布。不过,面板 Logit 模型有随机效应和固定效应两种面板模型可供选择,而面板 Probit 模型目前只能估计随机效应。因此,本项研究首选面板 Logit 模型,并构建如下计量回归方程:

$$\text{Organic\_fert}_{it} = \alpha_0 + \alpha_1 \text{Certification}_{it} + \alpha X_{it} + \delta_i + \lambda_t + \varepsilon_{it} \quad (5.1)$$

其中，i 表示农户，t 代表调查年份。Organic_fert 表示是否使用有机肥，Certification 表示新一轮农地确权，X 表示系列控制变量，α_0 为截距项，α_1 和 α 为待估系数，δ_i 表示农户固定效应，主要控制农户层面诸如能力、偏好等因素；λ_t 表示年份固定效应，主要控制与耕地质量保护有关的全国性政策或宏观经济状况等随时间变化但是不随农户变化的因素，ε_{it} 为随机扰动项。

5.4 实证结果

在线性面板模型当中，目前学术界尽管大多默认选择固定效应，但是对于非线性面板模型，比如 Logit 模型，学术界普遍认为由于控制大量个体哑变量会导致系数估计偏差，这种情况下随机效应可能会更好。事实上，固定效应模型普遍存在两个难以处理的问题：一是将损失大量样本值，导致样本容量大为减少，从而导致有偏差的估计(Holden et al.，2009)；二是由于条件似然函数在估计时消去了个体固定效应，在不假设个体固定效应为零的情况下，固定效应模型也难以预测事件发生的概率(陈强，2014)。为此，在固定效应和随机效应的豪斯曼检验(Hausman test)基础上，本项研究最终选择面板Logit 随机效应模型估计农地确权对农户有机肥使用的影响。

5.4.1 基准回归

表5.2报告了农地确权对有机肥使用的逐步回归结果，为便于比较和解释，表中各项解释变量的数值均转化为边际效应。第(1)列到第(5)列的估计结果显示，不论是否加入控制变量，农地确权的估计系数始终为正，并在1%的显著性水平上通过统计检验，回归结果具有较好的稳健性。与未持有农村土地承包经营权证书的农户相比，持有农村土地承包经营权证书的农户使用有机肥的概率要高15%左右。这表明农地确权对有机使用具有显著的正向影响，农地确权存在产权激励效应，通过向农户颁发具有法律效力和多种经济用途的土地产权证书，它有助于强化农户的耕地质量保护行为，培肥地力，提升土壤肥力和改善土壤养分结构。

表 5.2 农地确权与有机肥使用:基本结果

变量	面板 Logit 模型				
	(1)	(2)	(3)	(4)	(5)
农地确权	0.151*** (0.036)	0.150*** (0.037)	0.155*** (0.037)	0.158*** (0.041)	0.156*** (0.043)
年龄		−0.006*** (0.002)	−0.005*** (0.002)	−0.002 (0.002)	−0.002 (0.002)
性别		−0.224*** (0.050)	−0.230*** (0.050)	−0.061 (0.058)	−0.063 (0.059)
文化程度		0.162*** (0.019)	0.142*** (0.019)	0.096** (0.022)	0.097*** (0.022)
家庭收入			0.015*** (0.002)	0.013*** (0.003)	0.014*** (0.003)
劳动力数量				0.252*** (0.023)	0.254*** (0.023)
非农就业率				−0.347*** (0.087)	−0.407*** (0.090)
人均耕地面积					−0.011*** (0.004)
平均地块面积					−0.001 (0.002)
承包地市场价值					0.019** (0.009)
常数项	0.223*** (0.028)	0.288*** (0.128)	0.220* (0.129)	−0.503*** (0.151)	−0.611*** (0.170)
观测值	21152	21130	21130	17689	17326
Log likelihood	−14415.102	−14334.081	−14311.673	−12029.744	−11766.036
Wald chi2	17.27	137.16	169.90	194.85	209.25

注:括号内为普通标准误;*** 表示显著性为1%,** 显著性为5%,* 显著性为10%;由于本研究的被解释变量不唯一,笔者并未统一样本量。不过,逐步回归结果显示,这并不影响估计结果的有效性。

5.4.2 稳健性检验

1. 换方法:使用面板 Probit 模型和面板 LPM 模型

如前文所分析,对于面板数据的二元离散变量处理,除了面板 Logit 模型,面板 Probit 模型也是常用的估计方法。而且,抛开估计系数的精确性不论,面板 LPM 模型也作为一种折中的估计方法被普遍采用。为此,本项研究也将分别使用面板 Probit 模型和面板 LPM 模型对实证方程(1)进行重新估计。表 5.3 报告了两种模型的估计结果,不难发现,尽管农地确权的估计系数在不同模型之中有所差别,但是不管用哪种方法估计,农地确权的估计系数也都显著为正,且在 1%的显著性水平上通过了检验,这表明农地确权确实能够增加有机肥使用的概率,有助于耕地质量的提升。

表 5.3 农地确权与有机肥使用:稳健性检验一

变量	面板 Probit 模型				面板 LPM 模型			
	(1)	(2)	(3)	(4)	(5)	(6)	(7)	(8)
农地确权	0.090*** (0.022)	0.093*** (0.022)	0.083*** (0.025)	0.086*** (0.025)	0.029*** (0.007)	0.029*** (0.007)	0.026*** (0.008)	0.026*** (0.008)
个体特征	控制	控制	控制	控制	控制	控制	控制	控制
经济特征		控制	控制	控制		控制	控制	控制
人力特征			控制	控制			控制	控制
地块特征				控制				控制
常数项	0.172*** (0.077)	0.133*** (0.077)	−0.282*** (0.090)	−0.361*** (0.101)	0.555*** (0.024)	−0.545*** (0.024)	0.223*** (0.028)	0.386*** (0.031)
观测值	21130	21130	17689	17326	21130	21130	17689	17326
Log likelihood	−14334.05	−14311.76	−12030.77	−11769.68	—	—	—	—
Wald chi2	139.87	174.42	198.11	212.52	—	—	—	—
R^2	—	—	—	—	0.071	0.073	0.072	0.072

注:括号内为普通标准误;*** 表示显著性为 1%,** 显著性为 5%,* 显著性为 10%。

2. 聚类调整:使用社区层面的聚类

考虑到目前中国大部分农村社会仍属于熟人社会,同一社区的农户绿色生产行为可能存在模范和示范效应,社区内部农户之间的有机肥施用可能会相互影响。为此,本项研究将聚类层次进一步从家庭上升至社区,使得估计标准误在社区层面聚类。表 5.4 报告了社区层面聚类下农地确权对有机肥使用的逐步回归结果。研究发现,无论是聚类到家庭,还是聚类到社区,农地确权对有机肥使用的回归系数在1%的水平上均显著为正。与此同时,持有农村土地承包经营权证书的农户比未持有农村土地承包经营权证书的农户有机肥使用概率要高15个百分点,而且,不管是否加入控制变量,模型的估计结果都相当稳健。

表 5.4 农地确权与有机肥使用:稳健性检验二

变量	面板 Logit 模型				
	(1)	(2)	(3)	(4)	(5)
农地确权	0.151*** (0.036)	0.150*** (0.036)	0.155*** (0.036)	0.158*** (0.042)	0.153*** (0.043)
个体特征		控制	控制	控制	控制
经济特征			控制	控制	控制
人力特征				控制	控制
地块特征					控制
常数项	0.223*** (0.028)	0.288** (0.126)	0.220* (0.127)	−0.503*** (0.152)	−0.630*** (0.170)
观测值	21152	21130	21130	17689	17326
社区聚类数	2913	2910	2910	2507	2475
Log likelihood	−14415.102	−14334.081	−14311.673	−12029.744	−11766.673
Wald chi2	17.27	137.16	169.90	194.85	208.51

注:括号内为普通标准误;*** 表示显著性为1%,** 显著性为5%,* 显著性为10%。

3. 变换核心解释变量:农村土地承包合同

中国实行以集体所有和家庭承包为内核的农地产权制度,农地使用权经由集体和农户之间的合约议定来体现,具体表现为集体向农户发放农村土地承包合同和农村土地承包经营权证书,由此构成所有权属于集体、承包经营权属于农户的"两权分离"格局。因此,除了国家颁发的农村土地承包经营权证书,农村土地承包合同也是农地使用权日常实施的保障手段(黄季焜、冀县卿,2012)。为此,本项研究将使用农村土地承包合同表征农地确权,替换原来的农村土地承包经营权证书。表5.5报告了农村土地承包合同对有机肥使用的回归结果。结果显示,不管是聚类到农户,还是聚类到社区,农村土地承包合同在1%的显著性水平上正向地提高农户有机肥使用的可能性。具体地,与未持有农村土地承包合同的农户相比,持有农村土地承包合同的农户有机肥使用概率要高19.8%。在这里,农村土地承包合同比农村土地承包经营权证书的作用效果略高,可能的解释是,一方面,持有农村土地承包合同的农户比例略高于持有农村土地承包经营权证书的农户比例,在农地确权颁证之前,农地使用权的实施主要以承包合同为依据,即使目前确权颁证已基本完成,但承包合同的"余威"仍在;另一方面,新一轮农地确权制度初步确立,农户对确权制度的信任还有一个接受的过程。

表5.5 农地确权与有机肥使用:稳健性检验三

变量	面板 Logit 模型	
	(1)	(2)
农地确权 (农村土地承包合同)	0.198*** (0.048)	0.198*** (0.045)
控制变量	控制	控制
常数项	−0.444*** (0.152)	−0.444*** (0.152)
观测值	19925	19925
聚类层次	农户	社区
Log likelihood	−13531.276	−13531.276
Wald chi2	225.73	225.73

注:括号内为普通标准误;*** 表示显著性为1%,** 显著性为5%,* 显著性为10%;控制变量同表5.2第(5)列。

4. 变换被解释变量:农家有机肥与广义有机肥

随着生产生活条件的改善以及农业科技的进步,以秸秆和粪便为代表的传统农家有机肥已经逐渐被商品有机肥所取代(褚彩虹等,2012)。但不容忽视的是,商品有机肥完全取代农家有机肥仍有一个相当长的历史过程。因此,本项研究也将使用数据库中2019年的秸秆还田变量(截面数据)和2017年、2019年的粪便还田变量(面板数据),不考虑有机肥种类的广义有机肥变量(面板数据),并使用代理变量法再次对实证方程(1)进行估计。表5.6显示了农地确权对不同类别有机肥使用的回归结果。可以看出,无论对于什么类型的有机肥,农地确权都能够显著提高它们的使用概率。而且,第(6)列结果显示,在不考虑有机肥种类的情况下,持有农村土地承包经营权证书的农户的有机肥使用概率比未持有农村土地承包经营权证书的农户高近30个百分点,相较于之前不包含农家有机肥使用所对应的确权效果,广义有机肥使用所对应的农地确权激励几乎提升了1倍,这些贡献主要来自秸秆还田(5.2%)和粪便还田(13.9%)等农家有机肥。

表 5.6 农地确权与有机肥使用:稳健性检验四

变量	秸秆还田		粪便还田		有机肥(广义)	
	(1)	(2)	(3)	(4)	(5)	(6)
农地确权	0.054*** (0.010)	0.052*** (0.010)	0.113* (0.062)	0.139** (0.062)	0.222*** (0.043)	0.298*** (0.049)
控制变量		控制		控制		控制
常数项	−0.539*** (0.034)	−0.611*** (0.170)	1.146*** (0.059)	1.824*** (0.246)	0.960*** (0.041)	0.904*** (0.195)
观测值	11100	11085	13081	12735	21176	17347
Log likelihood	−7471.614	−7382.299	−8189.529	−7900.022	−10408.621	−8473.438
Wald chi2	30.04	187.91	29.05	136.72	578.72	601.94

注:括号内为普通标准误;***表示显著性为1%,**显著性为5%,*显著性为10%;控制变量同表5.2第(5)列;均为Logit模型,但由于秸秆还田只有2019年数据,因此,它为截面Logit模型,其他为面板Logit随机效应模型。

5.4.3 安慰剂检验

受限于数据可得性,本项研究尽可能地控制了农户有机肥使用的影响因素,但农地确权对有机肥的作用效果是否还受到其他不可观测因素等的影响仍值得探讨。因此,为了进一步验证本项研究的估计结果是否由省份、社区、家庭和年份等层面的不可观测因素驱动,借鉴Cai等(2016)和Zheng和Qian(2021)的检验方法,这里将对省份随机分配"虚拟"的确权时间进行安慰剂检验。具体地,本项研究针对全国29个样本涵盖到的省份,随机抽取2013—2019年的任意一年作为其确权的年份,然后进行500次随机抽样,在控制年龄、性别、文化程度、劳动力数量、非农就业率、家庭收入、人均耕地面积、平均地块面积和承包地市场价值等变量之后对其进行估计,并绘制出500个回归系数及其相关的p值的分布,结果如图5.1所示。不难发现,大多数农地确权的估计系数均值都集中在0点附近,明显地有别于0.156的真实估计值,且大多数系数估计值对应的 p 值也都大于 0.1，拒绝与真实估计结果不存在差异的假设。这表明，本项研究的估计结果不太可能存在较大的偏差，受到省份、社区、家庭和年份等层面的不可观测因素的影响较小。

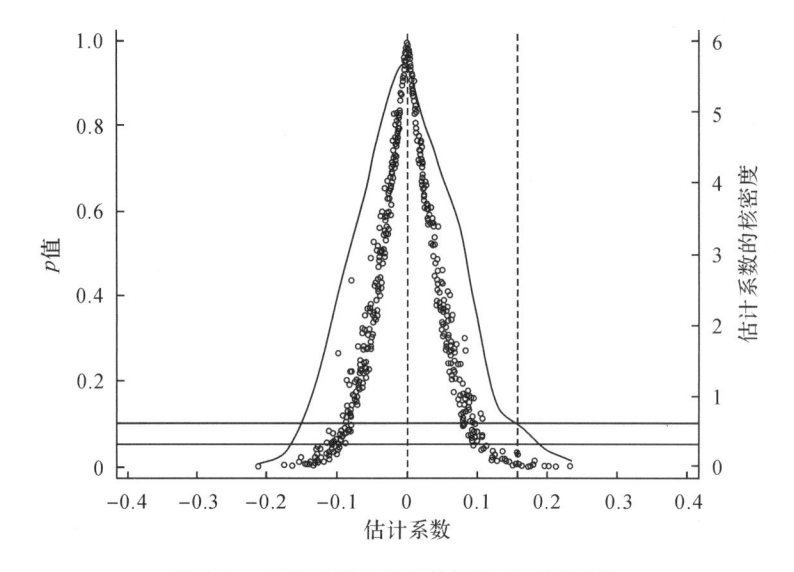

图 5.1　农地确权与有机肥使用：安慰剂检验

注：图中为确权估计系数与其对应 p 值的散点图和系数的核密度估计曲线的组合图；回归中控制了年龄、性别、文化程度、劳动力数量、非农就业率、家庭收入、人均耕地面积、平均地块面积和承包地市场价值等变量，并采用农户层面的普通标准误。

5.4.4　进一步分析

一般来讲，农户的行为大致可分为存在性和程度性两大类（郑淋议等，2018）。其中，是否使用有机肥属于存在性问题，而有机肥投入成本和有机肥施用量则属于程度性问题。因此，在证实农地确权能够显著提高有机肥使用概率的假说之后，仍有必要进一步讨论农地确权在多大程度上提高了有机肥的投入成本和施用量[①]。

---

① 通常而言，对于同一要素或产品，两者是一致的，即投入成本多，施用量往往也多。但是，由于投入成本先于施用量发生，所以两者的正向关系在某些情况下也不一定完全成立。

1. 农地确权对有机肥投入成本的影响

表 5.7 显示了农地确权对有机肥投入的回归结果。其中,第(1)列和第(2)列使用面板 OLS 固定效应模型,第(3)列和第(4)列使用面板 Tobit 固定效应模型。OLS 模型的估计结果显示,农地确权能够显著提高有机肥使用投入,持有农村土地承包经营权证书的农户比未持有农村土地承包经营权证书的农户的有机肥投入成本平均每亩要多 25 元左右。不过,考虑到不少农户每亩有机肥的投入成本实际上为 0 元以及同时存在少许极端值的情况,直接使用 OLS 估计可能存在低估,因此,借鉴郜亮亮等(2011)的估计方法,本项研究使用面板 Tobit 固定效应模型再次进行估计。Tobit 固定效应模型的估计结果显示,OLS 估计方法确实存在低估的可能,实际上,与未持有农村土地承包经营权证书的农户相比,持有农村土地承包经营权证书的农户的有机肥投入成本平均每亩要多 35 元左右。

表 5.7　农地确权对有机肥投入成本的估计结果

变量	OLS_FE		Tobit_FE	
	(1)	(2)	(3)	(4)
农地确权	25.246**	25.072**	33.409***	35.738***
	(9.899)	(10.083)	(7.336)	(7.350)
控制变量		控制		控制
常数项	24.843***	−10.795	−310.899***	−418.393***
	(5.523)	(25.300)	(7.738)	(30.374)
观测值	15409	14985	15409	14985
Log likelihood	—	—	−25237.939	−24634.987
Wald chi2	—	—	20.74	142.32
R^2	0.082	0.083	—	—

注:括号内为标准误;*** 表示显著性为 1%,** 显著性为 5%,* 显著性为 10%;控制变量同表 5.2 第(5)列;面板 Tobit 模型在 0 处左归并,1000 处右归并。

2. 农地确权对有机肥施用量的影响

表 5.8 显示了农地确权对有机肥施用量的回归结果。其中,第(1)列和第(2)列使用最小二乘法(OLS)估计,考虑到农地确权改革可能存在试点选择的自选择问题,第(3)列和第(4)列还将使用赫克曼(Heckman)两步法估计。结

果显示,不论采取何种估计方法,农地确权均正向显著地提高农户有机肥施用量,而且,农地确权的估计系数都较为接近,持有农村土地承包经营权证书的农户比未持有农村土地承包经营权证书的农户的有机肥施用量平均每亩要多出 23 千克左右。

表 5.8 农地确权对有机肥施用量的估计结果

变量	OLS		Heckman	
	(1)	(2)	(3)	(4)
农地确权	24.011*** (7.907)	22.990*** (7.776)	24.029*** (8.001)	22.990*** (8.155)
控制变量		控制		控制
常数项	74.725*** (5.846)	−0.151 (33.136)	−1.620*** (0.039)	−1.652*** (0.040)
观测值	12417	11895	12406	11895
Log likelihood	—	—	−29627.069	−28841.005
Wald chi2	—	—	20.74	64.44
R^2	0.071	0.086	—	—

注:括号内为标准误;*** 表示显著性为 1%,** 显著性为 5%,* 显著性为 10%;由于有机肥施用量只有 2019 年才有,因此,数据类型为截面数据。

5.4.5 内生性讨论

新一轮农地确权是国家意志主导的农地产权改革,要求用五年的时间以整村推进的形式全面完成,不以集体和农户的意志为转移。因此,对于农户层面的耕地质量保护行为而言,由反向因果和选择性偏误问题引致的内生性基本可以忽略(钱龙等,2020),以家庭是否获得农村土地承包经营权证书为表征的农地确权是内生的可能性较小,这在赫克曼两步法的估计中也得到了侧面的印证。与此同时,由遗漏变量和测量误差可能引致的内生性问题在本项研究中也得到一定程度的解决。具体地,对于可能存在的遗漏变量问题,本项研究主要使用面板追踪数据和利用逐步回归法尝试加以处理;对于可能存在的测量误差问题,本项研究也通过变换指标测度的方式加以回应,估计结果显示,无论是否添加秸秆和粪便等农家有机肥,农地确权均能够释放出积极的正向效果。综上所述,在本项研究中,实际上没有必要过多担心内生性问题带来的可能干扰。

5.4.6 作用机制检验

前文的估计结果已经表明,农地确权确实能够正向显著地促进有机肥的使用。那么,进一步需要探讨的问题则是,农地确权是如何影响有机肥使用的? 其中的作用机制是什么? 为此,结合前文的理论分析,本项研究借鉴 Baron 和 Kenny(1986)的方法,通过构建中介效应模型实证检验新一轮农地确权对农户有机肥使用的作用机制。

$$\text{Med}_{it} = \beta_0 + \beta_1 \text{Certification}_{it} + \beta X_{it} + \delta_i + \lambda_t + \omega_i t \quad (5.2)$$

$$\text{Organic\_fert}_{it} = \gamma_0 + \gamma_1 \text{Med}_{it} + \gamma_2 \text{Certification}_{it} + \gamma X_{it} + \delta_i + \lambda_t + v_{it} \quad (5.3)$$

中介效应的检验思路如下:在表 5.2 第(5)列农地确权估计系数显著为正的基础上,进一步估计式(5.2)、(5.3),其中,Med 为本项研究关心的三个中介变量,即产权预期(二元离散变量)、化肥投入①(连续变量,取对数)和农业补贴(二元离散变量),若式(5.2)中的系数 β_1 和式(5.3)中系数 γ_1 都显著,说明农地确权通过上述中介变量作用于农户有机肥使用行为。在此基础上,若 γ_2 系数依然显著为正,则说明中介变量起着部分中介作用;若 γ_2 系数不显著,则说明中介变量起着完全中介作用。同时,如果式(5.2)中的系数 β_1 和式(5.3)中系数 γ_1 至少有一个不显著,则还需要进一步针对系数交叉项 $\beta_1 \times \gamma_1$ 进行 Sobel 检验,若其 Z 统计量显著,则表明中介效应存在②。

表 5.9 显示了农地确权影响有机肥使用的估计结果。从第一阶段的估计结果来看,农地确权对产权预期、化肥投入和农业补贴的估计系数分别为 0.316、-0.196 和 0.358,均符合理论预期且都在 1% 的统计水平上显著。这表明,新一轮农地确权能够显著提升农户的产权预期,显著减少亩均化肥投

---

① 考虑到有机肥和化肥都是农作物所需的肥料,两者存在相互替代的消费关系。因此,使用化肥对农地确权回归也可看作使用有机肥对农地确权回归的稳健性检验。

② 需要说明的是,在因果推断框架下,中介效应模型在经济学领域的应用需要谨慎对待。因为机制是复杂的,而方程(5.3)并没有讨论中介变量的外生性。不过,考虑到当今时代社会科学所涉的研究方法是逐步走向科学的,推断也将越来越精确,基于某研究方法的研究结论可能被利用更先进的研究方法得出的估计结果所推翻,因此,笔者也在此大背景下尝试应用该模型以作社会进步的注脚。可以说,研究方法依然是阶段的历史的产物,研究者对变量间因果关系的追寻永远在路上。

入,显著增加农业补贴可得性。

表 5.9 农地确权对有机肥使用的作用机制

变量	中介效应模型					
	渠道一		渠道二		渠道三	
	产权预期	有机肥使用	化肥投入	有机肥使用	农业补贴	有机肥使用
农地确权	0.316*** (0.059)	0.153*** (0.043)	−0.196*** (0.064)	0.153*** (0.044)	0.358*** (0.050)	0.149*** (0.044)
产权预期		0.136** (0.068)				
化肥投入				−0.042*** (0.014)		
农业补贴						0.093*** (0.047)
控制变量	控制	控制	控制	控制	控制	控制
常数项	1.465*** (0.040)	−0.721*** (0.179)	3.782*** (0.410)	−0.642*** (0.181)	0.298 (0.196)	−0.707*** (0.176)
观测值	17347	17326	13011	12992	17025	17025
Log likelihood	−5569.546	−11764.025	—	−8818.082	−9699.515	−11555.291
Wald chi2	134.86	212.79	—	162.57	288.97	212.24
R^2	—	—	0.032	—	—	—

注:括号内为标准误;*** 表示显著性为1%,** 显著性为5%,* 显著性为10%;化肥投入在估计的时候取了对数。

从第二阶段的估计结果来看,对比表 5.2 第(5)列的基准回归结果,在分别考虑产权预期、化肥投入和农业补贴等渠道的可能影响之后,农地确权的估计系数仍然在1%的统计水平上正向显著,同时估计系数的经济显著性均有不同程度的下降(方颖、赵扬,2011),估计结果符合预期。综合上述结果,不难发现,农地确权主要通过稳定农户产权预期、减少化肥投入和提高农业补贴可得性等渠道增加有机肥使用的可能性,且它们在此过程中均起着部分中介的作用。

5.5 异质性分析

受制于农业经营形态与农地产权状态的差异,农地确权对有机肥使用的影响可能在不同特征的农户群体间存在一定的异质性。为此,本项研究将从农业经营特征和农地产权状态出发,分别探讨农地确权之于有机肥使用的作用效果异质性。

5.5.1 不同经营特征下农地确权对有机肥使用的影响

已有文献指出,不同农地经营规模农户的耕地质量保护行为有所差异,因此,本项研究借鉴钱龙等(2019)的思路,根据农地经营面积是否大于样本均值,将全体农户划分为较小规模和较大规模两种农户类型。表5.10显示了不同经营特征下农地确权对有机肥使用的回归结果。估计结果显示,农地确权对较小规模农户有显著的正向影响,而对于较大规模农户的有机肥使用没有影响。与此同时,考虑到现实中不同作物对肥料的要求不尽一致,有机肥的使用也可能受到作物类型的影响,因此,本项研究也根据数据可得性,将全体农户划分为种植粮食作物和种植经济作物的两种农户类型。

表 5.10 不同经营特征下农地确权对有机肥使用的估计结果

变量	不同规模		不同作物	
	较小规模	较大规模	粮食作物	经济作物
农地确权	0.188*** (0.049)	0.057 (0.160)	0.153*** (0.056)	0.705 (0.730)
控制变量	控制	控制	控制	控制
常数项	−0.237 (0.194)	−1.601*** (0.375)	−0.571*** (0.218)	−6.241 (4.697)
观测值	12692	4634	9559	324
Log likelihood	−8636.002	−3114.467	−6409.619	−180.873
Wald chi2	178.76	93.11	84.95	3.16

注:括号内为普通标准误;*** 表示显著性为1%,** 显著性为5%,* 显著性为10%;控制变量同表5.2第(5)列。

表5.10估计结果显示,农地确权对种植粮食作物农户的有机肥使用有着显著的正向影响,而对于种植经济作物农户的有机肥使用没有影响。可能的解释是,无论是较大规模的农户,还是种植经济作物的农户,他们农业生产经营的目标主要是利润最大化,而由于有机肥较之化肥可能存在见效慢、产量低等问题,因此,不管是否完成农地确权,他们在短期内的有机肥使用行为不会发生明显变化。与此相反,较小规模农户或种植粮食作物的农户,他们存在部分自给自足的生产导向,农地在很大程度上仍是他们的生产生活资料,因此,农地确权之后,他们可能更加爱惜耕地,从而施用更多的有机肥。

5.5.2 不同产权状态下农地确权对有机肥使用的影响

表5.11显示了不同产权状态下农地确权对有机肥使用的回归结果。估计结果显示,对于不同地块而言,农地确权对于承包地地块的有机肥使用有正向显著的影响,而对于转入耕地的有机肥使用没有影响,这与周力和王镱如(2019)的研究基本一致。可能的原因主要在于,中国新一轮农地确权主要是针对承包农户的农地产权改革,它能够增强承包地块的产权稳定性,而对于农地转入农户的影响并不大。

表5.11 不同产权状态下农地确权对有机肥使用的估计结果

变量	不同地块		农地调整	
	承包地	转入地	经历过调整	未经历过调整
农地确权	0.139*** (0.045)	0.183 (0.130)	0.097 (0.072)	0.251*** (0.058)
控制变量	控制	控制	控制	控制
常数项	−0.532*** (0.177)	−1.462*** (0.544)	−1.219 (0.297)	−0.210 (0.221)
观测值	14934	2392	6324	9344
Log likelihood	−10171.284	−1596.608	−4292.760	−6361.565
Wald chi2	173.90	42.05	88.86	122.37

注:括号内为普通标准误;*** 表示显著性为1%,** 显著性为5%,* 显著性为10%;控制变量同表5.2第(5)列。

进一步地,考虑到中国农村土地集体所有制下,农地往往伴随着人口变化而进行重新配置,由此引发农地调整问题,破坏农地的产权稳定性。为此,本项研究借鉴钱龙等(2020)的思路,根据二轮承包以来,农户是否经历过农地调整,将全体农户划分为有农地调整经历的农户和没有农地调整经历的农户。估计结果显示,农地确权主要对没有农地调整经历的农户有正向显著的影响,而对于有农地调整经历的农户则没有影响。可能的解释主要在于,对于有农地调整经历的农户而言,过去的农地调整经历会导致他们对农地确权产生不信任态度,由于过去已经发生过农地调整,不论现在是否完成农地确权,未来发生农地调整的可能性依然较大;与之相反,没有农地调整经历的农户,他们的农地一直处于稳定状态,而物权化导向的农地确权,只会增强而不是削弱农地产权稳定性。因而,没有农地调整经历的农户相比于有农地调整经历的农户,他们也就更加愿意对农地进行长期投资,并提高有机肥使用的概率。

5.6 本章小结

长期以来,有机肥在耕地质量保护过程中扮演着不可替代的角色,是中国传统农耕文明经久不衰的重要密码。中国是一个人多地少的国家,激励农户使用有机肥、强化耕地质量保护的重要性不言而喻。本项研究利用中国农村家庭追踪调查数据库2017年和2019年的面板数据,以有机肥为例,运用面板Logit模型实证检验了新一轮农地确权对农户耕地质量保护的影响。研究发现,农地确权显著激发农户的耕地质量保护行为,提高了农户有机肥使用概率,也增加了每亩有机肥投入成本和施用量。在此过程中,农户产权预期和农业补贴可得性起到了部分中介的作用。进一步的异质性分析发现,从经营特征来看,农地确权主要对较小规模的农户和种植粮食作物的农户的有机肥使用有正向显著的作用;从产权状态来看,农地确权主要对拥有承包地块的农户和没有农地调整经历的农户有正向显著的作用。

以上经验证据具有较强的政策意涵。一是巩固新一轮农地确权成果,发挥土地产权证书在耕地质量保护中的积极作用。目前新一轮农地确权已基本完成,不过,农地确权工作的结束并不意味着农地确权改革的终结,要推动农地确权改革从农地产权界定向农地产权实施转变,确保将农村土地承包经营权证书发放至每一家农户手中。二是要开发土地产权证书的经济用途,促进农地确权成果的多元化利用。农地确权既能够稳定农户产权预期,也能够提高农户的农业补贴可得性,这为农户长期投资奠定了坚实的产权制度基础。未来,仍有必要加强土地产权证书的管理和使用,使之成为包括农民权益保护的法律凭证和农业补贴发放在内的参考依据。三是要因人施策、因地制宜,建立耕地质量保护的激励约束机制,增强农地产权稳定性,激励农户的长期行为,规避农户的短期行为,针对不同经营特征和不同产权状态设计差别化的有机肥增施方案。

6 新一轮农地确权对农户耕地生态保护的影响[①]

耕地生态保护主要强调维持耕地的生态平衡,使耕地生态环境保持良好的状态,以保证耕地的可持续利用(祖健等,2018),主要包括防止耕地重金属污染、化肥污染、农药污染等土壤污染现象和耕地沙漠化、盐碱化、水土流失等耕地退化现象。不过,由于耕地荒漠化、盐碱化以及水土流失等现象主要受自然环境和气候条件的影响,而土壤污染多由化肥、农药等农业化学品的过度使用导致,因此,耕地生态保护的重要抓手就是减少化肥、农药的使用(秦静,2020)。鉴于此,本章将借鉴赵建英(2019)等人的相关研究,以农户化肥、农药使用为例,主要探讨新一轮农地确权对农户耕地生态保护的影响,以期为深化农地产权制度改革、强化耕地生态保护提供经验证据。

6.1 问题的提出

耕地是农业生产经营的物质载体和平台基础,自然界的物质和能量循环也都以耕地为重要中介,它不仅为人类生命活动提供75%以上的蛋白质和80%以上的热量,而且85%以上的食物甚至95%以上的肉蛋也都是直接或间接地出自耕地(陈英旭,2007)。然而,近年来,伴随着工业化、城镇化和农业产业化的加速推进,中国耕地资源受到剧烈冲击(田春、李世平,2010),化肥、农药的大量使用业已成为当前耕地生态保护面临的现实难题(朱道林等,2014)。可是,中国不仅是世界上最大的化肥、农药生产国和消费国,也是化

---

① 本章的核心内容已经发表:郑淋议,钱文荣,刘琦,等. 新一轮农地确权对耕地生态保护的影响——以化肥、农药施用为例. 中国农村经济,2021(6):76-93.

肥、农药的使用强度均处于世界前列的国家。化肥农药的过度使用,不仅导致土壤养分结构失调,造成土壤重金属污染(张北赢等,2010),也致使水体污染严重,威胁到人畜饮水安全(Chen et al.,2014)。更为可怕的是,化肥农药的大量残留,经过农作物和食物链的逐级传递和不断蓄积(丛晓男、单菁菁,2019),成为威胁人类生命健康的安全隐患(Gu et al.,2015)和破坏农业可持续发展的生态制约(Huang et al.,2008)。

随着生态文明建设的深入推进和人们对农产品安全性的要求越来越高,中国耕地保护也逐渐从单纯地强调数量和质量过渡到数量、质量与生态的"三位一体"(祖健等,2018)。如何引导农户减少化肥、农药的使用,强化耕地的生态保护,进而确保消费者"舌尖上的安全"日益成为全社会广泛关注的焦点话题。已有研究表明,影响农户化肥、农药使用的因素是多方面的,既有要素价格、替代品价格、农产品价格、农业保险等经济因素(钟甫宁等,2007;Brunelle et al.,2015;Takeshima et al.,2017),也有农户经验、农户偏好和信息能力等非经济因素(黄季焜等,2008;王志刚等,2011;纪月清等,2016),而且它还与作物类型、经营模式以及农地产权状态有着莫大的关联(Latruffe and Piet,2013;Ju et al.,2016;Wu et al.,2018;高晶晶等,2019)。

产权在耕地保护中具有重要作用(毕继业等,2010),农地确权的本质是产权的清晰界定和有效保护,作为农地产权改革的基础性内容,农地确权对于耕地保护具有特殊的意义。"有恒产者有恒心",农地确权通过产权界定和还权赋能,并向农户颁发具有多种经济用途和具备法律效力的土地产权证书,理论上有助于促使农户更加珍惜"自己"的耕地,激励他们采取长期投资等耕地保护行为,以及减少产权不明晰、不稳定和不安全状态下的掠夺性经营等短期行为。不过,虽然少部分学者已经注意到农地确权对耕地质量保护的影响,但是农地确权对于耕地生态保护的影响研究尚属空白。化肥和农药的减量工作既是耕地生态保护的重要抓手,也是实现农业可持续发展的必然要求(秦静,2020)。经典制度经济学认为,农地确权改革能够使得农地产权的权利边界更为清晰、地权权能更为完整、权益保障更加有力,因而成为激励农户投资土地和保护土地的重要手段(钱龙等,2020),有效地提升了农户的耕地质量保护行为(周力、王镱如,2019)。

2013年以来,为保障农户合法的土地权益和激励农户对耕地的保护与投资,中国政府在全国范围内实施了新一轮农地确权改革,要求用五年的时间基本完成耕地的确权颁证工作。农业农村部的最新统计数据显示,截至2019

年底,全国农村承包土地确权登记发证率已经超过94%(韩长赋、吴宏耀,2019)。因此,考虑到产权保护之于耕地保护的基础重要性,当前有必要借力以农地确权为基础的农地产权改革进一步推动以化肥和农药减量为目标的耕地生态保护。那么在农地确权改革基本完成的大背景下,新一轮农地确权是否如同对耕地的质量保护一样,也对耕地的生态保护有着积极的影响?具体地,农地确权总体上是否能够减少农户的化肥、农药投入?农地确权对农户化肥、农药的使用又是否存在异质性?进一步地,农地确权在减少农户化肥、农药投入的同时,真的能减少农户化肥、农药的施用量吗?以上问题构成本章的研究重点。

与已有研究相比,本项研究可能的边际贡献主要表现在:在研究视角方面,已有农地确权的相关研究主要集中探讨农地确权的经济效应,具体集中在流转、投资和信贷等领域(黄季焜、冀县卿,2012;程令国等,2016;林文声等,2017),然而农地确权的生态效应却鲜有问津,事实上,农地确权作为提升产权稳定性和安全性的重要手段,在很大程度上也影响着农户的长期行为与短期行为(俞海等,2003)。在研究内容方面,一是考虑到当前农户群体已发生较大的分化,其中,横向上的农户分化和纵向上的代际差异尤为明显(刘炎周等,2016),因此,本项研究在考察农地确权对耕地生态保护的综合效应基础上,也将探讨农户分化和代际差异情境下的异质效应;二是考虑到农户是理性的经济主体同时在化肥使用上具有一定的惯性特征(高晶晶等,2019),在利润最大化和产量最大化导向的驱使下,农户化肥、农药的投入决策与使用决策可能并不一定具有行为上的一致性,因此,本项研究在检验农地确权对化肥、农药投入决策影响的基础上,也将讨论农地确权对化肥、农药使用决策的影响。在研究方法方面,与已有农地确权较为相关的研究使用特定区域的截面数据并采用MVTobit、MVProbit等模型不同(周力、王镱如,2019;钱龙等,2020),本项研究将使用涵盖新一轮农地确权改革全过程、具有全国代表性的中国农村家庭追踪调查(CRHPS)数据,并采用符合新一轮农地确权改革渐进特点的多期DID模型评估农地确权对耕地生态保护的因果效应,其研究结果可能更具外部有效性。

6.2 文献回顾与理论分析

6.2.1 农地确权对耕地生态保护的综合效应

农地确权主要从地权稳定性、地权安全性和交易完整性三个层面强化农户的耕地生态保护行为。长期以来,地权不稳定、地权不安全以及土地交易权的不完整是中国农地产权制度安排的显著特征(俞海等,2003;程令国等,2016)。其中,地权不稳定表现在频繁的土地调整(丰雷等,2013),地权的不安全表现在集体随时可能收回农户的土地承包经营权且农户的土地产权容易受到第三方的妨害(Lawry et al., 2017),而土地交易权的不完整主要体现为农户间的非正式流转(俞海等,2003)。一般而言,产权的清晰界定与有效保护是资源配置和长期投资的基础,农地产权的不明晰、不稳定和不完整容易产生诸如过度使用化肥、农药等短期性掠夺经营行为(刘守英,2018b),进而导致土地资源的退化,降低土壤的可持续生产能力(Otsuka et al., 2001)。农地确权通过对每一宗土地的物理面积、空间四至和产权用途进行逐一确认,使得农户拥有更加明晰、更加正式和更加完整的土地承包经营权(周力、王镱如,2019)。农地确权意味着农地产权的身份固化和农地产权的排他性行使(林文声等,2017),显著增强了地权稳定性、安全性和交易权的完整性(Holden et al., 2011),这有助于减少地方政府和乡村集体在承包地调整、征用和收回等过程中的行政干预(程令国等,2016),化解农地纠纷,消除农户可能失去土地的顾虑和增强农户保护耕地的坚定信心(钱龙等,2020),形成农户对其未来收回承包地投资收益的稳定性预期(黄季焜、冀县卿,2012),进而提升土壤保护性投资水平(Fort,2008),有效减少化肥和农药的投入与使用。鉴于此,本项研究提出第一个假说:

H1:农地确权能够显著减少农户化肥、农药的投入。

6.2.2 农地确权对耕地生态保护的异质效应

伴随着城镇化、工业化的深入推进,农户群体表现出极大的异质性,横向上的农户分化和纵向上的代际差异已成为当下最为突出的两大社会现象(刘炎周等,2016)。一方面,非农就业机会的增加,不仅使得农户的职业选择发生变化,也促使农户的收入来源更加多元(郑淋议等,2020)。在此背景下,土地的生计保障功能越来越弱,农民的谋生之道也更加多元(叶兴庆,2018),以地为根、以农为业的生计格局逐步被离土离乡、出村进城的乡城迁移所打破,由此导致不同兼业程度的农户对于土地的重要性判断出现一定的差别(毕继业等,2010)。与以农业为主的小兼业户相比,由于工作重心的差异,以非农就业为主的大兼业户对土地的经济依赖相对更低(张忠明、钱文荣,2014),他们对耕地生态保护的需求相对更小,农地确权对他们的影响也相对较小。另一方面,改革开放以来中国经济社会的剧烈变化使得新老两代农户在代际上的差异愈加明显(刘洪仁、杨学成,2005),农民代际上的革命性变化正日益成为中国经济社会转型的最大变数(纪竞垚、刘守英,2019)。不同代际的群体由于出生年代和成长环境的分殊,导致他们在价值观、偏好、意愿与行为等方面也有所不同(曼海姆,2002),他们对于地权的控制权偏好也呈现一定的差别。与出生于1980年之前的老一代农民相比,由于生活经历的差异,新生代农民对土地的情感依赖相对更低(韩长赋,2012),他们对耕地生态保护的愿望相对更小,农地确权对他们的影响也相对较小。鉴于此,本项研究进一步提出以下假说:

H2:相较于大兼业户,农地确权主要减少小兼业户的化肥、农药投入。

H3:相较于新生代农民,农地确权主要减少老一代农民的化肥、农药投入。

6.3 数据来源、变量选取与研究设计

6.3.1 数据来源

本项研究使用的数据来自浙江大学和西南财经大学合作共建的中国农村家庭追踪调查(CRHPS)数据库。中国农村家庭追踪调查数据库自2011年启动以来,每两年开展一轮全国性调查,截至目前共有五期面板追踪数据。数据库内容全面、信息丰富,涉及农村家庭的基本结构、收入与支出、农业生

产经营、土地利用与流转等各个方面,就本项研究的数据可得性而言,该数据库变量的采集不仅涵盖了新一轮农地确权的全过程,这在国内微观数据库中是独一无二的,而且,与本项研究直接相关的化肥、农药使用信息也自2015年起便开始收集。因此,在对数据进行系列清洗的基础上,本项研究使用2015年、2017年和2019年三期面板追踪数据实证检验新一轮农地确权对耕地生态保护的影响。

6.3.2 变量选取

被解释变量:农户耕地生态保护。耕地生态保护要求在满足人类生存与发展的前提下,注重恢复和提高耕地的生态服务功能,增强农田生态系统的抗逆性和缓冲性,使耕地的生态环境保持良好的状态(祖健等,2018)。耕地生态保护实质上是一系列防治耕地环境污染和生态退化,进而促进耕地可持续利用的措施和行动(田春、李世平,2010)。对于农户而言,诚如赵建英(2019)指出,最为直接和重要的农户耕地生态保护行为就是减少化肥和农药的使用①。因此,结合数据的可得性,本项研究将优先使用化肥、农药的投入而非化肥、农药的施用量作为本项研究的被解释变量。主要原因在于,一方面,化肥、农药的投入信息均从2015年起开始采集,而化肥的施用量信息是从2017年才开始收集,农药的施用量直到2019年才开始在问卷中询问,面板数据更有助于解决可能存在的遗漏变量问题;另一方面,考虑到化肥、农药品种的差异和农户经济利润的核算需要,他们在真实世界中可能更容易记住化肥、农药的投入成本而非其施用量(郑淋议等,2021)。

核心解释变量:农地确权。鉴于土地产权证书发放是农地确权的关键环节,确权颁证直接影响农户对农地确权工作的满意度以及对耕地生态保护的积极性(叶剑平等,2018)。因此,本项研究主要通过问卷中"您家耕地是否有农村土地承包经营权证?""您家耕地的承包经营权证是哪一年发放的?"两个问题的答案来识别,并将农地确权的起始时间确定为2013年。之所以要将确

---

① 当然,耕地生态保护举措除农户层面的化肥、农药减量行动,还包括政府层面的重金属污染修复、土地综合整治等措施。不过,考虑到本项研究主要探究农地确权对农户耕地生态保护行为的影响,作为耕地的直接使用者,农户层面的化肥、农药减量行动相对更为重要。

权的起始时间定为2013年,主要是因为当年通过的"中央一号文件"提出要用五年时间全面完成农地确权工作,这项国家主导的农地确权改革不仅要求强制推动,而且需要按期完成,它并不以农户个人意志为转移,这在一定程度上减轻了确权改革试点先后的选择性偏误。

控制变量:借鉴田云等(2015)和周力、王镱如(2019)的研究,本项研究的控制变量主要为户主个体特征和家庭特征两个层面。其中,个体特征变量为户主的年龄和文化程度,家庭特征变量主要包括村干部、家庭收入、家庭务农比例和耕地面积、土地细碎化,旨在控制家庭社会资本、经济资本、人力资本以及资源禀赋的潜在影响。各主要变量的定义和描述如表6.1所示。

表6.1 变量定义与描述统计

变量	变量定义	均值	标准差
化肥投入	每亩化肥投入金额(元)	114.270	190.683
化肥施用量	每亩化肥施用量(千克)	32.692	53.722
农药投入	每亩农药投入金额(元)	39.302	91.236
农药施用量	每亩农药施用量(毫升)	129.212	337.479
农地确权	2013年以来,家庭是否领取承包经营权证书(是=1,否=0)	0.446	0.497
年龄	户主年龄(岁)	52.856	11.201
文化程度	户主受教育情况(文盲=1,小学=2,初中=3,高中=4,中专或职高=5,大专或高职=6,大学本科=7,硕士生=8,博士生=9)	2.598	1.048
村干部	家中是否有村干部(是=1,否=0)	0.062	0.242
家庭收入	家庭总收入,取对数(元)	9.765	1.950
家庭务农比例	家庭务农成员比例(0—1)	0.351	0.343
耕地面积	经营耕地面积(亩)	8.625	41.625
土地细碎化	耕地地块数量(块)	5.569	5.943

注:数据库问卷问的是"实物量"而非"折纯量"。为排除极端值的干扰,笔者也专门通过缩尾处理进行了稳健性检验,详见表6.3。

6.3.3 研究设计

考虑到新一轮农地确权具有试点先行、逐步推开的渐进特征,因此,本项研究将采用更加符合新一轮农地确权改革实际的多期 DID 模型,识别新一轮农地确权对化肥投入和农药投入的净效应。DID 模型的基本原理是,将一项特定的政策视为准自然实验(quasi-natural experiment),通过构造受到政策冲击的"实验组"(treatment group)和未受到政策冲击的"对照组"(control group),并控制其他相关因素,对比政策发生前后实验组和对照组之间的差异,从而达到解释政策实施效果之目的。进一步地,在真实世界中,由于一项政策的推开,往往需要先试点、再推开,各地政策实施的具体时间通常存在先后差异,因此,对于某项特定的政策评估而言,兼顾渐进性改革特点的多期 DID 模型实际上已得到广泛的应用(Wang,2013)。具体而言,本项研究的回归模型设定如下:

$$\text{Protection}_{it} = \alpha_0 + \alpha_1 \text{Certif}_{it} + \alpha Z_{it} + \delta_i + \lambda_t + \varepsilon_{it} \quad (6.1)$$

其中,i 表示农户,t 代表调查年份。等式左边,Protection 表征耕地生态保护,具体用化肥投入和农药投入来衡量,借鉴高晶晶等(2019)的做法,它们将以对数形式呈现;等式右边,Certif 表示新一轮农地确权,其具体含义为,在 2013 年到 2019 年期间,农户若获得农村土地承包经营权证书即赋值为 1 并进入实验组,反之,农户若未获得农村土地承包经营权证书即赋值为 0 并进入对照组;α_0 为截距项,Z 为包括个体特征和家庭特征在内的系列控制变量,δ_i 表示农户固定效应,主要控制农户层面诸如能力、偏好等不可观测因素;λ_t 表示年份固定效应,主要控制与耕地生态保护有关的全国性政策或宏观经济状况等随时间但是不随农户变化的因素,ε_{it} 为随机扰动项。

6.3.4 平行趋势检验

任何模型都有其适用条件或前提假设。众所周知,应用多期 DID 模型的一个重要前提就是要满足平行趋势假设。具体到本项研究中,即需要证明在开展农地确权之前,实验组和对照组不存在系统性差异。为考察新一轮农地确权冲击前实验组和对照组是否具有相同的变化趋势,本项研究将对(6.1)式进行扩展,进一步构建动态 DID 模型来检验平行趋势假设是否得到满足,动态 DID 模型设定如下:

$$\text{Protection}_{it} = \beta_0 + \sum_{k=1}^{K} B_k \text{Certif}_{i,t-k} + \sum_{m=0}^{M} A_m \text{Certif}_{i,t+m} + \beta Z_{it} + \delta_i + \lambda_t + \varepsilon_{it} \quad (6.2)$$

式(6.2)中,$\text{Certif}_{i,t-k}$ 表示农地确权第 k($k=1,\cdots,K$)期的前置项,

Certif$_{i,t+m}$表示农地确权第$m(m=1,\cdots,M)$期的后置项。如果前置项对应的估计系数B_k不显著,后置项对应的估计系数A_m显著或部分显著,则表明平行趋势通过检验,且农地确权对化肥、农药的投入成本有影响。β_0为截距项,其他变量设定与式(6.1)一致。

针对上述动态DID模型,本研究主要利用更为直观的图示法对实验组和对照组的平行趋势进行检验,具体以农地确权前第1年为基期,同时加入表6.1中的全部控制变量,并采用农户层面的聚类稳健标准误。图6.1展示了平行趋势的检验结果。

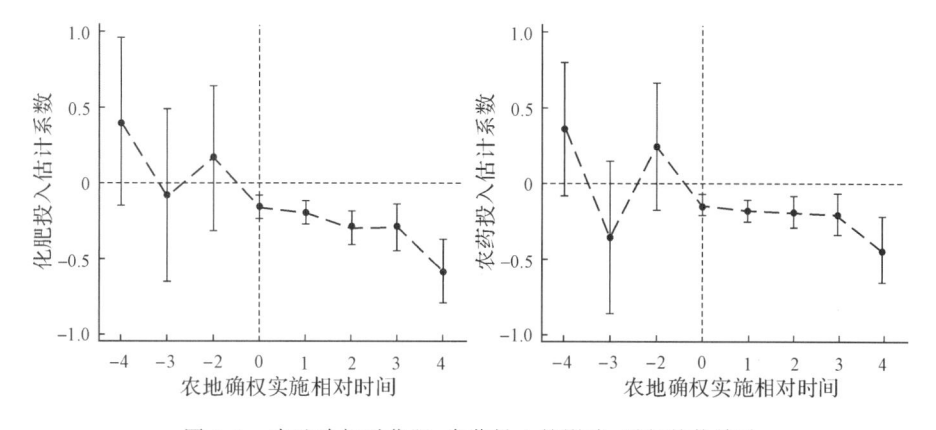

图6.1　农地确权对化肥、农药投入的影响:平行趋势检验

注:以确权前1年为基期,置信水平确定为95%,控制了年龄、文化程度、村干部、家庭收入、家庭务农比例、耕地面积、土地细碎化等变量以及农户固定效应和时间固定效应,并采用农户层面的聚类稳健标准误。

结果显示,在农地确权之前,实验组农户和对照组农户均不存在显著的差异,而在农地确权完成之后,农地确权的作用效果逐渐显现。具体地,从图6.1可以发现,农地确权对化肥减量的作用(左)和对农药减量的作用(右)均有逐年增大的趋势,且农地确权对化肥、农药投入的估计效应在方向上具有一致性,这表明在本项研究中,平行趋势假设总体上得到满足,农地确权对于化肥、农药的投入减量具有一定的积极效果。

6.4 实证结果

6.4.1 基准回归

本项研究的模型估计采用逐步回归的方式进行,一开始只对农地确权进行回归,然后逐步加入个体特征、家庭特征,以此检验估计结果的稳健性。表6.2显示了农地确权对化肥、农药两种投入的估计结果。其中,前三列为农地确权对化肥投入的影响,后三列为农地确权对农药投入的影响。结果显示,农地确权对耕地生态保护具有正向的促进作用,并在5%或1%的显著性水平上通过了统计性检验。以第(3)列和第(6)列的估计结果为例,不难发现,与未持有农村土地承包经营权证书的农户相比,持有农村土地承包经营权证书农户的化肥投入大约减少了17%,农药投入大约减少了12%。假说H1得到证实,以上证据初步表明,产权具有激励效应,一旦农地确权完成,以往地权不稳定、不安全和不完整的境况可能会有所改善,农户对耕地的持有也将更有保障,届时他们便会更加珍惜耕地和保护耕地,进一步减少化肥、农药的投入,促进耕地的可持续利用。

表6.2 农地确权对化肥投入和农药投入的影响:基本结果

变量	化肥投入			农药投入		
	(1)	(2)	(3)	(4)	(5)	(6)
农地确权	−0.106** (0.044)	−0.107** (0.045)	−0.174*** (0.046)	−0.098** (0.040)	−0.101** (0.040)	−0.123*** (0.041)
年龄		0.001 (0.003)	−0.004 (0.003)		0.002 (0.002)	−0.002 (0.002)
文化程度		−0.030 (0.030)	−0.027 (0.030)		−0.014 (0.026)	−0.010 (0.027)
村干部			0.447*** (0.096)			0.341*** (0.086)
家庭收入			0.081*** (0.010)			0.050*** (0.009)

续表

变量	化肥投入			农药投入		
	（1）	（2）	（3）	（4）	（5）	（6）
家庭务农比例			1.485*** (0.068)			0.930*** (0.061)
耕地面积			−0.002*** (0.001)			−0.002*** (0.001)
土地细碎化			−0.013** (0.006)			−0.020*** (0.006)
农户固定效应	控制	控制	控制	控制	控制	控制
时间固定效应	控制	控制	控制	控制	控制	控制
常数项	3.669*** (0.022)	3.695*** (0.186)	2.713*** (0.210)	2.475*** (0.020)	2.413*** (0.165)	1.857*** (0.189)
观测值	23386	23353	20475	23438	23405	20511
$Adj\text{-}R^2$	0.438	0.438	0.456	0.412	0.417	0.423

注：括号内为稳健标准误；*** 表示显著性为 1%，** 显著性为 5%，* 显著性为 10%；由于本研究的被解释变量不唯一以及为尽可能地保留样本的真实信息，因此，本项研究并未统一样本量，但是这并不影响本项研究估计结果的有效性，因为逐步回归的结果已经表明，即使不统一样本量，农地确权的估计结果仍然较为稳健。

6.4.2 稳健性检验

1. 离群值处理：被解释变量在右侧第 99 百分位进行缩尾

考虑到化肥、农药投入的变异较大，可能会出现离群值的情况，进而使得估计结果产生偏差。因此，我们首先对化肥投入与农药投入在右侧第 99 百分位进行缩尾处理，然后在此基础上取对数，进一步使得转换后数值之间的相对距离缩小，数据的分布更加集中。对比表 6.2 和表 6.3 不难发现，在对样本中的投入极端值进行缩尾处理之后，模型的拟合优度略有提高，农地确权的估计系数及其显著性水平基本保持不变，农地确权依然能够显著减少化肥和农药的投入。

表6.3 农地确权对化肥投入和农药投入的影响:稳健性检验一

变量	化肥投入			农药投入		
	(1)	(2)	(3)	(4)	(5)	(6)
农地确权	−0.102** (0.044)	−0.103** (0.044)	−0.169*** (0.045)	−0.088** (0.039)	−0.091** (0.039)	−0.113*** (0.041)
个体特征		控制	控制		控制	控制
家庭特征			控制			控制
农户固定效应	控制	控制	控制	控制	控制	控制
时间固定效应	控制	控制	控制	控制	控制	控制
常数项	3.655*** (0.022)	3.673*** (0.185)	2.701*** (0.210)	2.457*** (0.020)	2.402*** (0.163)	1.853*** (0.187)
观测值	23386	23353	20475	23438	23405	20511
$Adj\text{-}R^2$	0.438	0.437	0.453	0.415	0.415	0.421

注:括号内为稳健标准误;*** 表示显著性为1%,** 显著性为5%,* 显著性为10%。

2. 增加控制变量:社区人均耕地面积、社区人均收入对数、社区到乡镇的距离

尽管化肥、农药的使用属于农户行为,主要受制于个体特征和家庭特征,但是社区特征一定程度上也可能会施加影响。为此,这里进一步控制社区人均耕地面积、社区人均收入对数、社区到乡镇的距离,分别反映社区人地关系、经济状况和交通便利程度对农户化肥、农药投入的影响。表6.4结果显示,在控制社区特征①之后,农地确权的估计系数略有下降,不过,它仍然对耕地生态保护有着显著的正向影响。

---

① 为保持格式一致性,这里并未展现社区变量的相关结果,感兴趣的读者可向作者索取。

表 6.4 农地确权对化肥投入和农药投入的影响:稳健性检验二

变量	化肥投入			农药投入		
	(1)	(2)	(3)	(4)	(5)	(6)
农地确权	-0.098** (0.045)	-0.099** (0.045)	-0.153*** (0.046)	-0.069* (0.041)	-0.095** (0.040)	-0.108*** (0.041)
个体特征		控制	控制		控制	控制
家庭特征			控制			控制
社区特征	控制	控制	控制	控制	控制	控制
农户固定效应	控制	控制	控制	控制	控制	控制
时间固定效应	控制	控制	控制	控制	控制	控制
常数项	3.737 (7.311)	3.768 (7.314)	3.133 (7.114)	3.249 (6.494)	3.530 (6.498)	3.580 (6.405)
观测值	20383	20359	17700	20424	20400	17726
$Adj\text{-}R^2$	0.439	0.439	0.451	0.422	0.422	0.426

注:括号内为稳健标准误;*** 表示显著性为1%,** 显著性为5%,* 显著性为10%。

3. 聚类调整:使用社区层面的聚类

由于中国农村社会在很大程度上仍属于熟人社会,农户之间的耕地生态保护行为可能彼此相关,他们可能面临一些共同的干扰因素。因此,我们假设同一社区内部的干扰项相互关联,不同社区之间的干扰项不存在相关性,进一步将聚类层次提升至社区层面。表6.5结果显示,无论是否聚类到社区层次,农地确权的估计系数相差不大,持有农村土地承包经营权证书的农户的化肥、农药投入都要低于未持有农村土地承包经营权证书的农户。

表 6.5 农地确权对化肥投入和农药投入的影响:稳健性检验三

变量	化肥投入			农药投入		
	(1)	(2)	(3)	(4)	(5)	(6)
农地确权	-0.108** (0.048)	-0.109** (0.048)	-0.175*** (0.047)	-0.097** (0.041)	-0.101** (0.042)	-0.122*** (0.041)
个体特征		控制	控制		控制	控制
家庭特征			控制			控制

续表

变量	化肥投入			农药投入		
	(1)	(2)	(3)	(4)	(5)	(6)
农户固定效应	控制	控制	控制	控制	控制	控制
时间固定效应	控制	控制	控制	控制	控制	控制
常数项	3.666*** (0.021)	3.686*** (0.209)	2.714*** (0.239)	2.470*** (0.018)	2.405*** (0.180)	1.860*** (0.207)
观测值	23386	23353	20475	23438	23405	20511
社区聚类数	1627	1626	1606	1628	1627	1607
$Adj\text{-}R^2$	0.438	0.438	0.454	0.417	0.417	0.423

注:括号内为稳健标准误;*** 表示显著性为1%,** 显著性为5%,* 显著性为10%。

4. 排除同期其他政策干扰:使用政策虚拟变量

化肥、农药对耕地生态、土壤健康以及食品安全危害极大,已经引起中央政府的高度重视。为强化耕地生态保护和促进农业可持续发展,2015年农业部相继出台《到2020年化肥使用量零增长行动方案》和《到2020年农药使用量零增长行动方案》,针对化肥和农药的减量行动做出具体的工作部署。因此,考虑到数据库中有关化肥、农药的数据都发生在调查的前一年,为排除上述政策对农地确权作用的可能干扰,我们进一步设置上述政策的虚拟变量,具体将2015年以后的年份赋值为1,2015年及之前的赋值为0,以期考察农地确权对化肥、农药投入减量的影响。表6.6的估计结果显示,在化肥、农药减量政策的共同作用下,农地确权对化肥、农药的投入减量确实有一定的影响,但是,农地确权对于耕地生态保护的积极效果仍然存在,农地确权对于强化农户耕地生态保护的积极作用依然不能忽视。

表6.6 农地确权对化肥投入和农药投入的影响:稳健性检验四

变量	化肥投入			农药投入		
	(1)	(2)	(3)	(4)	(5)	(6)
农地确权	−0.082* (0.048)	−0.082* (0.048)	−0.120** (0.050)	−0.073* (0.043)	−0.073* (0.043)	−0.083* (0.045)
个体特征		控制	控制		控制	控制

续表

变量	化肥投入			农药投入		
	(1)	(2)	(3)	(4)	(5)	(6)
家庭特征			控制			控制
农户固定效应	控制	控制	控制	控制	控制	控制
时间固定效应	控制	控制	控制	控制	控制	控制
减量政策	−0.085** (0.034)	−0.083** (0.033)	−0.084** (0.035)	−0.058* (0.030)	−0.058* (0.030)	−0.058* (0.031)
常数项	3.678*** (0.023)	3.630*** (0.203)	2.565*** (0.230)	2.481*** (0.020)	2.364*** (0.175)	1.762*** (0.206)
观测值	23386	23353	20475	23438	23405	20511
$Adj\text{-}R^2$	0.438	0.438	0.454	0.417	0.417	0.423

注：括号内为稳健标准误；*** 表示显著性为 1%，** 显著性为 5%，* 显著性为 10%。

5. 换样本：使用 13 个粮食主产区样本

由于中国农村社会在很大程度上仍属于熟人社会，农户之间的耕地生态保护行为可能彼此相关，他们可能面临一些共同的干扰因素。为保障国家粮食安全，掌握粮食生产主动权，中央曾将辽宁、吉林、黑龙江、内蒙古、河北、河南、山东、湖南、湖北、四川、安徽、江西、江苏 13 个省份划定为国家粮食主产区。这 13 个主产区的粮食产量在全国粮食总产量中占较大比例，为国家粮食安全做出了极大的贡献。因此，在确保粮食产量不下降的情况下，如果新一轮农地确权改革也能增强粮食主产区农户的耕地保护意识，进一步减少化肥、农药的使用，那么粮食主产区的农业可持续发展将会大有希望，未来的粮食安全也将更有保障。为此，这里将使用 CRHPS 数据库所涉的 13 个粮食主产区样本进一步对式(6.1)模型进行估计，以期考察农地确权对化肥、农药投入减量的影响。对比表 6.2 和表 6.7 不难发现，对于粮食主产区的农户而言，农地确权的作用效果将更加明显，农地确权依然能够显著减少化肥和农药的投入，降低对土壤健康的破坏和损耗。

表 6.7　农地确权对化肥投入和农药投入的影响:稳健性检验五

变量	化肥投入			农药投入		
	(1)	(2)	(3)	(4)	(5)	(6)
农地确权	−0.201*** (0.059)	−0.212*** (0.059)	−0.256*** (0.060)	−0.128*** (0.050)	−0.131*** (0.050)	−0.137*** (0.052)
个体特征		控制	控制		控制	控制
家庭特征			控制			控制
农户固定效应	控制	控制	控制	控制	控制	控制
时间固定效应	控制	控制	控制	控制	控制	控制
常数项	3.968*** (0.059)	3.958*** (0.288)	3.015*** (0.318)	2.597*** (0.023)	2.585*** (0.248)	2.108*** (0.281)
观测值	11873	11856	10500	11897	11880	10519
$Adj\text{-}R^2$	0.427	0.426	0.445	0.397	0.397	0.403

注:括号内为稳健标准误;*** 表示显著性为1%,** 显著性为5%,* 显著性为10%。

6.4.3　安慰剂检验

为了进一步验证本项研究的估计结果是否由省份、社区、家庭和年份等层面的不可观测因素驱动,借鉴 Cai 等(2016)和 Zheng 和 Qian(2021)的检验方法,这里将对省份随机分配"虚拟"的确权时间进行安慰剂检验。

具体地,本项研究针对全国 29 个样本涵盖到的省份,随机抽取 2009—2019 年的任意一年作为其确权的年份,然后进行 500 次随机抽样,在控制年龄、文化程度、村干部、家庭收入、家庭务农比例、耕地面积、土地细碎化等变量以及农户固定效应和时间固定效应之后,对其进行双重差分估计。最后,根据估计结果分别绘制化肥投入(左)和农药投入(右)的 500 个农地确权估计系数及其相关的 p 值散点图和核密度估计曲线,结果如图 6.2 所示。不难发现,大多数农地确权的估计系数均值都集中在 0 点附近,明显地有别于 −0.174 和 −0.123 的真实估计值,且大多数系数估计值对应的 p 值也都大于 0.1,拒绝与真实估计结果不存在差异的假设。这表明,本项研究的估计结果不太可能存在较大的偏差,受到省份、社区、家庭和年份等层面的不可观测因素的影响较小。

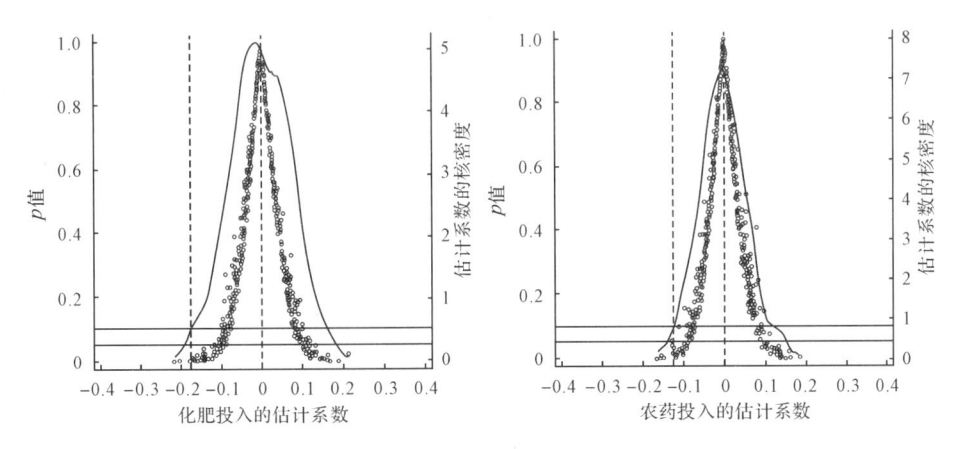

图 6.2　农地确权对化肥、农药投入的影响:安慰剂检验

注:图中为确权估计系数与其对应 p 值的散点图和系数的核密度估计曲线的组合图;回归中控制了年龄、文化程度、村干部、家庭收入、家庭务农比例、耕地面积、土地细碎化等变量以及农户固定效应和时间固定效应,并采用农户层面的聚类稳健标准误。

6.4.4　内生性讨论

内生性问题的可能影响在本项研究中已被尽力地削弱。主要表现在:一是面板固定效应模型可以消除不随时间变化的潜在遗漏变量;二是在现有数据条件下,借鉴已有研究,尽可能直接或间接地加入相关控制变量,排除其他可能存在的遗漏变量问题;三是结合2013年"中央一号文件"对于农地确权改革的部署,利用问卷中的确权年份和确权单位,精准识别新一轮农地确权,在一定程度上可以削弱可能存在的衡量偏误问题;四是由于新一轮农地确权具有国家主导、强制推行、按期完成等特征,确权与否并非农户所能左右,对于农户是否拥有农村土地承包经营权证书而言,选择性偏误问题也得到较好的考虑;五是前文固定效应模型的设定对于渐进推行的农地确权改革而言,实际上本身就是多期 DID 模型,在 DID 模型估计当中,内生性也可以被较好地回应。因此,总的来说,没有必要过多担心本项研究的内生性问题。

6.4.5　作用机制检验

理论上讲,农地确权主要从地权稳定性、地权安全性和地权完整性等方面强化农户的耕地生态保护行为。上述估计结果已经表明,农地确权不仅有利于减少农户的化肥投入,也有利于减少农户的农药投入,总体上有助于强化农户层面的耕地生态保护行为。但是,新一轮农地确权是否真的提升了地权稳定性、地权安全性和交易完整性仍有必要进一步检验。根据前文的理论分析和数据可得性,本项研究使用"是否希望农地调整(是=1,否=0)""过去两年农地被征收次数""去年是否发生过农地流转(是=1,否=0)"分别表征地权稳定性、地权安全性和地权完整性,并运用面板固定效应模型对以上机制变量进行回归。

表 6.8 结果显示,农地确权能够显著降低农户未来调整农地的期望,减少农户农地被征收的次数,以及促进农地流转市场的发育。该结果表明,新一轮农地确权有助于提升地权稳定性、地权安全性和交易完整性,这为强化农户耕地生态保护行为奠定了坚实的产权制度基础。

表 6.8 农地确权对化肥投入和农药投入的作用机制

作用渠道	被解释变量	模型选择	估计系数	控制变量	观测值	$Adj\text{-}R^2$
地权稳定性	是否希望农地调整(是=1,否=0)	面板固定效应	−0.267*** (0.010)	控制	23797	0.204
地权安全性	过去两年农地被征收次数(次)	面板固定效应	−0.025*** (0.007)	控制	23797	0.367
地权完整性	是否发生过农地流转(是=1,否=0)	面板固定效应	0.017** (0.008)	控制	23700	0.575

注:括号内为稳健标准误;*** 表示显著性为 1%,** 显著性为 5%,* 显著性为 10%。需要说明的是,由于本项研究的被解释变量主要涉及化肥和农药两类,这使得检验作用机制变得更为复杂和具有挑战性,为此,笔者只折中考虑了上述三种农地确权作用与化肥、农药的共同机制。

6.5 异质性分析

前文已经证明农地确权对农户层面的耕地生态保护有着显著的正向影响,那么对于不同的农户,农地确权的作用效果又是否一致?换言之,农地确权对耕地生态保护的影响在不同农户之间是否存在一定的差异?城乡中国转型阶段,经济社会的剧烈变化已经使得农户群体内部发生很大的分化,其中,最为明显的就是横向上的农户分化和纵向上的代际差异。为此,我们将从农户分化和代际差异的视角出发,利用分样本回归,进一步探讨农地确权对于不同农户的可能影响。

6.5.1 农户分化视角下农地确权对化肥、农药投入的影响

借鉴钱龙等(2019)对不同兼业农户的划分思路,本项研究根据家庭非农就业率是否超过50%,将农户大致分为以农业为主的小兼业户和以非农就业为主的大兼业户。表6.9报告了农户分化视角下农地确权对化肥、农药投入的估计结果。

结果显示,无论是化肥投入还是农药投入,农地确权均只对小兼业户有显著的影响,它无法激励大兼业户实施耕地生态保护,假说2得到证实。可能的解释主要在于,小兼业农户大部分的经济来源主要依靠土地,他们以地为生、以农为业,对于农地确权的产权保护有着更为强烈的期待。与之相反,大兼业户的农业收入占比已经很低,他们的工作重心已不在农业,因此,农地确权改革对于他们的切身利益影响不大。

表6.9 农地确权对化肥投入和农药投入的影响:基于农户分化视角

变量	化肥投入		农药投入	
	小兼业	大兼业	小兼业	大兼业
农地确权	−0.164*** (0.047)	−0.336 (0.305)	−0.118*** (0.043)	−0.032 (0.255)
控制变量	控制	控制	控制	控制
常数项	2.726*** (0.218)	2.576 (1.843)	1.917*** (0.198)	1.704 (1.542)
观测值	18490	1985	18526	1985
$Adj\text{-}R^2$	0.453	0.446	0.429	0.421

注:括号内为稳健标准误;*** 表示显著性为1%,** 显著性为5%,* 显著性为10%。

6.5.2 代际差异视角下农地确权对化肥、农药投入的影响

借鉴纪竞垚和刘守英(2019)的划分标准,对于出生于农村的农民,本项研究将出生在1980年及之前的视为老一代农民、出生在1980年之后的定义为新生代农民。表6.10报告了代际差异视角下农地确权对化肥、农药投入的估计结果。结果显示,无论是化肥投入还是农药投入,农地确权均只对老一代农民有显著的影响,它无法激励新生代农民实施耕地生态保护,假说3得到证实。可能的原因主要在于,老一代农民常年与土地打交道,具有深厚的"恋土情结",他们更加在意农地确权对于其合法土地权益的保护加持。相形之下,由于时代的变迁与进步,新生代农民实际上已经很少从事农业,再加上他们也没有老一代农民那种分田承包的切身经历,他们对土地的感情相对更少,因此,农地确权改革对他们的影响也相对较小。

表6.10 农地确权对化肥投入和农药投入的影响:基于代际差异视角

变量	化肥投入		农药投入	
	老一代	新生代	老一代	新生代
农地确权	−0.163*** (0.049)	−0.004 (0.267)	−0.122*** (0.044)	−0.121 (0.239)
控制变量	控制	控制	控制	控制
常数项	3.048*** (0.304)	2.993* (1.621)	2.199*** (0.273)	1.930 (1.451)
观测值	18733	1742	18767	1744
$Adj\text{-}R^2$	0.460	0.407	0.403	0.375

注:括号内为稳健标准误;*** 表示显著性为1%,** 显著性为5%,* 显著性为10%。

6.6 进一步讨论

理论上讲,经由农地确权的产权身份固化,农户所拥有耕地的产权将得到清晰界定和有效保护。一旦耕地成为一种"有主"的财产,农户便会加倍珍

惜,主观上减少耕地单位面积上的化肥和农药投入。前文的估计结果也基本证明了上述观点,农地确权之后,农户会相应减少化肥和农药的投入成本。不过,不容忽视的是,由于农业利润的驱使和投入品使用惯性的客观存在,尽管农地确权会使得农户在确权当年做出减少化肥、农药投入的购买决策,但是如果农户预料到减少相应投入并不能保证以往水平线上的产量时,那么农户也很可能临时调整化肥、农药的使用决策,通过借贷等方式增加投入继而增加化肥、农药的施用量。不难理解,由于化肥、农药等购买决策往往早于其使用决策,中间仍存在一定的时间间隔,两者是否具有行动上的一致性仍是不确定的,可能出现"言必信,未必行必果"的现象。为此,科学地判断农地确权是否有助于化肥、农药的减量,一方面仍需要对其进行直接估计,另一方面也有必要间接估计农地确权次年农户的化肥、农药投入是否同样有所减少。

6.6.1 农地确权对化肥、农药施用的直接估计

表6.11报告了农地确权对化肥、农药施用量的估计结果。结果显示,农地确权不仅能够减少化肥、农药的投入,而且也能够减少化肥、农药的施用量。具体地,对于化肥施用量而言,从第(3)列的估计结果可以看出,持有农村土地承包经营权证书的农户要比未持有证书的农户平均每亩少施用9.41千克化肥;对于农药施用量而言,从第(6)列估计结果不难发现,持有农村土地承包经营权证书的农户要比未持有证书的农户平均每亩少施用143.14毫升农药。这表明,农地确权通过向农户颁发具有法律效力和多种经济用途的土地产权证书,能够稳定农户生产经营预期,激励农户采取着眼未来的长期行为,减少只顾当下的短期行为,进一步推动化肥、农药的减量使用,促进耕地的生态保护。

表 6.11 农地确权对化肥施用量和农药施用量的影响:直接估计

变量	化肥施用量			农药施用量		
	(1)	(2)	(3)	(4)	(5)	(6)
农地确权	−10.902*** (2.830)	−10.830*** (2.845)	−9.406*** (3.058)	−157.559*** (35.610)	−153.027*** (36.490)	−143.138*** (39.478)
个体特征		控制	控制		控制	控制
家庭特征			控制			控制

续表

变量	化肥施用量			农药施用量		
	(1)	(2)	(3)	(4)	(5)	(6)
农户固定效应	控制	控制	控制	—	—	—
时间固定效应	控制	控制	控制	—	—	—
常数项	40.155*** (1.271)	41.115*** (10.956)	43.324*** (12.672)	226.261*** (19.560)	219.872 (215.677)	463.073* (253.430)
观测值	12494	12474	11226	6918	6907	6452
Adj-R^2	0.223	0.223	0.262	0.118	0.120	0.081

注：括号内为稳健标准误；*** 表示显著性为1%，** 显著性为5%，* 显著性为10%。

6.6.2 农地确权对化肥、农药施用的间接估计

间接估计农地确权减少化肥和农药施用量的思路主要在于，如果农地确权次年的投入同确权当年一样都使得化肥、农药的投入均有所减少，那么化肥、农药的投入减少导致化肥、农药的施用量下降就是可以肯定的。反之，在确权当年，尽管农地确权使得化肥、农药的投入减少，但是在确权次年，化肥、农药的投入又有所增加，这就表明很可能存在投入减少但施用量不一定下降的情况①。为此，我们使用农地确权的滞后一年代替当年的农地确权对基准模型进行再次回归，进一步排除农地确权当年投入减少而次年投入增加的可能情况。表6.12报告了农地确权对化肥、农药施用量的间接估计结果。结果显示，农地确权不仅减少了确权当年的化肥、农药投入，也减少了确权次年的化肥、农药投入。以上证据再次表明，农地确权有助于减少化肥、农药的施用量，强化农户层面的耕地生态保护。

---

① 除了上述直接估计和间接估计，为了进一步排除农地确权对化肥、农药的负向影响不是由于化肥、农药的要素单价上升所致，笔者也使用化肥、农药的要素单价对农地确权进行估计。研究发现，农地确权对化肥、农药的要素单价均没有影响。因此，有理由认为农地确权对化肥、农药的负向影响，主要来源于"数量"的变化而非"价格"的变化。

表 6.12　农地确权对化肥施用量和农药施用量的影响:间接估计

变量	化肥投入			农药投入		
	(1)	(2)	(3)	(4)	(5)	(6)
农地确权	−0.115** (0.049)	−0.118** (0.050)	−0.151*** (0.050)	−0.085* (0.044)	−0.091** (0.044)	−0.090** (0.045)
个体特征		控制	控制		控制	控制
家庭特征			控制			控制
农户固定效应	控制	控制	控制	控制	控制	控制
时间固定效应	控制	控制	控制	控制	控制	控制
常数项	3.662*** (0.026)	3.697*** (0.185)	2.749*** (0.209)	2.460*** (0.023)	2.389*** (0.163)	1.883*** (0.187)
观测值	23564	23531	20580	23623	23590	20616
$Adj\text{-}R^2$	0.435	0.435	0.452	0.418	0.417	0.424

注:括号内为稳健标准误;*** 表示显著性为1%,** 显著性为5%,* 显著性为10%。

6.7　本章小结

耕地是实现农业可持续发展、维护国家粮食安全的禀赋基础和物质载体,然而,伴随着工业化、城镇化的不断推进,中国耕地资源正遭受严峻的破坏,土壤肥力不断衰减,化学污染日益严重,耕地生态保护面临巨大压力。产权的清晰界定与有效保护在资源的配置与保护当中扮演着十分重要的角色,农地确权作为农地产权界定的本质体现,理论上对于减少化肥和农药使用、强化耕地生态保护具有较强的积极意义。本章利用浙江大学中国农村家庭追踪调查数据库 2015 年、2017 年和 2019 年三期面板追踪数据,以化肥和农药为例,实证检验了新一轮农地确权对农户耕地生态保护的影响。研究发现,农地确权显著地减少了化肥和农药的投入,使得持有农村土地承包经营权证书的农户每亩化肥投入大约减少了 17%,每亩农药投入大约减少了 12%,且这一结论在系列稳健性检验之后依然成立。进一步分析发现,农地确权对耕地生态保护的影响在不同的农户群体间存在一定的异质性。从农户分化视角来看,农地确权主要对以农业为主的小兼业户有显著影响,而对以非农就业为主的大兼业户则没有影响；从代际差异视角来看，农地确权主要对出生于1980年及之前的老一代农民有显著影响，而对出生于1980年之后的新生代农民则没有影响。事实上，农地确权不但减少了化肥、农药的投入，而且也减少了化肥、农药的施用量，有效地促进了农户层面的耕地生态保护。具体来看，与未持有农村土地承包经营权证书的农户相比，持有农村土地承包经营权证书的农户每亩化肥施用量大约减少了9.41千克，每亩农药施用量大约减少了143.14毫升。此外，需要特别说明的是，尽管在本项研究中化肥、农药的使用在方向上具有一致性，但是这里并未严格区分两者的功用差异，这是后续研究可能的一个深化方向。

基于上述发现，得出如下政策启示。首先，要高度重视农地确权颁证的收尾工作，确保每一家农户都能获得农村土地承包经营权证，解决农地产权可能存在的产权不稳定、不安全和交易权不完整问题，发挥土地产权证书在耕地生态保护中的积极作用。其次，要重点关注当前农户分化和代际分异的客观现实，针对不同群体采取差别化的耕地保护策略。一方面，对于小兼业农户，要提高他们的务农积极性，引导他们实现农地的可持续利用，而对于大兼业农户，要提高他们非农就业的稳定性，激励他们完成农民市民化，缓解农村人地关系，降低耕地生态的损耗；另一方面，对于老一代农民，要鼓励他们使用有机肥替代化肥，使用生物防治替代农药，而对于新生代农民，要培养他们对土地的感情，引导他们珍惜耕地、养护耕地。最后，化肥、农药的减量工作是耕地生态保护的重要抓手，而如何进一步减少化肥、农药的投入与使用，不仅需要重视食品的营养与健康，拓展有机食品的市场，而且也需要继续研发经济上适用、技术上可行的化肥、农药替代品，减轻耕地的环境承载压力。

7 结论与启示

春秋战国时期著名思想家管子曾在《管子·水地篇》中提到："地者,万物之本源,诸生之根菀也。"作为人多地少的农业大国,中国的耕地资源非常稀缺,耕地保护对国家粮食安全和农业可持续发展具有深刻的影响。耕地保护的基础在于产权保护,不同于城市居民享有房产证书等各种正规的产权凭证,占中国人口最多的农民对于自己的承包地,在很长一段时间内却不能拥有财产权属的合法表达(周其仁,2010)。

农地产权安全性与农户微观行为息息相关(Besley,1995),产权的清晰界定与有效保护在耕地资源的投资、配置与保护当中一直扮演着十分重要的角色(毕继业等,2010)。农地确权是产权界定和产权保护在农地领域的生动实践,作为农地产权改革的基础性内容,它对于耕地保护具有特殊的意义。本书在系统回顾相关文献、理论和政策的基础上,利用具有全国代表性的中国农村家庭追踪调查(CRHPS)数据,运用面板双向固定效应模型、面板随机效应模型、多期DID模型和工具变量法,分别从耕地数量保护、耕地质量保护和耕地生态保护等视角出发,实证检验了新一轮农地确权对农户耕地保护的影响效应及其作用机制,最终得出以下主要结论和政策启示。

7.1 研究结论

回顾全书,本书的主要研究结论如下。

第一,将产权分析方法引入土地制度研究有着悠久的历史传统,近代以前,以"所有"为中心的物权观念适应了资本主义早期商品经济发展的需要,但随着市场经济的发展,所有权与使用权的分离成为实践常态,以物的"所有"为中心的物权观点逐渐被以物的"利用"为中心的物权观点所取代,土地产权已经由长期的重所有权归属向重产权利用的方向转变。在此过程中,以产权广度、长度与强度为核心的产权安全性理论和以法律稳定、事实稳定和感知稳定为核心的产权稳定性理论的提出和应用是土地制度与土地经济学研究领域的重要事件,它们不仅推动了土地产权研究范式从规范研究向实证研究的跨越,而且也为全球范围内土地公有制和土地私有制的交流互鉴提供了平等的对话基础。

第二,目前农地确权的相关研究主要探讨农地确权改革的经济效应。农地确权研究的缘起可以追溯到英美学者 Besley(1995)、Feder 和 Nishio (1998)等建立的地权稳定性对投资、流转、信贷等影响的理论模型和分析框架,后续的相关研究基本上也是围绕该框架的拓展,主要研究农地确权对农地投资、农地流转和农户信贷的影响,并逐渐延伸到农业生产(农业生产投资+农业生产率)、要素配置(农地流转+劳动力流动)和农户经济(农户信贷+农户收入)等领域。尤其是农地确权与农地流转的关系,伴随着中国新一轮农地确权的全面开展和基本完成,中国情境下目前已经形成较为系统且丰富的研究成果。

第三,改革开放以来,中国农地确权改革先后经历了以农村土地承包合同为核心的初级阶段和以农村土地承包经营权证书为核心的深化阶段。而且,二轮承包以来,在以农村土地承包经营权证书为核心的深化阶段,农地确权改革又大致进行了三轮。其中,第一轮发生在 1997 年左右,主要以《关于进一步稳定和完善农村土地承包关系的通知》和《中华人民共和国土地管理法》的出台为标志;第二轮发生在 2003 年左右,主要以《中华人民共和国农村土地承包法》的出台为标志;第三轮发生在 2013 年左右,主要以《农村土地承包经营权登记试点工作方案》《关于开展农村土地承包经营权登记试点工作的意见》《关于加快发展现代农业进一步增强农村发展活力的若干意见》的出台为标志。

第四,相较于前两轮农地确权,新一轮农地确权具有如下特点:其一,归属更加明晰。新一轮农地确权主要通过无人机、GPS 等现代测绘技术清晰界定产权的物理边界以及运用承包地"三权分置"的最新成果清晰厘定产权的权属边界。其二,权能更加完整。农地产权基本实现收益权独享、使用权排他和转让权自由,而且农户自愿原则上的入股权利和依托于土地产权证书的抵押融资权利也得到初步的赋予,农地产权具有多种经济用途。其三,保护更加严格。之前的农地确权改革不仅颁证率不高,而且不动产登记制度也不健全,农地交易主要以承包合同为依据,农户在很大程度上难以获得物权意义上的产权保护。相形之下,新一轮农地确权,不仅要求建立统一完备的注册登记管理制度,也要求全面颁发具有法律效力的土地产权证书。

第五,中国耕地数量保护形势不容乐观,耕地抛荒现象愈加严重。从农户耕地抛荒发生率来看,农户耕地抛荒整体上呈"东南—西北"走向,主要分布在珠江流域、长江流域和黄河中上游,绝大部分发生在南方地区;从农户耕地抛荒面积来看,近年来大部分省份的抛荒面积均有所增加,耕地抛荒面积的空间分布已经从对黄河中下游区域的"半包围"的态势扩展到对东北、华北区域的"全包围"态势;从农户户均耕地抛荒率来看,在2017年到2019年的两年间,农户耕地抛荒面积占家庭耕地总面积的分布整体上有着"东进"的趋势,东部省份农户户均耕地抛荒率逐步加重。

第六,中国耕地质量保护总体向好,有机肥使用较为普遍。从农家有机肥使用来看,现阶段全国秸秆还田整体上呈"菱形"分布,主要分布在北方和中部地区,东南沿河和西北地区秸秆还田率相对较低,全国秸秆还田发生率在40%左右。与此同时,全国粪便还田的比例仍然较高,在67%左右,除东南沿海,大多数省份粪便还田发生率都超过了50%,但近两年农户粪便还田发生率有逐年下降的趋势;从商品有机肥来看,现阶段农户亩均有机肥投入成本大约为21元,亩均有机肥施用量大约为90千克,有机肥亩均投入最高的省份主要分布在东南沿海一带,它们每亩有机肥投入均超过30元,其他省份的有机肥投入相对较低。不过,总体上,近两年全国大部分省份的有机肥投入均有所增加。

第七,中国耕地生态保护形势严峻,化肥、农药使用居高不下。从化肥使用来看,现阶段农户化肥亩均投入成本大约为114元,亩均化肥施用量大约为33千克,农户化肥亩均投入最高的省份主要分布在北方地区,化肥亩均投入最低的省份主要分布在西北地区,化肥投入成本和化肥施用量具有一定的正相关关系,近两年大部分省份的化肥投入成本及施用量均有所增加;从农药使用来看,现阶段农户农药亩均投入成本大约为39元,亩均农药施用量大约为129毫升,全国农药亩均投入成本总体上呈南北分布,其中,北方农药投入相对较少,南方农药投入相对较高。农药的投入成本与农药的施用量具有一定的正相关关系,近两年大部分省份的农药投入成本及施用量均有所增加。

第八,农地确权会显著地强化农户耕地数量保护,有助于遏制耕地抛荒的发生。新一轮农地确权使得耕地抛荒面积至少下降0.2亩左右,该结论在进行系列稳健性检验和克服内生性偏误之后依然成立。机制检验表明，农地确权主要通过改善土壤肥力、促进农地转出、提高农业补贴可得性和提升农业收入水平等渠道抑制耕地抛荒面积的扩张。进一步分析发现，农地确权会显著抑制处于平原、没有村民公约、经济落后社区的耕地抛荒，而对处于丘陵山区、有村民公约、经济发达社区没有显著的影响。与此同时，农地确权会显著减少非转入户、非转出户以及未经历过农地调整农户的耕地抛荒面积，而对存在农地流转、发生过农地调整的农户没有显著的影响。总之，农地确权有助于耕地数量保护，未来有必要继续巩固农地确权成果，同时推动农地确权成果的多元化利用。

第九，农地确权会显著地强化农户耕地质量保护，有助于提升耕地的质量水平。有机肥是保护耕地质量的有效举措。新一轮农地确权使得农户使用有机肥的概率显著提升约15％，每亩有机肥投入增加约35元，每亩有机肥施用量增加约23千克。机制分析表明，农地确权主要通过稳定农户产权预期和提高农业补贴可得性等渠道提升农户有机肥使用的概率。异质性分析发现，农地确权对较小经营规模和种植粮食作物的农户、拥有承包地块的农户和没有农地调整经历的农户有正向显著的影响，而对于较大经营规模和种植经济作物的农户、有转入地块的农户和有农地调整经历的农户没有显著的影响。

第十，农地确权会显著地强化农户耕地生态保护，有助于化肥、农药的减量使用。新一轮农地确权通过提升地权稳定性、地权安全性和地权完整性，强化了农户层面的耕地生态保护。具体地，新一轮农地确权不仅使得农户每亩化肥投入减少了17％，也使得农户每亩农药投入减少了12％。不过，农地确权对耕地生态保护的影响也存在一定的异质性。农地确权主要对以农业为主的小兼业户有显著影响，而对以非农就业为主的大兼业户则没有影响；农地确权主要对老一代农民有显著影响，而对新生代农民则没有影响。进一步分析发现，农地确权对化肥、农药的影响不仅体现在投入上，也表现在使用上，它使得农户每亩化肥施用量减少了9.41千克，每亩农药施用量减少了143.14毫升，确实有助于农户层面的耕地生态保护。

7.2 政策启示

基于上述结论,本书的主要政策启示如下。

第一,巩固农地确权改革,推进新一轮农地确权成果的多元化应用。截至 2019 年,新一轮农地确权改革基本完成,全国 90% 以上的农户都获得具有法律效力的农村土地承包经营权证书。但是,新一轮农地确权改革的完成并不意味着农地产权改革的结束,作为农地产权改革的核心内容,确权改革的完成恰恰是另外一个新的开始。"确权是基础,还权是核心,赋能是关键",推进确权成果的多元化应用依然是未来较长一段时间内农地产权制度改革的重点。农地确权并非单纯地向农户颁发土地产权证书那么简单,农地确权的背后涉及权利的群己界定和利益调整,农地确权改革要有效兼顾稳定土地关系和盘活土地价值。由于新一轮农地确权是由国家强制推行并要求按期完成,不难推断,农地确权工作虽是完成了,但潜在的矛盾仍然存在;农地确权工作虽是完成了,但以农地确权为基础的赋能并不充分。尤其是在二轮承包即将到期的情况下,承包地的延包工作不可将已经完成的农地确权推倒重来、另起炉灶,相反,要最大程度地避免承包地的大范围调整,做好新一轮农地确权与二轮承包到期后承包地延包的有效衔接,保持土地承包关系的稳定并长久不变。因此,推进新一轮农地确权成果的多元化应用,一方面要解决历史遗留问题,让农村土地承包经营权证书作为土地纠纷处理的依据,稳定农村土地承包关系;另一方面要满足未来发展需要,让农村土地承包经营权证书作为土地征收、农地流转、农业补贴、农户信贷等的凭证,盘活土地利用价值。当然,更为重要的是,不能忽视农地确权的生态效应,要注重农地确权与耕地保护的内在联结,充分发挥农地确权在耕地数量、质量和生态"三位一体"保护中的积极作用,提前预防二轮承包期即将到期可能存在的耕地不合理利用以及农户短期化行为。

第二,遏制耕地抛荒现象,重视农业生产经营过程中的耕地数量保护。与农地非农化过程中耕地的征用和占用一样,农业生产经营过程中耕地的闲置与浪费也是耕地数量保护的重要组成部分,耕地抛荒理应受到足够的重视。耕地抛荒是全球现象,近年来在中国尤为突出,已经逐渐危及到国家的粮食安全和农业的可持续发展,遏制农户耕地抛荒、强化耕地数量保护刻不容缓。为此,一是要提升土壤肥力,让贫瘠的耕地得到养护,进而形成持久的土地生产力,减少农户因耕地质量较差便选择耕地抛荒的概率;二是要培育农地流转市场,提高土地资源配置效率,让耕地富余或剩余的农户把耕地流转起来,促进土地要素从低效率利用者向高效率利用者转移,避免耕地的闲置与浪费,促进耕地资源的可持续利用;三是要提高农户补贴可得性,以农村土地承包经营权证书为补贴发放凭证,让政府于法有据、有法可依,降低农业补贴政策实施的信息不对称和交易成本,维护农户获取农业补贴的正当权益,提高他们农业生产经营积极性;四是要提高农业经营收入,努力推动农业经营性收入大致与非农工资性收入持平,让农民成为一种让人羡慕职业,让农业成为一种让人向往的产业。

第三,增加有机肥的使用,鼓励农业生产经营过程中的耕地质量保护。有机肥是中华农耕文明经久不衰的生态密码,长期以来,在维持和提升土壤肥力方面发挥着不可替代的作用。然而,伴随着中国进入工业社会,在利润最大化的驱使下,农户有机肥使用逐年下滑,化肥使用量剧增,日积月累的化肥替代有机肥致使土壤肥力和耕地质量迅速下降,现阶段中国土壤表层的有机质含量甚至已低于欧美发达国家水平。为此,一是要稳定承包农户的经营预期,借农地确权和土地承包经营权再延长 30 年之机,稳定农户土地承包关系,固化农户的土地承包经营权,激励他们使用有机肥开展土地长期投资;二是要维护农业经营者的合法权益,平等保护新型农业经营主体的土地权利,鼓励地方对具有一定租赁期限、一定租赁面积的农地转入方颁发土地经营权证书,通过赋权的方式激励他们增施有机肥,持续改善土壤肥力;三是要在鼓励农家有机肥使用的同时开发商品有机肥,尤其是要开发品类多样、效果良好的商品有机肥,对相关企业和农业经营主体实施双向补贴,其中,相关企业享受品种研发、农资购买等补贴,农业经营主体享受价格补贴和使用补贴,千方百计降低有机肥的使用成本。

第四,推动化肥农药减量,强化农业生产经营过程中的耕地生态保护。化肥、农药的过度使用是耕地生态恶化的罪魁祸首,如果不加以控制,那么将会导致土壤养分结构失调,造成土壤污染、水体污染和耕地退化,破坏耕地的可持续利用和农业的可持续发展。更为可怕的是,化肥、农药的大量残留,经过农作物和食物链的逐级传递和不断蓄积,也会成为威胁人类生命健康的安全隐患。为此,一是要从供给侧出发,研发化肥、农药的替代产品,形成对化肥、农药的长期替代,鼓励农业经营主体多使用有机肥、配方肥,尽量减少化肥的使用,鼓励农业经营主体多采用生物防治、物理防治的方法,尽量减少农药的使用;二是要从需求侧出发,重视农产品的营养与健康,促进消费结构有效升级,鼓励消费者购买有机农产品、绿色农产品,尝试以市场导向扭转农业化肥、农药投入,维护消费者"舌尖上的安全";三是要从全社会出发,加强生态文明建设,树立"绿水青山就是金山银山"的绿色发展理念,尊重自然、顺应自然、保护自然、热爱自然,大力推动化肥、农药的减量工作,走中国特色的农业可持续发展道路。

第五,以农地确权为契机,助推农业可持续发展导向的农地产权制度改革。耕地保护的根本目标实际上就是要推动农业的可持续发展。选择一种适应生产力发展水平的制度,是有效地保护、开发和利用耕地资源的保障,是实现农业可持续发展的基础(钱文荣,2000)。然而,长期以来,在我国现行农地产权制度下,由农地产权不明晰、不稳定和不完整问题引发的土地保护不力、利用效率不高、农业经营者利益得不到充分保障等问题已成为农业可持续发展的严重阻碍。为实现农业可持续发展,改革农地产权制度势在必行。不过,由于产权不明晰、不稳定和不完整问题是家庭承包制度本身派生出来的,因此,如果在现行制度框架下推行边际性改革,无论怎么改,在很大程度上都可能存在或多或少的产权不明晰、不稳定和不完整问题。幸运的是,作为农地产权制度改革的基础性内容,农地确权不仅使得农户合法的土地权利得到清晰界定和有效保护,而且,通过向农户颁发具有法律效力的农地产权证书,并在此基础上赋予农户更为完整的土地交易权和融资贷款权,在一定程度上有利于解决农地产权不明晰、不稳定和不完整问题,提高农地产权的明晰性、稳定和完整性,进而有助于推动农业可持续发展。当然,若要更大程度地解决农地产权不明晰、不稳定和不完整问题,建立农业可持续发展导向的农地产权制度,最为核心的还是要从产权强度、产权长度和产权广度出发,推动农地产权改革的法制化、长期化和市场化进程,重点做好三方面改革:一是增强产权强度,在政策法律上做文章,迈向法制化;二是延伸产权长度,在承包期限上下功夫,走向长期化;三是拓展产权广度,在完善权能上寻突破,转向市场化(郑淋议,2020;郑淋议等,2022)。

7.3 进一步讨论[①]

长期以来,由于传统农村社会本质上属于熟人社会,日常往来交易不必完全以产权凭证为依托,以血缘、亲缘和地缘关系基础上的社会伦理、风俗习惯以及信任舆论等非正式制度是主要的行为准则(钱文荣、郑淋议,2019)。但是,伴随着改革开放以来工业化、城镇化的加速推进,城乡要素双向流动日益加快,农村熟人社会已经逐渐向半熟人社会甚至是陌生人社会转变,市场交易的半径、边界和范围也逐渐向外延伸(钱文荣、郑淋议,2021),为规避和减小随之而来的交易费用和信息不对称,日常往来交易便更多地依赖于产权清晰界定和有效保护基础上的法律规范、市场规则等正式制度(刘守英,2018b)。因此,在城乡社会转型不可逆转的形势下,为维护农民合法的土地权益,实现数量、质量和生态的"三位一体"耕地保护和促进耕地的可持续利用(郑淋议,2022),以农地确权为基础的财产权利的合法表达就显得尤为必要(郑淋议、钱文荣,2024)。正是从这个意义来讲,农地确权绝非简单的权宜之计,而是城乡一体化视域下让农民与市民享有同等财产权利的根本性制度建设(周其仁,2010)。

农地确权的本质是产权的清晰界定和有效保护,在农地产权制度改革当中扮演着重要的角色。清晰、稳定且有保障的土地产权是提高土地生产力并保障产权主体合法权益的重要手段。无论是土地公有制,还是土地私有制,土地权利的群己界定历来都是土地制度的基础性内容。在新一轮农地确权基本完成的背景下,本书尝试立足农业生产经营过程中的耕地"三位一体"保护,系统探讨农地确权的生态效应,重点关注农地确权对耕地数量保护、耕地质量保护和耕地生态保护的影响,以期为相关研究添砖加瓦。事实上,伴随着中国新一轮农地确权的全面开展,农地确权的相关研究方兴未艾,积累的研究成果也日渐丰富。不过,确权改革的相关研究仍有进一步深化的空间,总体来说,未来需要实现如下研究转变。

第一,从研究对象来看,要推动确权改革研究从农用地到建设用地的转

[①] 本节的核心内容已经发表:邵景润,郑淋议. 中国农地确权研究:一个学术史回顾. 土地经济研究,2023(1):168-198.

变,从耕地到林地、草地的转变。截至目前,大量确权改革的研究都集中在农地领域,而其他类型的土地却鲜有学者研究。事实上,在真实世界中,土地类型丰富多样、种类繁多,从经济用途来看,大致可分为农用地与建设用地两类,在中国情境下,农用地主要是指承包地,建设用地主要包括宅基地和集体建设用地;从植被覆盖来看,大致可分为耕地、林地、园地、草地等类型。党的十八届三中全会以来,全面深化改革持续推进,不仅是农地确权,宅基地、集体建设用地,林地、草地等确权改革也如火如荼地展开,这为相关研究的丰富和深化提供了难得的素材。

第二,从研究内容来看,要推动确权改革研究从产权的经济效应向生态效应、社会效应延伸。目前国内外大多数研究仍主要探讨农地确权的经济效应,具体集中在农地流转、农业投资和农户信贷等领域,虽然近年来经济效应的相关研究也逐步拓展到农业生产、要素配置和农户经济等领域,但遗憾的是,农地确权的生态效应、社会效应却鲜有学者问津。就生态效应而言,尽管本书初步探讨了农地确权对耕地保护的影响,但生态效应的内涵与外延远不及此,农地确权是否会提升农户环境保护意识,农地确权是否会改善农户绿色生产行为等仍有必要进一步研究。就社会效应而言,农地确权改革作为一项社会公共政策,它改革的不仅是人与地的关系、人与人的关系,农民与集体的关系、农民与国家的关系也都在整个改革当中展现。在此情形下,农地确权究竟对政府公信力的建构、社会公平性的塑造和社会稳定性的巩固有什么样的影响也值得进一步探讨。此外,由于现行农地产权制度下产权不稳定等问题的存在,在第二轮承包即将到期之际,农地确权的长期效应也值得关注,相较于农地确权的经济效应,长时期的生态效应和社会效应将更加有意义。

第三,从研究范围来看,要推动确权改革研究从国别、地区的内部研究走向跨国别、跨地区的比较研究转变。据不完全统计,全世界已经开展农地确权的国家和地区多达197个(丰雷等,2020),但是被深入研究的国家和地区总体上并不多,在文献中出现较多的国家主要有埃塞俄比亚、越南、中国、泰国、肯尼亚、巴西、印度、卢旺达等,基本上是清一色的发展中国家。不同国家的国情、农情、经济水平、社会文化和发展阶段千差万别,农地确权改革的成效也不尽一致,这为检验产权理论在不同制度情景下的适用性检验以及农地确权改革的比较借鉴提供了广泛而丰富的实践素材。进一步地,什么样的国家或政府更容易推进农地确权改革?为什么有的国家农地确权改革获得了成功,而有的国家却面临失败?到底什么样的农地确权改革更容易被农民接受？农地确权改革在经济社会可持续发展中到底扮演着什么样的角色等等，这些问题不仅仅是一个经济学问题、更是社会学问题和政治学问题。对于跨学科的学术研究者而言，这无疑是一座有待开发的金矿。

第四，不论何种类型的确权改革，尤为重要的是，相关研究有必要区分确权的性质、内涵、形式、层次、时间以及方式。具体来说，比如：一是就确权的性质而言，要明晰确权所界定的土地权利具有何种权利属性，到底是物权性质还是债权性质需要明确；二是就确权的内涵而言，土地权利的界定要看是否真正做到了物理边界和产权边界的明晰；三是就确权的形式而言，要清楚确权具体是用土地合同还是土地产权证书来表征；四是从确权的层次而言，要知道确权是属于社区层面的确权还是农户层面的确权，由于时间进度和历史遗留问题等原因，两者的时间不一定重合，一般而言，社区层面确权工作的开展要先于农户层面确权证书的颁发，因此，使用社区层面的确权工作通常存在滞后，而不能直接使用；五是就确权的时间而言，不同时期的农地确权，其背后的含义可能有所不同，因此，要研究某一阶段的确权需要借助确权的时间来对研究对象进行精准识别，同时对各个阶段确权政策的实质内涵有清晰的把握；六是就确权的方式而言，目前的农地确权实践丰富多样，确权方式也更加多元，既有确权确地与确权不确地之分，也有确权到户与确权不到户之别。在数据允许的条件下，探讨不同确权方式下的农地确权改革绩效也是较为有趣且有意义的。

第五，在诸多的实证研究当中，农地确权的作用效果不尽一致，也引起了学界关于农地确权重要性的讨论，即农地确权真的重要吗？针对农地确权是否重要这一规范性问题，本书尝试做出如下回应：一是讨论农地确权的重要性要有参照对象。农地确权是农户土地权利的合法保障，任何主体都不能剥夺，不能因为确权对某一群体暂时没起作用就认为它不重要。无论是什么样的改革，真正起作用的对象都是存在潜在需求的群体，诚如严法只对不守规矩、不受法律的个体或群体有影响，对于遵纪守法者则如"形同虚设"。与没有农地确权相比，确权之后的土地权利是有保障的，如果没有证书作为凭证，当农户面临征地、调整以及受到来自其他第三方的妨害时，他们便很难有法律依据维护自身权利。因此，农地确权不仅仅是一纸文书，农地确权也只有当农户面临农地流转、农地投资、农地抵押、农地调整和农地征收时，它才可能更大限度地发挥作用。二是讨论农地确权的重要性要看情景依赖。熟人社会之间的交易主要依赖于非正式制度，同一村庄内部的不同农户之间的产权归属事实上基本是清晰而明确的,因此,无论是否开展农地确权,农地确权对村庄内部农户之间的影响并不大。但是不可否认的是,伴随着市场化的发展,当前正面临着熟人社会向陌生人社会的转型,交易边界也开始从村庄内部向村庄外界延伸,农地确权等正式制度在农地产权实施过程中便日益重要。当外部农业经营主体进入农村之后,公开透明、合法公正的市场交易都会更加依赖界定清晰的土地产权。三是讨论农地确权的重要性要重视配套制度建设。农地确权是重要的,但是农地确权基础上的还权赋能和相关配套制度建设更为重要。故而,确权不能只盯着发放土地产权证书,而是要拓宽土地产权证书的使用场域,让其成为维护产权主体合法权益的法律凭证,让其成为拥有多种经济用途的交易凭证;也不能只盯着农地确权,而是要同步推进相关法律制度、金融制度、经营制度和市场规制的完善。四是对待确权的重要性要有边际概念,权利本身是一把双刃剑,农地确权既可能增强农地产权稳定性,维护农户的合法权益,也可能致使农地产权稳定性过强,反而不利于市场交易。理论上讲,只有当农地确权节约的成本大于确权本身所带来的成本时,农地确权才是有利的。因而,农地确权的正负效应都值得关注。五是讨论确权的重要性要挖掘隐含约束,尤其是要看确权前的农地产权稳定性,家庭承包制度实施以来,农地确权不止开展一次,农地调整屡禁不止。不区分承包合同与产权证书,不考虑确权前的产权稳定性都可能得到似是而非的结论(邵景润、郑淋议,2023)。因而,在考虑确权前的农地产权稳定性基础上,利用确权时间精准识别新一轮农地确权的效果非常有必要(郑淋议,2022)。

第六,产权改革事实上主要包括产权界定和产权实施两个方面。其中,产权界定是产权改革的基础性内容,产权实施是产权改革的实质性内容。而产权实施又可以拆分为产权配置和产权保护,产权界定、产权配置和产权保护是产权制度最为核心的议题。其中,产权界定是产权改革的前提,产权配置是产权改革的目标,产权保护贯穿产权改革的全过程。在新一轮农地确权改革完成之际,要深入推进农地产权制度改革,尤其是要大力推动农地产权制度改革从产权界定向产权实施转变(郑淋议,2023)。当然,考虑到家庭承包制度下目前大部分农村的承包地都将陆续到期,因而,在"十四五"时期,如何利用好新一轮农地确权成果,接续第二轮土地承包到期后再延长30年,维护和发展好农民合法的土地权益以及强化农业可持续发展导向的农地产权制度改革依然任重而道远。

参考文献

[1] Abdulai A, Owusu V, Goetz R. Land tenure differences and investment in land improvement measures: Theoretical and empirical analyses. Journal of Development Economics, 2011, 96(1): 66-78.

[2] Abolina E, Luzadis V A. Abandoned agricultural land and its potential for short rotation woody crops in Latvia. Land Use Policy, 2015, 49: 435-445.

[3] Aide T M, Grau H R. Globalization, migration, and Latin American ecosystems. Science, 2004, 305(5692):1915-1916.

[4] Ajzen I. Attitudes, Personality, and Behavior. Milton Keynes: Open University Press,1998.

[5] Alcantara C. Mapping the extent of abandoned cropland in Central and Eastern Europe using DODIS time series satellite data. Econstor Open Access Articles, 2013,8(3): 1345-1346.

[6] Alchian A A. Some economics of property rights. Politico,1965(30): 816-829.

[7] Alchian A A, Demsetz H. Production, information costs, and economic organization. American Economic Review, 1972, 62(5): 777-795.

[8] Alchian A A, Property rights// Eatwell J, Milgate M, Newman P (eds.). New Palgrave Dictionary of Economics. London: Macmillan Press Limited, 1987.

[9] Alesina A, Giuliano P. Culture and institutions. Journal of Economic Literature, 2015(4): 898-944.

[10] Ali D A, Dercon S, Gautam M. Property rights in a very poor country: Tenure insecurity and investment in Ethiopia. Agricultural

Economics, 2011,42(1): 75-86.

[11] Ali D A, Deininger K, Duponchel M. Credit constraints and agricultural productivity: Evidence from rural Rwanda. Journal of Development Studies, 2014, 50(5): 649-665.

[12] Alix-Garcia J, Kuemmerle T, Radeloff V C. Prices, land tenure institutions, and geography: A matching analysis of farmland abandonment in post-socialist eastern Europe. Land Economics, 2012, 88(3): 425-443.

[13] Alonso-Sarría F, Martínez-Hernández C, Romero-Díaz A, et al. Main environmental features leading to recent land abandonment in Murcia region (Southeast Spain). Land Degradation and Development, 2016, 27 (3): 654-670.

[14] Alston L J, Libecap G D, Schneider R. The determinants and impact of property rights: Land titles on the Brazilian Frontier. Journal of Law Economics and Organization, 1996(12): 25-61.

[15] Bakker M M, Govers G, Kosmas C, et al. Soil erosion as driver of land-use change. Agricultural Ecosystems and Environment, 2005(3): 467-481.

[16] Baron R M, Kenny D A. The moderator-mediator variable distinction in social psychological research: Conceptual, strategic, and statistical considerations. Journal of Personality and Social Psychology, 1986, 51 (6): 1173-1182.

[17] Barrows R, Roth M. Land tenure and investment in African agriculture: Theory and evidence. The Journal of Modern African Studies, 1990, 28(2): 265-297.

[18] Barzel Y. Economic Analysis of Property Rights. Cambridge: Cambridge University Press, 1997.

[19] Baumann M, Kuemmerle T, Elbakidze M, et al. Patterns and drivers of post-socialist farmland abandonment in western Ukraine. Land Use Policy, 2011, 28(3): 552-562.

[20] Benayas J M R, Martins A, Nicolau J M. Abandonment of agricultural land: An overview of drivers and consequences. CAB Reviews:

Perspectives in Agriculture, Veterinary Science. Nutrition and Natural Resources, 2007, 57(2): 1-12.

[21] Benjamin D, Brandt L. Property rights, labour markets and efficiency in a transition economy: The case of rural China. Canadian Journal of Economics, 2002, 35(4): 689-716.

[22] Besley T J. Incentives and the De Soto effect. Quarterly Journal of Economics, 2012(1): 237-282.

[23] Besley T. Property rights and investment incentives: Theory and evidence from Ghana. Journal of Political Economy, 1995, 103(5): 903-937.

[24] Bezabih M, Mannberg A, Siba E. The land certification program and off-farm employment in Ethiopia. GRI working papers 168, Grountham Research Institute on climate change and the Environment, 2014.

[25] Boucher S, Carter M, Guirkinger C. Risk rationing and wealth effects in credit markets: Theory and implications for agricultural development. American Journal of Agricultural Economics, 2008, 90(2): 409-423.

[26] Brasselle A S, Gaspart F, Platteau J P. Land tenure security and investment incentives: Puzzling evidence from Burkina Faso. Journal of Development Economics, 2002, 67(2): 373-418.

[27] Brauw D A, Mueller V. Do limitations in land rights transferability influence mobility rates in Ethiopia. Journal of African Economies, 2011, 21(4): 548-579.

[28] Bromley D. Property rights: Locke, kant, peirce, and the logic of volitional pragmatism// Harvey M J (eds.). Private Property in the 21st Century. Cheltenham: Edward Elgar, 2003.

[29] Bromley D. Sufficient Reason: Volitional Pragmatism and the Meaning of Economic Institutions. Princeton/Woodstock: Princeton University Press, 2009.

[30] Brown B J, Mark E, Hanson D, et al. Global sustainability: Toward definition. Environmental Management, 1987, 11(6): 713-719.

[31] Brunelle T, Dumas P, Souty F, et al. Evaluating the impact of rising

fertilizer prices on crop yields. Agricultural Economics, 2015, 46(5): 653-666.

[32] Byamugisha F K. The effects of land registration on financial development and economic growth//Policy Research Working Paper. Washington DC: World Bank Group, 1999.

[33] Cai X, Lu Y, Wu M, et al. Does environmental regulation drive away inbound foreign direct investment? Evidence from a quasi-natural experiment in China. Journal of Development Economics, 2016,123(1): 73-85.

[34] Campbell, J E, Lobell D B, Genova R C, et al. The global potential of bioenergy on abandoned agriculture lands. Environmental Science and Technology, 2008, 42(15): 5791-5794.

[35] Caraveli H. A comparative analysis on intensification and extensification in Mediterranean agriculture: dilemmas for LFAs policy. Journal of Rural Studies, 2000,16(2): 231-242.

[36] Carter M R, Olinto P. Getting institutions right from whom? Credit constraints and the impact of property rights on the quantity and composition of investment. American Journal of Agriculture Economics, 2003, 5(1): 173-186.

[37] Carter M, Feder G, Roth M. Land tenure and agricultural performance: Reflection on global experience//Transition of China's Rural Land System: Papers from the International Symposium on Rural Land Issues in China. Madison: Land Tenure Center Paper 151, 1995.

[38] Chen R S, Ye C, Cai Y L, et al. The impact of rural out-migration on land-use transition in China: Past, present and trend. Land Use Policy, 2014(40): 101-110.

[39] Chen X P, Cui Z L, Zhang F S. Producing more grain with lower environmental costs. Nature, 2014, 514(23): 486-489.

[40] Chernina E, Dower P C, Markevich A. Property rights, land liquidity, and internal migration. Journal of Development Economics, 2014, 110(9): 191-215.

[41] Cheung S N. The fable of the bees: An economic investigation. Journal of Law and Economics, 1973,16(1):11-33.

[42] Coase R H. The problem of social cost. The Journal of Law and Economics, 1960, 56(3): 1-13.

[43] Conroy J. APEC and financial exclusion: Missed opportunities for collective action? Asia-Pacific Development Journal, 2005, 12(1): 53-79.

[44] De Janvry A, Emerick K, Gonzalez-Navarro M, et al. Certified to migrate: Property rights and migration in rural Mexico. CEGA Working Papers, 2012.

[45] De Janvry A, Emerick K, Gonzalez-Navarro M, et al. Delinking land rights from land use: Certification and migration in Mexico. American Economic Review, 2015, 105(10): 3125-3149.

[46] De Soto H. The Mystery of Capital: Why Capitalism Triumphs in the West and Fails Everywhere Else. New York: Basic Books, 2000.

[47] Deininger K, Feder G. Land registration, governance, and development: Evidence and implications for policy. The World Bank Research Observer, 2009, 24(2): 233-266.

[48] Deininger K, Jin S, Xia F. Moving off the farm: Land institutions to facilitate structural transformation and agricultural productivity growth in China. World Development, 2014, 59(7): 505-520.

[49] Deininger K, Jin S. Land rental markets in the process of rural structural transformation: Productivity and equity impacts in China. Journal of Comparative Economics, 2009, 37(4): 629-646.

[50] Deininger K, Savastano S, Carletto C. Land fragmentation, cropland abandonment, and land market operation in Albania. World Development, 2012, 40(10): 2108-2122.

[51] Deininger K, Ali D A. Do overlapping land rights reduce agricultural investment? Evidence from Uganda. American Journal of Agricultural Economics, 2008, 90(4): 869-882.

[52] Deininger K. Land policies for growth and poverty reduction. A World Bank Policy Research Report, 2003.

[53] Deininger K, Ali D A, Alemu T. Impacts of land certification on tenure security, investment, and land market participation: Evidence

from Ethiopia. Land Economics, 2011, 87(2): 312-334.

[54] Deininger K, Ali D A, Holden S, et al. Rural land certification in Ethiopia: Process, initial impact, and implications for other African countries. World Development, 2008, 36(10): 1786-1812.

[55] Deininger K, Zegarra E, Lavadenz I. Determinants and impacts of rural land market activity: Evidence from Nicaragua. World Development, 2003, 31(8): 1385-1404.

[56] Deininger K, Jin S. The potential of land rental markets in the process of economic development: Evidence from China. Journal of Development Economics, 2005(1): 241-270.

[57] Deininger K, Jin S, Liu, et al. Property rights reform to support China's rural-urban integration: Village-level evidence from the Chengdu experiment. Oxford Bulletin of Economics and Statistics, 2019a, 81(6):1214-1251.

[58] Deininger K, Jin S, Nagarajan H, et al. Inheritance law reform, empowerment, and human capital accumulation: Second-generation effects from India. The Journal of Development Studies, 2019b, 55(12):2549-2571.

[59] Demsetz H. Toward a theory of property rights. American Economic Review, 1967, 57(3):347-359.

[60] Deng X, Xu D D, Zeng M, et al. Does internet use help reduce rural cropland abandonment? Evidence from China. Land Use Policy, 2019, 89: 104243.

[61] Díaz G I, Nahuelhual L, Echeverría C, et al. Drivers of land abandonment in southern Chile and implications for landscape planning. Landscape and Urban Planning, 2011, 99(3-4): 207-217.

[62] Domeher D, Abdulai R. Access to credit in the developing world: Does land registration matter? Third World Quarterly, 2012, 33(1): 161-175.

[63] Dower P, Potamites E. Signaling credit-worthiness: Land titles, banking practices and access to formal credit in Indonesia. Working Papers, 2010.

[64] Estel S, Kuemmerle T, Alcántara C, et al. Mapping farmland abandonment and recultivation across Europe using MODIS NDVI time series. Remote Sensing of Environment, 2015, 163: 312-325.

[65] Fan M, Shen J, Yuan L, et al. Improving crop productivity and resource use efficiency to ensure food security and environmental quality in China. Journal of Experimental Botany, 2012, 63(1): 13-24.

[66] Food and Agriculture Organization of the United Nations. The State of Food Security and Nutrition in the World. Rome: Food and Agriculture Organization of the United Nations, 2020.

[67] Feder G, Nishio A. The benefits of land registration and titling: Economic and social perspectives. Land Use Policy (United Kingdom), 1998, 15(1): 25-43.

[68] Feder G. The implications of land registration and titling in Thailand//Proceedings of the Twentieth International Conference of Agricultural Economists, 1988.

[69] Fenske J. Land tenure and investment incentives: Evidence from West Africa. Journal of Development Economics, 2011, 95(1): 137-156.

[70] Field E, Torero M. Do Property Titles Increase Credit Access Among the Urban Poor? Evidence From a Nationwide Titling Program. Cambridge: Havard University, 2006.

[71] Field, E. Entitled to work: Urban property rights and labor supply in Peru. The Quarterly Journal of Economics, 2007, 122(4): 1561-1602.

[72] Fort R. The homogenization effect of land titling on investment incentives: Evidence from Peru. NJAS-Wageningen Journal of Life Sciences, 2008, 55(4): 325-343.

[73] Furubotn G E, Pejovich S. Property rights and economic theory: A survey of recent literature. Journal of Economic Literature, 1972, 10(4): 1137-1162.

[74] Galiani S, Schargrodsky E. Property rights for the poor: Effects of land titling. Journal of Public Economics, 2010, 94(9): 700-729.

[75] Gallart F, Llorens P. Catchment management under environmental change: Impact of land cover change on water resources. Water

International, 2003(28): 334-340.

[76] Gellrich M, Baur P, Koch B, et al. Agricultural land abandonment and natural forest re-growth in the Swiss Mountains: A spatially explicit economic analysis. Agriculture, Ecosystems & Environment, 2007, 118(1-4): 93-108.

[77] Gerezihar K, Tilahun M. Impacts of parcel-based second level landholding certificates on soil conservation investment in Tigrai, Northern Ethiopia. Journal of Land and Rural Studies, 2014, 2(2): 249-260.

[78] Gould K A. Land regularization on agricultural frontiers: The case of northwestern Petén, Guatemala. Land Use Policy, 2006, 23(4): 395-407.

[79] Greif A. Institutions and the Path to The Modern Economy: Lessons from Medieval Trade. Cambridge: Cambridge University Press, 2006.

[80] Grimm M, Klasen S. Migration pressure, tenure security, and agricultural intensification: Evidence from Indonesia. Land Economics, 2015, 91(3): 411-434.

[81] Gu B, Ju X, Chang J, et al. Integrated reactive nitrogen budgets and future trends in China. Proceedings of the National Academy of Sciences of the United States of America, 2015, 112(28): 8792-8797.

[82] Han Z, Song W. Spatiotemporal variations in cropland abandonment in the Guizhou-Guangxi karst mountain area, China. Journal of Cleaner Production, 2019, 238: 1-15.

[83] Heath J R. Enhancing the contribution of land reform to Mexican agricultural development. //Policy Research Working Paper Series 283, Washington DC: World Bank Group, 1990.

[84] Heckman J J. Sample selection bas as a specification error. Econometrica, 1979(47): 153-161.

[85] Heckman J J. The common structure of statistical models of truncation, sample selection and limited dependent variables and a simple estimator for such models. The Annals of Economic and Social Measurement, 1976(5): 475-492.

[86] Holden S T, Deininger K, Ghebru H. Impacts of low-cost land

certification on investment and productivity. American Journal of Agricultural Economics, 2009, 91(2): 359-373.

[87] Holden S, Deininger K, Ghebur H. Impact of land certification on land rental market participation in Tigray region, northern Ethiopia//The Nordic Develoment Economics Conference, 2007.

[88] Holden S T, Deininger K, Ghebru H. Tenure insecurity, gender, low-cost land certification and land rental market participation in Ethiopia. The Journal of Development Studies, 2011, 47(1): 31-47.

[89] Holden S, Yohannes H. Land redistribution, tenure insecurity and intensity of production: A study of farm households in southern Ethiopia. Land Economics, 2002, 78(4): 573-590.

[90] Hombrados J G, Devisscher M, Martínez M H. The impact of land titling on agricultural production and agricultural investments in Tanzania: A theory-based approach. Journal of Development Effectiveness, 2015, 7(4): 530-544.

[91] Huang J, Hu R, Cao J, et al. Training programs and in the field guidance to reduce China's overuse of fertilizer without hurting profitability. Journal of Soil and Water Conservation, 2008, 63(5): 165-167.

[92] Díaz I G, Nahuelhual L, Echeverría C, et al. Drivers of land abandonment in Southern Chile and implications for landscape planning. Landscape and Urban Planning, 2009, 99(3-4): 207-217.

[93] Ito J, Nishikori M, Toyoshi M, et al. The contribution of land exchange institutions and markets in countering cropland abandonment in Japan. Land Use Policy, 2016, 57: 582-593.

[94] Jacoby H G, Li G, Rozelle S. Hazards of expropriation: Tenure insecurity and investment in rural China. The American Economic Review, 2002, 92(5): 1420-1447.

[95] Jacoby H G, Minten B. Is land titling in Sub-Saharan Africa cost-effective? Evidence from Madagascar. The World Bank Economic Review, 2007, 21(3): 461-485.

[96] Jin S, Deininger K. Land rental markets in the process of rural structural transformation: Productivity and equity impacts from China.

Journal of Comparative Economics, 2009, 37(4): 629-646.

[97] Ju X, Gu B, Wu Y, et al. Reducing China's fertilizer use by increasing farm size. Global Environmental Change, 2016(41): 26-32.

[98] Kassa W. Land titling and investment in Tanzania: An empirical investigation. Munich Personal RePEc Archive Paper, 2014.

[99] Kemper N, Klump R, Schumacher H. Representation of property rights and credit market outcomes: Evidence from a land reform in Vietnam//Proceedings of the German Development Economist Conference, 2011.

[100] Lambin E F, Meyfroidt P. Land-use transitions: Socio-ecological feedback versus socio-economic change. Land Use Policy, 2010, 27: 108-118.

[101] Latruffe L, Piet L. Does land fragmentation affect farm performance? A case study from Brittany, France. Agricultural Systems, 2014 (129): 68-80.

[102] Lawry S, Samii C, Hall R, et al. The impact of land property rights interventions on investment and agricultural productivity in developing countries: A systematic review. Journal of Development Effectiveness, 2017, 9(1): 1-21.

[103] Lee, D R. Agricultural sustainability and technology adoption: Issues and policies for developing countries. American Journal of Agricultural Economics, 2005, 87(5): 1325-1334.

[104] Levers C, Schneider M, Prishchepov A V, et al. Spatial variation in determinants of agricultural land abandonment in Europe. Science of the Total Environment, 2018, 644: 95-111.

[105] Li G, Rozelle S, Brandt L. Tenure, land rights, and farmer investment incentives in China. Agricultural Economics, 1998, 19(1-2): 63-71.

[106] Lichtenberg E, Ding C. Assessing farmland protection policy in China. Land Use Policy, 2008, 25(1): 59-68.

[107] Lieskovský J, Bezák P, Špulerová J, et al. The abandonment of traditional agricultural landscape in Slovakia-Analysis of extent and driving forces. Journal of Rural Studies, 2015, 37: 75-84.

[108] Liu X, Duan L, Mo J, et al. Nitrogen deposition and its ecological impact in China: An overview. Environmental Pollution, 2011, 159(10): 2251-2264.

[109] Lopez R. Land Titles and Farm Productivity in Honduras. Washington DC: World Bank, 1997.

[110] MacDonald D, Crabtree J R, Wiesinger G, et al. Agricultural abandonment in mountain areas of Europe: Environmental consequences and policy response. Journal of Environmental Management, 2000, 59(1): 47-69.

[111] Macours K, Janvry A de, Sadoulet E. Insecurity of property rights and social matching in the tenancy market. European Economic Review, 2010, 54(7): 880-899.

[112] Markussen T. Property rights, productivity, and common property resources: Insights from rural Cambodia. World Development, 2008, 36(11): 2277-2296.

[113] Meinzen-Dick R, Mwangi E. Cutting the web of interests: Pitfalls of formalizing property rights. Land Use Policy, 2009, 26(1): 36-43.

[114] Melesse M B, Bulte E. Does land registration and certification boost farm productivity? Evidence from Ethiopia. Agricultural Economics, 2015, 46(6): 757-768.

[115] Michele V. Land property rights and international migration: Evidence from Mexico. Journal of Development Economics, 2014, 110(9): 276-290.

[116] Mullan K, Grosjean P, Kontoleon A. Land tenure arrangements and rural-urban migration in China. World Development, 2011, 39(1): 123-133.

[117] Munzer S R. A theory of property. American Political Science Review, 1990(2): 648-649.

[118] Needham B, Buitelaar E, Hartmann T. Planning Law and Economics: The Rules We Make for Using Land. New York: Routledge, 2018.

[119] Newman C, Tarp F, van den Broeck K. Property rights and

productivity: The case of joint land titling in Vietnam. Land Economics, 2015, 91(1): 91-105.

[120] Nordin M. Does the decoupling reform affect agricultural employment in Sweden? Evidence from an exogenous change. Journal of Agricultural Economics, 2014, 65(3): 616-636.

[121] North D C. Institutions, Institutional Change, and Economic Performance. Cambridge: Cambridge University Press, 1990.

[122] North D C. Structure and Change in Economic History. New York: Norton, 1981.

[123] Otsuka K, Suyanto S, Sonobe T, et al. Evolution of land tenure institutions and development of agroforestry: Evidence from customary land areas of Sumatra. Agricultural Economics, 2001, 25(1): 85-101.

[124] Piza C, Mauricio J M. The effect of a land titling programme on households' access to credit. Journal of Development Effectiveness, 2016, 8(1): 129-144.

[125] Place F, Migot-Adholla S E. The economic effects of land registration on smallholder farms in Kenya: Evidence from Nyeri and Kakamega Districts. Land Economics, 1998, 74(3): 360-373.

[126] Place F, Roth M, Hazell P. Land tenure security and agricultural performance in Africa: Overview of research methodology//John W B and Shem E M(eds.) Searching for Land Tenure Security in Africa. Washington DC: The World Bank, 1994: 15-39.

[127] Place F, Swallow B M. Assessing the relationships between property rights and technology adoption in smallholder agriculture: A review of issues and empirical methods. IFPRI CGIAR System-wide Program on Property Rights and Collective Action, 2000.

[128] Popkin S L. The Rational Peasant: The Political Economy of Rural society in Vietnam. Berkeley: University of California Press, 1979.

[129] Prishchepov A V, Müller D, Dubinin M, et al. Determinants of agricultural land abandonment in post-soviet European Russia. Land Use Policy, 2013, 30(1): 873-884.

[130] Qian W R. The Economy of Chinese Rural Households. Singapore:

Palgrave Macmillan, 2020.

[131] Queiroz C, Beilin R, Folke C, et al. Farmland abandonment: Threat or opportunity for biodiversity conservation? A global review. Frontiers in Ecology and the Environment, 2014,12(5): 288-296.

[132] Robinson G M, Carson D A. Handbook on the globalisation of agriculture. Cheltenham: Edward Elgar, 2015.

[133] Roth M, Haase D. Land tenure security and agricultural performance in Southern Africa. Broading Access and Strengthing Input Market Systems, 1998 (6): 1-20.

[134] Routray J K, Sahoo M. Implications of land title for farm credit in Thailand. Land Use Policy, 1995, 12(1): 86-89.

[135] Rozelle S, Brandt L, Guo L, et al. Land rights in China: Facts, fictions, and issues. China Journal, 2002, 47(1): 67-97.

[136] Rigby D, Woodhouse P, Young T, et al. Constructing a farm level indicator of Sustainable agricultural Practive. Ecological Economics, 2001, 39(3): 463-478.

[137] Rudel T, Fu C. A requiem for the southern regionalists: Reforestation in the South and the uses of regional social science. Social Science Quarterly, 1996, 77(4): 804-820.

[138] Rudel T K, Coomes O T, Moran E, et al. Forest transitions: Towards a global understanding of land use change. Global Environmental Change, 2005, 15(1): 23-31.

[139] Rupelle M D, Quheng D, Shi L, et al. Land rights insecurity and temporary migration in rural China// IZA Discussion Paper 4668. Bonn: Institute of Labor Eanomics, 2009.

[140] Saint-Macary C, Keil A, Zeller M, et al. Land titling policy and soil conservation in the northern uplands of Vietnam. Land Use Policy, 2010, 27(2): 617-627.

[141] Salifu F W. Innovative Approaches to Land Tenure Documentation in Ghana: An Institutional Perspective. Enschede: University of Twente, 2018.

[142] Schlager E, Ostrom E. Property-rights regimes and natural resources: A

conceptual analysis. Land Economics, 1992, 68(3): 249-262.

[143] Shively G, Martinez E. Deforestation, irrigation, employment and cautious optimism in southern Palawan, the Philippines. Agricultural Technologies Tropical Deforestation, 2001, 31(11): 3295-3311.

[144] Sikor T, Müller D, Stahl J. Land fragmentation and cropland abandonment in Albania: Implications for the roles of state and community in post-socialist land consolidation. World Development, 2009, 37(8): 1411-1423.

[145] Sluiter R, De Jong S M. Spatial patterns of Mediterranean land abandonment and related land cover transitions. Landscape Ecology, 2007, 22(4): 559-576.

[146] Smith R E. Land tenure, fixed investment, and farm productivity: Evidence from Zambia's Southern Province. World Development, 2004, 32(10): 1641-1661.

[147] Strijker D. Marginal lands in Europe: Causes of decline. Basic and Applied Ecology, 2005, 6(2): 99-106.

[148] Takeshima H, Adhikari R P, Shivakoti S, et al. Heterogeneous returns to chemical fertilizer at the intensive margins: Insights from Nepal. Food Policy, 2017(69): 97-109.

[149] Thomas G. The disintegration of property. Nomos, 1980, 22(14): 69-85.

[150] Thorsten B, Asli D, Thomas P H. Finance for all: Policies and Pitfaus in expanding auess//A world Bank Policy Reseach Report. Washington DC: World Bank Group, 2007.

[151] Trewin R. How land titling promotes prosperity in developing countries. Agenda a Journal of Policy Analysis & Reform, 1997, 4(2): 225-230.

[152] Udry C R, Goldstein M P. The profits of power: Land rights and agricultural investment in Ghana. Journal of Political Economy, 2008, 116(6): 981-1022.

[153] Van Gelder. Feeling and thinking: Quantifying the relationship between perceived tenure security and housing improvement in an

informal neighbourhood in Buenos Aires. Habital International, 2007, 31(2): 219-231.

[154] Wang H, Riedinger J, Jin S. Land documents, tenure security and land rental development: Panel evidence from China. China Economic Review, 2015, 36: 220-235.

[155] Ward F A, Pulido-Velazquez M. Water conservation in irrigation can increase water use. Proceedings of the National Academy of Science, 2008, 105(47): 18215-18220.

[156] Wu Y, Xi C X, Tang X, et al. Policy distortions, farm size, and the overuse of agricultural chemicals in China. Proceedings of the National Academy of Sciences of the United States of America, 2018, 115(27): 7010-7015.

[157] Xu D D, Deng X, Huang K, et al. Relationships between labor migration and cropland abandonment in rural China from the perspective of village types. Land Use Policy, 2019, 88: 104164.

[158] Xu L C, Du X D. Land certification, rental market participation, and household welfare in rural China. Agricultural Economics, 2022, 53(1): 52-71.

[159] Yami M, Snyder K A. After all, land belongs to the state: Examining the benefits of land registration for smallholders in Ethiopia. Land Degradation and Development, 2016, 3(27):465-478.

[160] Yan H M, Liu J Y, Huang H Q, et al. Assessing the consequence of land use change on agricultural productivity in China. Global and Planetary Change, 2009, 67(1-2): 13-19.

[161] Yan J Z, Yang Z Y, Li Z H, et al. Drivers of cropland abandonment in mountainous areas: A household decision model on farming scale in Southwest China. Land Use Policy, 2016, 57: 459-469.

[162] Yang X K, Wang J, Wills I. Economic growth, commercialization, and institutional changes in rural China, 1979-1987. China Economic Review, 1992, 3(1): 1-37.

[163] Yang Y Y, Liu Y S, Li Y R, et al. Quantifying spatio-temporal patterns of urban expansion in Beijing during 1985-2013 with rural-

urban development transformation. Land Use Policy, 2018, 74: 220-230.

[164] Yao Z Y, Zhang L J, Tang S H, et al. The basic characteristics and spatial patterns of global cultivated land change since the 1980s. Journal of Geographical Sciences, 2017, 27(7): 771-785.

[165] Zavalloni M, D'Alberto R, Raggi M, et al. Farmland abandonment, public goods and the CAP in a marginal area of Italy. Land Use Policy, 2021, 107(1): 104365.

[166] Zhang Y, Li X, Song W. Determinants of cropland abandonment at the parcel, household and village levels in mountain areas of China: A multi-level analysis. Land Use Policy, 2014, 41: 186-192.

[167] Zhang Q, Song C H, Chen X D. Effects of China's payment for ecosystem services programs on cropland abandonment: A case study in Tiantangzhai township, Anhui, China. Land Use Policy, 2018, 73: 239-248.

[168] Zheng L Y, Li L L, Zhao Z Y, et al. Does land certification increase farmers' use of organic fertilizer? Evidence from China. Journal of Land Use Science, 2023, 18(1): 39-54.

[169] Zheng L Y, Qian W R. The impact of land certification on cropland abandonment: Evidence from rural China. China Agricultural Economic Review, 2022, 14(3): 509-526.

[170] Zhu Z L, Chen D L. Nitrogen fertilizer use in China: Contributions to food production, impacts on the environment and best management strategies. Nutrient Cycling in Agroecosystems, 2002(63): 117-127.

[171] 埃里克森,官进胜. 关于中国农村土地私有化的辩论. 国外理论动态, 2008(8): 53-57.

[172] 安希伋. 论土地国有永佃制. 中国农村经济, 1988(11): 22-25.

[173] 白蕴芳,陈安存. 中国农业可持续发展的现实路径. 中国人口·资源与环境, 2010, 20(4): 117-122.

[174] 毕继业,朱道林,王秀芬. 耕地保护中农户行为国内研究综述. 中国土地科学, 2010, 24(11): 77-81.

[175] 卜元卿,孔源,智勇,等. 化学农药对环境的污染及其防控对策建议. 中

国农业科技导报，2014，16(2)：19-25.

[176] Carter M,姚洋. 工业化、土地市场和农业投资. 经济学(季刊)，2004(3)：983-1002.

[177] 蔡继明. 中国土地制度改革论要. 东南学术，2007(3)：12-18.

[178] 陈百明,张凤荣. 中国土地可持续利用指标体系的理论与方法. 自然资源学报，2001(3)：197-203.

[179] 陈飞,刘宣宣. 土地确权影响农业劳动生产率的中介效应研究. 财经问题研究，2018(8)：112-120.

[180] 陈江龙,曲福田,陈会广,等. 土地登记与土地可持续利用——以农地为例. 中国人口·资源与环境，2003(5)：51-56.

[181] 陈利根. 中国农业可持续发展与耕地资源可持续利用. 安徽农业大学学报，2001(1)：102-105.

[182] 陈利根,龙开胜. 新中国70年城乡土地制度演进逻辑、经验及改革建议. 南京农业大学学报(社会科学版),2019,19(4):1-10.

[183] 陈明,武小龙,刘祖云. 权属意识、地方性知识与土地确权实践——贵州省丘陵山区农村土地承包经营权确权的实证研究. 农业经济问题，2014，35(2)：65-74.

[184] 陈强. 高级计量经济学及Stata应用(第二版). 北京：高等教育出版社，2014.

[185] 陈小知,胡新艳. 确权方式、资源属性与农地流转效应——基于IPWRA模型的分析. 学术研究，2018(9)：96-103.

[186] 陈晓明,王程龙,薄瑞. 中国农药使用现状及对策建议. 农药科学与管理，2016,37(2)：4-8.

[187] 陈奕山,纪月清,钟甫宁,等. 新一轮农地确权：率先发生在何处. 财贸研究，2018，29(2)：23-32.

[188] 陈英旭. 农业环境保护. 北京：化学工业出版社，2007.

[189] 陈志刚. 农地产权结构与农业绩效. 南京:南京农业大学,2005.

[190] 程令国,张晔,刘志彪. 农地确权促进了中国农村土地的流转吗？管理世界，2016(1)：88-98.

[191] 仇童伟,罗必良. 强化地权能够促进农地流转吗？南方经济，2020(12)：1-18.

[192] 仇童伟. 宗族如何影响村庄地权的实施？——基于村庄民主选举的情

景界分与实证研究. 南京农业大学学报(社会科学版),2018,18(4):72-86.

[193] 褚彩虹,冯淑怡,张蔚文. 农户采用环境友好型农业技术行为的实证分析——以有机肥与测土配方施肥技术为例. 中国农村经济,2012(3):68-77.

[194] 丛晓男,单菁菁. 化肥农药减量与农用地土壤污染治理研究. 江淮论坛,2019(2):17-23.

[195] 丁长发. 百年小农经济理论逻辑与现实发展——与张新光商榷. 农业经济问题,2010,31(1):96-102.

[196] 丁长发. 台湾土地制度变迁及其启示. 台海研究,2014(4):66-77.

[197] 丁琳琳,孟庆国. 农村土地确权羁绊及对策:赣省调查. 改革,2015(3):56-64.

[198] 丁琳琳,吴群. 财产权制度、资源禀赋与农民土地财产性收入——基于江苏省1744份农户问卷调查的实证研究. 云南财经大学学报,2015,31(3):80-88.

[199] 杜鑫. 劳动力转移、土地租赁与农业资本投入的联合决策分析. 中国农村经济,2013(10):63-75.

[200] 方颖,赵扬. 寻找制度的工具变量:估计产权保护对中国经济增长的贡献. 经济研究,2011,46(5):138-148.

[201] 丰雷,蒋妍,叶剑平,等. 中国农村土地调整制度变迁中的农户态度——基于1999~2010年17省份调查的实证分析. 管理世界,2013(7):44-58.

[202] 丰雷,蒋妍,叶剑平. 诱致性制度变迁还是强制性制度变迁?——中国农村土地调整的制度演进及地区差异研究. 经济研究,2013,48(6):4-18.

[203] 丰雷,张明辉,李怡忻. 农地确权中的证书作用:机制、条件及实证检验. 中国土地科学,2019,33(5):39-49.

[204] 丰雷,郑文博,胡依洁. 大规模土地确权:非洲的失败与亚洲的成功. 农业经济问题,2020(1):114-127.

[205] 冯海发. 农业补贴制度改革的思路和措施. 农业经济问题,2015,36(3):8-10.

[206] 冯华超,钟涨宝. 农地确权促进了农地转入吗?——基于三省五县数

据的实证分析. 学习与实践, 2018(12): 26-37.

[207] 冯华超, 钟涨宝. 新一轮农地确权促进了农地转出吗? 经济评论, 2019(2): 48-59.

[208] 弗鲁博顿, 芮切特. 新制度经济学——一个交易费用分析范式. 姜建强, 罗长远, 译. 上海: 格致出版社, 2015.

[209] 付江涛. 新一轮承包地确权、流转及其投资利用研究. 南京: 南京农业大学, 2016.

[210] 傅伯杰, 陈利顶, 马诚. 土地可持续利用评价的指标体系与方法. 自然资源学报, 1997(2): 17-23.

[211] 高晶晶, 彭超, 史清华. 中国化肥高用量与小农户的施肥行为研究——基于1995—2016年全国农村固定观察点数据的发现. 管理世界, 2019, 35(10): 120-132.

[212] 高鹏, 刘燕妮. 我国农业可持续发展水平的聚类评价——基于2000—2009年省域面板数据的实证分析. 经济学家, 2012(3): 59-65.

[213] 高云才, 郁静娴. 去年完成承包地确权登记面积14.8亿亩. 人民日报, 2019-01-18.

[214] 邬亮亮, 黄季焜, Rozelle S, 等. 中国农地流转市场的发展及其对农户投资的影响. 经济学(季刊), 2011, 10(4): 1499-1514.

[215] 邬亮亮, 冀县卿, 黄季焜. 中国农户农地使用权预期对农地长期投资的影响分析. 中国农村经济, 2013(11): 24-33.

[216] 郭文华. 耕地保护向数量质量生态并重转变. 国土资源情报, 2012(12): 35-38.

[217] 韩长赋, 吴宏耀. 新闻办就《中共中央 国务院关于保持土地承包关系稳定并长久不变的意见》有关情况举行发布会. (2019-11-28)[2024-02-07]. http://www.gov.cn/xinwen/2019-11-28/content-5456676.htm.

[218] 韩长赋. 新生代农民工社会融合是个重大问题. 光明日报, 2012-03-16.

[219] 韩家彬, 刘淑云. 土地确权对农村劳动力转移就业的影响——来自CHARLS的证据. 人口与经济, 2019(5): 41-52.

[220] 韩俊. 中国农村土地制度建设三题. 管理世界, 1999(3): 184-195.

[221] 何凌云, 黄季焜. 土地使用权的稳定性与肥料使用——广东省实证研究. 中国农村观察, 2001(5): 42-48.

[222] 何欣,蒋涛,郭良燕,等. 中国农地流转市场的发展与农户流转农地行为研究——基于 2013—2015 年 29 省的农户调查数据. 管理世界,2016(6):79-89.

[223] 贺雪峰. 论农村土地集体所有制的优势. 南京农业大学学报(社会科学版),2017,17(3):1-8.

[224] 贺雪峰. 农地承包经营权确权的由来、逻辑与出路. 思想战线,2015,41(5):75-80.

[225] 洪名勇. 马克思土地产权制度理论研究——兼论中国农地产权制度改革与创新. 北京:人民出版社,2011.

[226] 洪名勇,施国庆. 欠发达地区农地产权制度与农地可持续利用——基于贵州省湄潭县的实证研究. China Agricultural Economic Review,2006,4(4):461-475.

[227] 洪炜杰,罗必良. 地权稳定能激励农户对农地的长期投资吗. 学术研究,2018(9):78-86.

[228] 胡方勇. 完善我国农村金融体系的经济学研究. 金融发展研究,2009(9):75-79.

[229] 胡乐明,刘刚. 新制度经济学原理. 北京:中国人民大学出版社,2014.

[230] 胡新艳,陈小知,米运生. 农地整合确权政策对农业规模经营发展的影响评估——来自准自然实验的证据. 中国农村经济,2018(12):83-102.

[231] 胡新艳,陈小知,王梦婷. 农地确权如何影响投资激励. 财贸研究,2017,28(12):72-81.

[232] 胡新艳,罗必良. 新一轮农地确权与促进流转:粤赣证据. 改革,2016(4):85-94.

[233] 胡亦琴. 农地产权制度创新与农业可持续发展. 北京师范大学学报(社会科学版),2008(6):130-138.

[234] 胡亦琴. 农地流转制度创新与中国农业可持续发展. 学术月刊,2011,43(9):70-73.

[235] 黄国勤. 农业可持续发展导论. 北京:中国农业出版社,2007.

[236] 黄国勤. 农业可持续发展的研究与实践. 农学学报,2019,9(3):79-88.

[237] 黄季焜,冀县卿. 农地使用权确权与农户对农地的长期投资. 管理世

界，2012(9)：76-81.

[238] 黄季焜,齐亮,陈瑞剑. 技术信息知识、风险偏好与农民施用农药. 管理世界，2008(5)：71-76.

[239] 黄延廷,武玉. 台湾农业政策的调整及其对大陆农地规模化经营的启示. 浙江农业学报,2014,26(1):235-240.

[240] 黄忠华,杜雪君. 两岸土地改革60年回顾、比较及启示. 中国土地科学，2010(4)：70-74.

[241] 黄宗智. 长江三角洲小农经济与乡村发展. 北京：中华书局，2000.

[242] 黄宗智. 华北的小农经济与社会变迁. 北京：中华书局，1989.

[243] 黄宗智.《中国新时代的小农经济》导言. 开放时代，2012(3)：5-9.

[244] 黄祖辉,徐旭初,蒋文华. 中国"三农"问题：分析框架、现实研判和解决思路. 中国农村经济，2009(7)：4-11.

[245] 纪竞垚,刘守英. 代际革命与农民的城市权利. 学术月刊，2019，51(7)：43-55.

[246] 纪月清,熊皛白,刘华. 土地细碎化与农村劳动力转移研究. 中国人口·资源与环境，2016，26(8)：105-115.

[247] 纪月清,张惠,陆五一,等. 差异化、信息不完全与农户化肥过量施用. 农业技术经济，2016(2)：14-22.

[248] 冀县卿. 改革开放后中国农地产权结构变迁与制度绩效：理论与实证分析. 南京：南京农业大学，2010.

[249] 简新华. 中国土地私有化辨析. 当代经济研究，2013(1)：17-25.

[250] 江激宇,叶依广,周建春. 农地可持续利用激励约束机制. 中国土地科学，2003(5)：19-23.

[251] 江宜航,刘瑾. 我国耕地质量现状堪忧. 中国经济时报,2014-09-26.

[252] 姜美善,米运生. 农地确权对小农户信贷可得性的影响——基于双稳健估计方法的平均处理效应分析. 中国农业大学学报，2020，25(4)：192-204.

[253] 金书秦. 可持续发展的中国话语演进及新时期的农业实现. 环境与可持续发展，2020，45(5)：81-84.

[254] 金. 四千年农夫：中国、朝鲜和日本的永续农业. 程存旺,石嫣,译. 北京：东方出版社，2011.

[255] 巨晓棠. 氮肥有效率的概念和意义. 土壤学报，2014，51(5)：

921-932.

[256] 拉坦. 诱致性制度变迁理论//科斯,等. 财产权利与制度变迁——产权学派与新制度学派译文集. 刘守英,等译. 上海:上海三联书店,2014.

[257] 郎秀云. 确权确地之下的新人地矛盾——兼与于建嵘、贺雪峰教授商榷. 探索与争鸣,2015(9):44-48.

[258] 李金宁,刘凤芹,杨婵. 确权、确权方式和农地流转——基于浙江省522户农户调查数据的实证检验. 农业技术经济,2017(12):14-22.

[259] 李静. 农地确权、资源禀赋约束与农地流转. 中国地质大学学报(社会科学版),2018,18(3):158-167.

[260] 李俊滔. 中国耕地保护政策的经济学分析. 长春:吉林大学,2018.

[261] 李力行. 合法转让权是农民财产性收入的基础——成都市农村集体土地流转的调查研究. 国际经济评论,2012(2):127-139.

[262] 李茂. 美国土地审批制度. 国土资源情报,2006(6):24-31.

[263] 李娜. 新常态下农业可持续发展的新问题及对策研究. 中国农业资源与区划,2016,37(1):30-33.

[264] 李尚蒲,罗必良. 农地调整的内在机理及其影响因素分析. 中国农村经济,2015(3):18-33.

[265] 李停. 农地产权对劳动力迁移模式的影响机理及实证检验. 中国土地科学,2016,30(11):13-21.

[266] 李效顺,曲福田,谭荣,等. 中国耕地资源变化与保护研究——基于土地督察视角的考察. 自然资源学报,2009(3):387-401.

[267] 李星光,刘军弟,霍学喜. 新一轮农地确权对农户生计策略选择的影响——以苹果种植户为例. 资源科学,2019,41(10):1923-1934.

[268] 李哲,李梦娜. 新一轮农地确权影响农户收入吗?——基于CHARLS的实证分析. 经济问题探索,2018(8):182-190.

[269] 廖安定. 台湾农地改革政策的回顾与展望. 农政与农情,2008,193:45-49.

[270] 林尚立. 中国共产党与国家建设. 天津:天津人民出版社,2017.

[271] 林文声,秦明,苏毅清,等. 新一轮农地确权何以影响农地流转?——来自中国健康与养老追踪调查的证据. 中国农村经济,2017(7):29-43.

[272] 林文声,秦明,王志刚. 农地确权颁证与农户农业投资行为. 农业技术

经济，2017(12)：4-14.

[273] 林文声,王志刚,王美阳. 农地确权、要素配置与农业生产效率——基于中国劳动力动态调查的实证分析. 中国农村经济，2018(8)：64-82.

[274] 林文声,王志刚. 中国农地确权何以提高农户生产投资？中国软科学，2018(5)：91-100.

[275] 林毅夫. 关于制度变迁的经济学理论//科斯,等. 财产权利与制度变迁——产权学派与新制度学派译文集. 刘守英,等译. 上海：上海三联书店，2014.

[276] 林毅夫. 小农与经济理性. 农村经济与社会，1988(3)：31-33.

[277] 刘丹,巩前文,杨文杰. 改革开放40年来中国耕地保护政策演变及优化路径. 中国农村经济，2018(12)：37-51.

[278] 刘洪仁,杨学成. 转型期农民分化问题的实证研究. 中国农村观察，2005(4)：74-80.

[279] 刘辉煌. 制度创新与中国农业的可持续发展. 农业经济问题，1999(7)：34-37.

[280] 刘娟,张峻峰. 发达国家"三位一体"耕地保护管理实践. 世界农业，2015(1)：28-31.

[281] 刘凯. 中国特色的土地制度如何影响中国经济增长——基于多部门动态一般均衡框架的分析. 中国工业经济，2018(10)：80-98.

[282] 刘钦普. 中国化肥面源污染环境风险时空变化. 农业环境科学学报，2017,36(7)：1247-1253.

[283] 刘守英. 分析土地问题的角度. 学海，2017(3)：39-45.

[284] 刘守英. 土地制度变革与经济结构转型——对中国40年发展经验的一个经济解释. 中国土地科学，2018,32(1)：1-10.

[285] 刘守英. 土地制度与中国发展，北京：中国人民大学出版社，2018.

[286] 刘守英. 直面中国土地问题. 北京：中国发展出版社，2014.

[287] 刘晓宇,张林秀. 农村土地产权稳定性与劳动力转移关系分析. 中国农村经济，2008(2)：29-39.

[288] 刘秀梅,田维明. 我国农村劳动力转移对经济增长的贡献分析. 管理世界，2005(1)：91-95.

[289] 刘巽浩. 关于农业可持续发展若干理论问题的探讨. 农业现代化研究，1995,16(2)：80-84.

[290] 刘炎周,王芳,郭艳,等. 农民分化、代际差异与农房抵押贷款接受度. 中国农村经济,2016(9):16-29.

[291] 刘彦随,吴传钧. 国内外可持续农业发展的典型模式与途径. 南京师大学报(自然科学版),2001(2):119-124.

[292] 刘振伟. 对完善农村土地承包法律制度的认识. 农村工作资讯,2017(22):8-13.

[293] 卢现祥,朱巧玲. 新制度经济学. 北京:北京大学出版社,2007.

[294] 吕炜,靳继东. 财政、国家与政党:建党百年视野下的中国财政. 管理世界,2021(5):24-45.

[295] 罗必良. 产权强度与农民的土地权益:一个引论. 华中农业大学学报(社会科学版),2013(5):1-6.

[296] 罗必良. 从产权界定到产权实施——中国农地经营制度变革的过去与未来. 农业经济问题,2019(1):17-31.

[297] 罗必良. 科斯定理:反思与拓展——兼论中国农地流转制度改革与选择. 经济研究,2017,52(11):178-193.

[298] 罗必良. 农地确权、交易含义与农业经营方式转型——科斯定理拓展与案例研究. 中国农村经济,2016(11):2-16.

[299] 罗必良,万燕兰,洪炜杰,等. 土地细碎化、服务外包与农地撂荒——基于9省区2704份农户问卷的实证分析. 经济纵横,2019(7):63-73.

[300] 罗明忠,刘恺,朱文珏. 确权减少了农地抛荒吗——源自川、豫、晋三省农户问卷调查的 PSM 实证分析. 农业技术经济,2017(2):15-27.

[301] 罗明忠,唐超. 农地确权:模式选择、生成逻辑及制度约束. 西北农林科技大学学报(社会科学版),2018,18(4):12-17.

[302] 罗锡文,廖娟,胡炼,等. 提高农业机械化水平促进农业可持续发展. 农业工程学报,2016,32(1):1-11.

[303] 骆永明,滕应. 中国土壤污染与修复科技研究进展和展望. 土壤学报,2020,57(5):1137-1142.

[304] 马骥. 农户粮食作物化肥施用量及其影响因素分析——以华北平原为例. 农业技术经济,2006(6):36-42.

[305] 马克思. 资本论(第3卷). 北京:人民出版社,1975.

[306] 马贤磊,仇童伟,钱忠好. 农地产权安全性与农地流转市场的农户参与——基于江苏、湖北、广西、黑龙江四省(区)调查数据的实证分析.

中国农村经济,2015(2):22-37.

[307] 马贤磊. 农地产权安全性对农业绩效影响:投资激励效应和资源配置效应——来自丘陵地区三个村庄的初步证据. 南京农业大学学报(社会科学版),2010,10(4):72-79.

[308] 马贤磊. 现阶段农地产权制度对农户土壤保护性投资影响的实证分析——以丘陵地区水稻生产为例. 中国农村经济,2009(10):31-41.

[309] 曼海姆. 文化社会学论要. 刘继同,等译,北京:中国城市出版社,2002.

[310] 毛飞,孔祥智. 农地规模化流转的制约因素分析. 农业技术经济,2012(4):52-64.

[311] 冒佩华,徐骥. 农地制度、土地经营权流转与农民收入增长. 管理世界,2015(5):63-74.

[312] 米运生,钱颖,杨天健,等. 农地确权是否扩大了信贷可得性的贫富差距. 农业经济问题,2020(5):54-65.

[313] 米运生,石晓敏,廖祥乐. 农地确权、信贷配给释缓与农村金融的深度发展. 经济理论与经济管理,2018(7):63-73.

[314] 米运生,石晓敏,张佩霞. 农地确权与农户信贷可得性:准入门槛视角. 学术研究,2018(9):87-95.

[315] 米运生,郑秀娟,曾泽莹,等. 农地确权、信任转换与农村金融的新古典发展. 经济理论与经济管理,2015(7):63-73.

[316] 聂英. 中国粮食安全的耕地贡献分析. 经济学家,2015(1):83-93.

[317] 宁静,殷浩栋,汪三贵. 土地确权是否具有益贫性?——基于贫困地区调查数据的实证分析. 农业经济问题,2018(9):118-127.

[318] 牛善栋,方斌. 中国耕地保护制度70年:历史嬗变、现实探源及路径优化. 中国土地科学,2019,33(10):1-12.

[319] 诺斯,路平,何玮. 新制度经济学及其发展. 经济社会体制比较,2002(5):5-10.

[320] 皮特. 谁是中国土地的拥有者?——制度变迁、产权和社会冲突. 林韵然,译. 北京:社会科学文献出版社,2008.

[321] 漆信贤,张志宏,黄贤金. 面向新时代的耕地保护矛盾与创新应对. 中国土地科学,2018,32(8):9-15.

[322] 恰亚诺夫. 农民经济组织. 萧正洪,译. 北京:中央编译出版社,1996.

[323] 钱龙,冯永辉,陆华良,等. 产权安全性感知对农户耕地质量保护行为的影响——以广西为例. 中国土地科学,2019,33(10):93-101.

[324] 钱龙,缪书超,陆华良. 新一轮确权对农户耕地质量保护行为的影响——来自广西的经验证据. 华中农业大学学报(社会科学版),2020(1):28-37.

[325] 钱文荣. 城镇化过程中的耕地保护问题研究. 北京:中国农业出版社,2000.

[326] 钱文荣,郑淋议. 构建城乡人口双向流动与融合的制度保障体系——从权利开放理论到村庄开放实践的分析线索. 南方经济,2021(8):24-34.

[327] 钱文荣,郑淋议. 中国农村土地制度的合理性探微:一个组织的制度分析范式. 浙江大学学报(人文社会科学版),2019,49(3):148-159.

[328] 秦晖. 农民地权六论. 社会科学论坛(学术评论卷),2007(5):122-146.

[329] 秦静. 开展耕地生态保护补偿的几点建议. 中国国土资源经济,2020,33(12):25-29.

[330] 曲福田,陈海秋. 土地产权安排与土地可持续利用. 中国软科学,2000(9):12-17.

[331] 任旭峰. 中国耕地资源保护的政治经济学分析. 洛南:山东大学,2012.

[332] 邵景润,郑淋议. 中国农地确权研究:一个学术史回顾. 土地经济研究,2023(1):168-198.

[333] 石晓平. 土地资源可持续利用的经济学分析. 南京:南京农业大学,2001.

[334] 石志恒. 农户耕地保护行为研究. 咸阳:西北农林科技大学,2012.

[335] 史常亮,朱俊峰,栾江. 我国小麦化肥投入效率及其影响因素分析——基于全国15个小麦主产省的实证. 农业技术经济,2015(11):69-78.

[336] 舒尔茨. 改造传统农业. 梁小民,译. 北京:商务印书馆,2013.

[337] 斯科特. 农民的道义经济学:东南亚的反叛与生存. 程立显,等译. 南京:译林出版社,2001.

[338] 速水佑次郎,神门善久. 农业经济论(新版). 沈金虎,等译. 北京:中国农业出版社,2003.

[339] 孙国峰. 组织、产权安排与农地可持续利用：一个理论框架及变量解释. 中央财经大学学报, 2007(9): 51-57.

[340] 孙琳琳, 杨浩, 郑海涛. 土地确权对中国农户资本投资的影响——基于异质性农户模型的微观分析. 经济研究, 2020, 55(11): 56-173.

[341] 孙小龙. 产权稳定性对农地流转、投资和产出的影响研究. 北京：中国农业大学, 2018.

[342] 唐华俊. 全国土壤肥料科研协作学术交流暨国家"十一五"科技支撑计划"耕地质量"与"沃土工程"项目启动会上的讲话. 北京：中国农业科学院, 2010.

[343] 陶然, 徐志刚, 徐晋涛. 退耕还林, 粮食政策与可持续发展. 中国社会科学, 2004(6): 25-38.

[344] 陶战. 中国农业可持续发展的策略措施. 中国人口·资源与环境, 1994(1): 66-68.

[345] 田传浩. 土地制度兴衰探源. 杭州：浙江大学出版社, 2018.

[346] 田春, 李世平. 近年来我国耕地生态保护与经济补偿初探. 中国特色社会主义研究, 2010(6): 74-77.

[347] 田云, 张俊飚, 何可, 等. 农户农业低碳生产行为及其影响因素分析——以化肥施用和农药使用为例. 中国农村观察, 2015(4): 61-70.

[348] 万江红, 钟结硕. 土地确权基层实践中的权威缺失问题研究——以江汉平原S村为例. 中南民族大学学报（人文社会科学版）, 2018, 38(2): 121-125.

[349] 汪险生, 李宁. 村庄民主与产权安全：来自农地确权的证据. 农业经济问题, 2019(12): 60-76.

[350] 王冰. 合理利用土地资源与中国农业可持续发展. 农业经济问题, 1998(7): 37-40.

[351] 王迪, 聂锐, 王胜洲. 耕地保护外部性及其经济补偿研究进展. 中国人口·资源与环境, 2012, 22(10): 131-136.

[352] 王军, 李萍, 詹韵秋, 等. 中国耕地质量保护与提升问题研究. 中国人口·资源与环境, 2019, 29(4): 87-93.

[353] 王庆仁, 李继云. 论合理施肥与土壤环境的可持续性发展. 环境科学进展, 1999(2): 3-5.

[354] 王士海, 王秀丽. 农村土地承包经营权确权强化了农户的禀赋效应

吗?——基于山东省117个县(市、区)农户的实证研究.农业经济问题,2018(5):92-102.

[355] 王小彬,蔡典雄,华珞,等.土壤保持耕作——全球农业可持续发展优先领域.中国农业科学,2006(4):741-749.

[356] 王效科,欧阳志云,肖寒,等.中国水土流失敏感性分布规律及其区划研究.生态学报,2001(1):14-19.

[357] 王毅杰,刘海健.农地产权的地方化实践逻辑——基于Q村土地确权风波的考察.中国农业大学学报(社会科学版),2015,32(3):52-58.

[358] 王志刚,李腾飞,彭佳.食品安全规制下农户农药使用行为的影响机制分析——基于山东省蔬菜出口产地的实证调研.中国农业大学学报,2011,16(3):164-168.

[359] 韦森.从习俗到法律的转化看中国社会的宪制化进程.制度经济学研究,2003(2):187-226.

[360] 温铁军.我国为什么不能实行农村土地私有化.红旗文稿,2009(2):15-17.

[361] 文贯中.中国现有土地制度改革.经济资料译丛,2016(3):1-8.

[362] 吴月辉.中国对全球土地退化零增长贡献最大.人民日报海外版,2020-09-29.

[363] 夏玉莲,曾福生.中国农地流转制度对农业可持续发展的影响效应.技术经济,2015,34(10):126-132.

[364] 辛岭,胡志全.中国农业可持续发展水平评价.中国农业科技导报,2015,17(4):135-142.

[365] 徐世荣,萧新煌.台湾土地改革再审视:一个"内因说"的尝试.台湾史研究,2001(1):89-123.

[366] 许恒周,牛坤在,王大哲.农地确权的收入效应研究.中国人口·资源与环境,2020(10):165-173.

[367] 许庆,刘进,钱有飞.劳动力流动、农地确权与农地流转.农业技术经济,2017(5):4-16.

[368] 许庆,尹荣梁,章辉.规模经济、规模报酬与农业适度规模经营——基于我国粮食生产的实证研究.经济研究,2011,46(3):59-71.

[369] 许庆,章元.土地调整、地权稳定性与农民长期投资激励.经济研究,2005(10):59-69.

[370] 薛凤蕊. 我国农地确权对耕地保护影响研究. 北京:中国农业科学院,2014.

[371] 杨滨键,尚杰,于法稳. 农业面源污染防治的难点、问题及对策. 中国生态农业学报,2019,27(2):236-245.

[372] 杨帆,徐洋,崔勇,等. 近30年中国农田耕层土壤有机质含量变化. 土壤学报,2017,54(5):1047-1056.

[373] 杨宏力,李宏盼. 农地确权对农民收入的影响机理及政策启示. 经济体制改革,2020(4):86-93.

[374] 杨金阳,周应恒,黄昊舒. 农地产权、劳动力转移和城乡收入差距. 财贸研究,2016,27(6):41-53.

[375] 杨林生,张宇亭,黄兴成,等. 长期施用含氯化肥对稻—麦轮作体系土壤生物肥力的影响. 中国农业科学,2016,49(4):686-694.

[376] 杨庆芳,程姝,韦鸿. 土地确权的产权经济学思考. 农村经济,2015(5):23-27.

[377] 杨小凯. 中国改革面临的深层问题——关于土地制度改革——杨小凯、江濡山谈话录. 战略与管理,2002(5):1-5.

[378] 杨兴明,徐阳春,黄启为,等. 有机(类)肥料与农业可持续发展和生态环境保护. 土壤学报,2008(5):925-932.

[379] 姚柳杨,赵敏娟,徐涛. 耕地保护政策的社会福利分析:基于选择实验的非市场价值评估. 农业经济问题,2017,38(2):32-40.

[380] 姚柳杨,赵敏娟,徐涛. 经济理性还是生态理性?农户耕地保护的行为逻辑研究. 南京农业大学学报(社会科学版),2016,16(5):86-95.

[381] 姚洋. 集体决策下的诱导性制度变迁——中国农村地权稳定性演化的实证分析. 中国农村观察,2000a(2):11-19.

[382] 姚洋. 农地制度与农业绩效的实证研究. 中国农村观察,1998(6):3-12.

[383] 姚洋. 中国农地制度:一个分析框架. 中国社会科学,2000b(2):54-65.

[384] 叶剑平,丰雷,蒋妍,等. 2016年中国农村土地使用权调查研究——17省份调查结果及政策建议. 管理世界,2018,34(3):98-108.

[385] 叶剑平,普罗斯特曼,徐孝白,等. 中国农村土地农户30年使用权调查研究——17省调查结果及政策建议. 管理世界,2000(2):163-172.

[386] 叶兴庆. 我国农业经营体制的 40 年演变与未来走向. 农业经济问题, 2018(6)：8-17.

[387] 尹昌斌,程磊磊,杨晓梅,等. 生态文明型的农业可持续发展路径选择. 中国农业资源与区别,2015,36(1)：15-21.

[388] 尹鸿飞. 农地确权能否缓解农村正规信贷配给？——基于德·索托效应的再检验. 华中农业大学学报(社会科学版)，2020(3)：158-167.

[389] 尹晓红,田传浩. 土地流转对农民收入的影响——基于 CHARLS 的经验. 中国房地产, 2016(15)：29-41.

[390] 应瑞瑶,何在中,周南,等. 农地确权、产权状态与农业长期投资——基于新一轮确权改革的再检验. 中国农村观察, 2018(3)：110-127.

[391] 于建嵘,石凤友. 关于当前我国农村土地确权的几个重要问题. 东南学术，2012(4)：4-11.

[392] 余亮亮,蔡银莺. 耕地保护经济补偿政策的初期效应评估——东、西部地区的实证及比较. 中国土地科学, 2014, 28(12)：16-23.

[393] 俞海,黄季焜,Rozelle S,等. 地权稳定性、土地流转与农地资源持续利用. 经济研究,2003(9)：82-91.

[394] 张北赢,陈天林,王兵. 长期施用化肥对土壤质量的影响. 中国农学通报，2010, 26(11)：182-187.

[395] 张超,乔敏,郧文聚,等. 耕地数量、质量、生态三位一体综合监管体系研究. 农业机械学报, 2017, 48(1)：1-6.

[396] 张凤荣. 厘清耕地生态保护的内涵. 中国自然资源报,2021-09-21.

[397] 张浩,冯淑怡,曲福田. 耕地保护、建设用地集约利用与城镇化耦合协调性研究. 自然资源学报, 2017, 32(6)：1002-1015.

[398] 张红宇. 中国农村土地产权政策：持续创新——对农地使用制度变革的重新评判. 管理世界, 1998(6)：3-5.

[399] 张红宇. 中国农地调整与使用权流转：几点评论. 管理世界, 2002(5)：76-87.

[400] 张红宇. 中国现代农业的制度创新. 唯实, 2008(11)：47-51.

[401] 张红宇. 中国现代农业经营体系的制度特征与发展取向. 中国农村经济, 2018(1)：23-33.

[402] 张舰,艾宾斯坦,麦克米伦,等. 农村劳动力转移、化肥过度使用与环境污染. 经济社会体制比较, 2017(3)：149-160.

[403] 张莉,金江,何晶,等.农地确权促进了劳动力转移吗?——基于CLDS数据的实证分析.产业经济评论,2018(5):88-102.

[404] 张龙耀,王梦珺,刘俊杰.农地产权制度改革对农村金融市场的影响——机制与微观证据.中国农村经济,2015(12):14-30.

[405] 张曙光.产权、合约与农业发展——评《罗必良自选集》.经济研究,2016,51(11):187-191.

[406] 张曙光,张弛.使用权的制度经济学——新制度经济学的视域转换和理论创新.学术月刊,2020,52(1):40-51.

[407] 张五常.佃农理论.北京:商务印书馆,2002.

[408] 张学珍,赵彩杉,董金玮,等.1992-2017年基于荟萃分析的中国耕地撂荒时空特征.地理学报,2019,74(3):411-420.

[409] 张忠明,钱文荣.不同兼业程度下的农户土地流转意愿研究——基于浙江的调查与实证.农业经济问题,2014,35(3):19-24.

[410] 赵峰.农地产权制度与农业可持续发展.农村经济,2001(11):2-5.

[411] 赵建英.耕地生态保护激励政策对农户行为的影响研究.北京:中国地质大学(北京),2019.

[412] 赵其国.土壤污染与安全健康——以经济快速发展地区为例//中国土壤学会土壤生物和生物化学专业委员会.第四次全国土壤生物和生物化学学术研讨会论文集,2007.

[413] 郑淋议,李烨阳,钱文荣.土地确权促进了中国的农业规模经营吗?——基于CRHPS的实证分析.经济学(季刊),2023(2):447-463.

[414] 郑淋议,刘琦,李丽莉,等.家庭承包制度改革:问题、取向与进路——基于产权强度、长度和广度的视角.经济社会体制比较,2022(6):65-74.

[415] 郑淋议,刘琦,钱文荣.农户生活垃圾治理支付意愿的实证分析——来自鲁皖渝的证据.农业现代化研究,2018,39(5):828-835.

[416] 郑淋议,罗箭飞,洪甘霖.新中国成立70年农村基本经营制度的历史演进与发展取向——基于农村土地制度和农业经营制度的改革联动视角.中国土地科学,2019,33(12):10-17.

[417] 郑淋议.农村土地调整与土地确权的关系:一个多维度检视——来自中国家庭大数据的证据.当代经济管理,2021,43(8):49-59.

[418] 郑淋议. 农村土地制度的"公""私"分野:一个产权比较分析——以中国大陆和中国台湾为例. 台湾研究,2020(2):80-89.

[419] 郑淋议. 农村土地制度改革视域下的共同富裕研究——以产权开放为分析线索. 中国经济学,2023(2):261-289,368-370.

[420] 郑淋议. 农地产权稳定性对农户耕地抛荒行为的影响. 中国人口·资源与环境,2022(12):166-175.

[421] 郑淋议,钱文荣,洪名勇,等. 中国为什么要坚持土地集体所有制——基于产权与治权的分析. 经济学家,2020(5):109-118.

[422] 郑淋议,钱文荣,李烨阳. 农村土地确权对农户创业的影响研究——基于CRHPS的实证分析. 农业技术经济,2020(11):17-30.

[423] 郑淋议,钱文荣,刘琦,等. 新一轮农地确权对耕地生态保护的影响——以化肥、农药施用为例. 中国农村经济,2021(6):76-93.

[424] 郑淋议,钱文荣. 农地确权对农民市民化的影响研究. 统计研究,2024,41(2):114-126.

[425] 郑淋议. 新一轮农地确权对农户耕地保护行为的影响. 杭州:浙江大学,2022.

[426] 郑淋议,张丽婧,洪名勇. 小农经济研究述评:几个重大问题辨析. 西北农林科技大学学报(社会科学版),2019,19(3):104-111.

[427] 郑淋议,张应良. 新中国农地产权制度变迁:历程、动因及启示. 西南大学学报(社会科学版),2019,45(1):46-54.

[428] 郑沃林,罗必良. 农地确权颁证对农地抛荒的影响——基于产权激励的视角. 上海财经大学学报,2019,21(4):90-99.

[429] 中共中央马克思恩格斯列宁斯大林著作编译局. 马克思恩格斯全集(第25卷). 北京:人民出版社,2006.

[430] 钟甫宁,纪月清. 土地产权、非农就业机会与农户农业生产投资. 经济研究,2009,44(12):43-51.

[431] 钟甫宁,宁满秀,邢鹂,等. 农业保险与农用化学品施用关系研究——对新疆玛纳斯河流域农户的经验分析. 经济学(季刊),2007(1):291-308.

[432] 钟文晶,罗必良. 禀赋效应、产权强度与农地流转抑制——基于广东省的实证分析. 农业经济问题,2013,34(3):6-16.

[433] 钟文晶,罗必良. 公共政策及其响应:基于农民信任机制的解释——以

农地确权政策为例. 中国农村观察, 2020(3): 42-59.

[434] 周博. 基于农业可持续发展的我国粮食安全影响因素研究. 沈阳:沈阳农业大学, 2015.

[435] 周广肃, 谭华清, 李力行. 外出务工经历有益于返乡农民工创业吗? 经济学(季刊), 2017, 16(2): 793-814.

[436] 周力, 王镱如. 新一轮农地确权对耕地质量保护行为的影响研究. 中国人口·资源与环境, 2019, 29(2): 63-71.

[437] 周其仁. 产权界定与产权改革. 科学发展, 2017(6): 5-12.

[438] 周其仁. 城乡中国. 北京:中信出版社, 2013.

[439] 周其仁. 还权赋能——成都土地制度改革探索的调查研究. 国际经济评论, 2010(2): 54-92.

[440] 周其仁. 确权不可逾越——学习《决定》的一点体会. 经济研究, 2014, 49(1): 21-22.

[441] 周其仁. 中国农村改革:国家和所有权关系的变化(上)——一个经济制度变迁史的回顾. 管理世界, 1995(3): 178-189.

[442] 周业安. 关于当前中国新制度经济学研究的反思. 经济研究, 2001(7): 19-27.

[443] 朱道林, 郧宛琪, 瞿理铜. 2013年土地科学研究进展评述及2014年展望——农用地保护分报告. 中国土地科学, 2014, 28(3): 4-11.

[444] 朱德举. 我国耕地保护的目标. 中国土地科学, 1997(S1): 8-10.

[445] 朱建军, 杨兴龙. 新一轮农地确权对农地流转数量与质量的影响研究——基于中国农村家庭追踪调查(CRHPS)数据. 农业技术经济, 2019(3): 63-74.

[446] 朱建军, 张蕾. 农地确权能增强农村劳动力的外出务工意愿吗?——基于中国劳动力动态调查的实证分析. 当代经济管理, 2019, 41(6): 30-36.

[447] 祖健, 郝晋珉, 陈丽, 等. 耕地数量、质量、生态三位一体保护内涵及路径探析. 中国农业大学学报, 2018, 23(7): 84-95.